계명인문역량강화사업단 한국학 우수 총서 ②

한국철학을 다시 만나다

이 저서는 2016학년도 대한민국 교육부와 한국연구재단의 재원으로 대학인문역량강화사업(CORE)의 지원을 받아 수행된 연구임.

계명인문역량강화사업단 한국학 우수 총서 ②

한국철학을 다시 만나다

계명대학교 한국학연계전공 엮음

역락

발간사

이미 잘 알려진 바와 같이, '철학'은 'philosophy'의 번역어로서 서구적 전통 속에서 형성된 학문체계를 가리키는 용어입니다. 그러므로 '한국철학'이 과연 존재하는지에 대한 논란이 이전부터 있어 왔습니다. 아울러 우리가 이른바 '한국철학자'라고 부르는 원효나 퇴계 · 율곡 등은 불교학자, 유학자들로서 이들은 중국에서부터 수용한 불교나 유학을 연구한 학자들입니다. 따라서 이들의 학문을 한국철학이라고 말할 수 있는지에 대한 논란도 있어 왔습니다.

그럼에도 불구하고 우리가 '한국철학'이라고 말하는 이유는, 한국 전통사회의 지식인들은 분명히 '철학적 사유'를 전개하였으며, 외래의 학문을 단지 수용하고 이해하는 데에 그친 것이 아니라 이를 창조적으로 재구성하였기 때문입니다. 우리의 선철들은 당시 사회에서 제기되는 문제들을 불교 또는 유학적 관점에서 분석하고 그 해결방안을 모색하는 과정에서 다른 지역의 학문과 구분되는 독창적인 이론들을 창출했던 것입니다. 본서는 그 대표적인 이론으로서 조선유학의 심성론—특히 사단칠정론—을 선정하고 이를 중심으로 서술한 것입니다.

조선시대 지성인들은 중국의 주자학을 수용하여 '조선성리학'으로 정립시켰습니다. 그 초석이 되는 것이 바로 퇴계와 고봉의 사단칠정논변입니다. 이 치열하고 장기적인 논변을 통하여 중국과 일본 등 다른 유교문화권에서 찾아 볼 수 없는 '사단칠정론'이라는 새로운 이론이 창출되었습니다. 그리고 율곡이 이를 비판적으로 계승하고 발전시켜 독창적인 인심도심설을 구축하였습니다. 그리하여 한국유학의 두 가지 패턴이 정립되고, 조선후기에 대립적인 학파가 성립됨으로써 더욱 치열한 논변을 통하여 다양한 사상과 학문이 성립되었던 것입니다.

일찍이 '한국사상'을 '한국철학'으로 정립하기 위하여 심혈을 기울였던 박종홍은 다음과 같이 주장한 바 있습니다.

> "사단칠정론에 있어서와 같이, 하나의 철학적 문제를 중심으로 수세기 동안이나 뒤를 이어 끊임없이 줄기차게 논의되어 왔음은 아마도 다른 나라에서는 그 예를 보지 못한 일일 것이다. 나는 오히려 한국 사람의 강인한 사색벽의 발로였다고 생각한다. 한국 사람의 철학적 두뇌와 역량을 여실하게 보여준 것이라고 생각한다. 이 공리공론 같아 보이는 사단칠정론을 계승하여 현대 철학적 견지에서 좀 더 철저히 연구 전개시킬 필요조차 있다고 느끼곤 한다."(「한국사상연구에 관한 서론적 구상」)

여기에서 우리가 주목해야 할 점은 사단칠정론이 한국 성리학의 통시적 주제로서 끈질기게 논의되었을 뿐만 아니라 실학파와 양명학파에서도 주요한 학적 탐구의 대상이었다는 사실입니다. 물론 실학을 '반성리학'으로 규정하는 학설이 없는 것은 아니지만, 한국의 대표적 실학자인 성호 이익의 사단칠정론을 분석해 보면 성리학과 실학 사이에는 '단절/비판'의 측면과 아울러 '연속/발전'의 측면이 동시에 존재한다는 사실을 분명히 알 수 있습니다. 즉 '사단칠정론'이라는 동일한 이론에 대한 퇴계·율곡·성호의 주장을 비교 검토함으로써 성리학과 실학의 관계를 보다 실증적으로 분석할 수 있는 것이다.

본서는 이와 같은 의도 하에, 먼저 한국유학사상사의 전개과정을 개괄적으로 검토한 다음에 퇴계의 사단칠정론과 율곡의 인심도심설을 중심으로 성리학의 핵심적 이론들을 분석하고, 성호를 중심으로 '퇴율학에서 실학으로'의 전개과정에 대하여 서술하였습니다.

집필시간을 충분히 드리지 못했음에도 불구하고, 정밀하게 논의를 전개해 주신 집필자들에게 감사를 드립니다. 아울러 본서의 출간을 지원해 주신 계명대학교 인문역량강화사업단 여러 선생님들께 감사드립니다.

2017년 1월

성균관대학교 대학원 한국철학과 교수

최 영 진

차례

한국유학사상의 전개

1. 머리말
2. 고중세 : 한국의 원초적 사유와 유교적 제도 및 규범의 수용
3. 근세 전기 : 주자학의 수용과 조선성리학의 성립
4. 근세 후기 : 조선성리학의 발전과 실학사상
5. 근대 : 서구 문명의 도전과 한국유교의 대응양상
6. 맺음말

한국유학사상의 전개

최영진*

1. 머리말

유교[1]는 도덕[德]과, 이를 실천할 수 있는 정치적·사회적 제도 및 이를 운영할 수 있는 권력으로 구성된다. 이것을 전통적 용어로 표현하면 '내성외왕(內聖外王)'이라고 한다. 내면적으로는 성인의 도덕성을 갖추고 외적으로 군왕이라는 현실적인 권력을 확보해야 한다는 것이다. 이와 같은 유교의 특성이 현실에서 가장 잘 구현된 국가가 조선이었다. 조선의 사대부들은 중국의 주자학을 수용하여 이를 국가의 통치이념으로 정착시켜 조선성리학을 수립하였다. 동시에 주자학에서 이상적으로 제시한 사회적·정치적 제도를 수용하여 17/8세기에 유교적 사회를 창출하였다. 조선조가 500여 년 동안 안정적으로 국가를 운영할 수 있었던 이

---

* 성균관대학교 대학원 한국철학과 교수

1) 학문적 성격이 강할 경우에는 '유학'이라는 용어를 사용하고, 제도적·문화적 성격이 강할 경우에는 '유교'라는 용어를 사용한다.

유가 바로 여기에 있다. 그러나 유교가 한국에 전래된 것은 조선 왕조가 창건되기 1000여 년 이전으로 추정된다. 유교가 한국의 고유한 자생적 문화 및 사상과 습합되어 윤리의식과 사회제도와 관습으로 토착화되어 있었기 때문에 조선조가 성공적으로 유교적 사회를 창출할 수 있었던 것이다. 그리고 현재 한국사회에 유교적 전통이 중국이나 일본에 비하여 상대적으로 강하게 작동하고 있는 이유도 조선조 유학사상사의 연장선상에서 이해할 수 있을 것이다.

한국유학사상사는 크게 주자학의 수용을 기준으로 하여 그 이전과 이후로 나누어 볼 수 있다. 그 이전은 주로 제도적, 규범적 측면에서 유학의 영향을 받았으며, 그 이후로는 학문과 사상, 사회, 문화 등 전반에 걸쳐 유학이 작동하였다.

본고에서는 한국의 역사를 삼국・통일신라시대=고대, 고려=중세, 조선전기=근세 전기, 조선후기=근세 후기, 대한제국・일제시대=근대로 구분하고, 각 시대 유학사상사의 전개 양상을 검토하여 한국유학사상의 근본문제를 해명하고자 한다. 그리고 이를 토대로 한국유학사상의 특성에 대하여 서술하고자 한다.

2. 고중세 : 한국의 원초적 사유와 유교적 제도 및 규범의 수용

(1) 한국의 원초적 사유

유교는 공자(孔子, BC552-479)가 당시까지 전승되어 온 문화와 사상을 집대성하여 체계화함으로써 하나의 학파로서 출범한 것이다. 그러므로 유교 형성의 연원은 공자 이전으로 소급된다. 동북아시아에서는 상고대로부터 중원지역 한족(漢族) 중심의 문화와 '이(夷)'이라고 불리는 주변 동부지역의 문화가 상호 교섭하면서 발전하여 왔다.[2) 『논어』에는 다음과 같은 기록이 편집되어 있다.

"공자가 구이(九夷) 지역에서 살고 싶어 하셨다. 어떤 사람이 '누추한 곳인데 어떻게 사시겠습니까'라고 물었다. 그러자 공자가 '군자가 살고 있는데 무슨 누추함이 있겠는가'라고 말씀하셨다"[3)

이 기록은 BC 6세기 경 구이(九夷)지역에 공자가 '군자가 살고 있는 곳'이라고 평가할 만한 문화권이 형성되어 있었다는 사실을 분명히 알려준다. 그 구이문화권에 한국역사상 최초의 국가인 고조선이 위치한다.[4) 유교가 상고대로부터 전승되어온 문화를 집대성하여 이루어진 것이고 그 문화는 한족과 주변 구이족과의 교섭과정을 통하여 형성되었으며 고조선이 구이문화권에 위치하기 때문에, 유교에는 고조선의 문화적 인자(因子)가 내함되어 있다고 말할 수 있다.[5) 이 점은 최치원(崔致遠, 호孤雲, 857-?)의 다음과 같은 글에서 확인된다.

"우리나라에는 현묘한 도가 있으니 '풍류(風流)'라고 한다. … 실로 유불도 삼교를 포함한 것으로 많은 사람을 접하여 교화한다. 예를 들어, 들어오면 집에서 효도하고 나가면 나라에 충성하는 것은 공자의 뜻이며,

2) 류승국(1983), pp.11-101.
3) 『論語』, 「子罕」, "子欲居九夷; 或曰陋如之何? 子曰; 君子居之, 何陋之有."
4) 노태돈(1990), pp.33-40.
5) 류승국(1983) 참조.

> 무위(無爲)에 처하여 말없는 가르침을 행하는 것은 노자의 종지이며 여러 악을 짓지 않고 여러 가지 선을 봉행하는 것은 석가의 교화이다."[6]

이 글은 『삼국사기』 권 4, 「신라본기」 진흥왕(眞興王, 534-576) 37년 조에 실려 있는 것으로, 비록 전문이 아니지만 한국사상의 원천을 제시한 결정적 문헌으로 평가된다. 이 글에서 최치원은 우리나라에 자생적인 고유한 도가 있음을 밝히고 그 이름을 '풍류'라고 규정한 다음, 여기에 유불도 삼교가 전래되기 이전 그 핵심 내용이 이미 포함되고 있다고 주장한다.[7]

한국 고유사상의 단면(斷面)을 전해주는 자료가 고조선의 건국신화이다. 고조선을 세운 단군은 하늘과 밝음을 상징하는 환웅(桓雄)을 아버지로, 땅과 어두움을 상징하는 웅녀(熊女)를 어머니로 하여 그 둘의 결합에 의하여 탄생한다. 여기에서 인간은 '하늘/땅', '밝음/어둠'이라는 대응항(對應項)의 통일체로 이해된다.[8] '대응항의 화합과 통일'을 추구하는 한국의 원초적 사유는 '하늘의 아들' 해모수와 '물의 신'의 딸인 유화와의 사이에서 주몽(朱蒙, BC58-BC19)이 탄생하였다고 하는 고구려의 건국신화에서도 나타난다.[9]

이와 같이 대응항의 통일을 추구하는 한국사상의 원초적 사유는 유교를 토착화하여 한국의 사상으로 재구성하는데 있어 구조적 기반을 이루

---

6) 「鸞郎碑序」, "國有玄妙之道, 曰風流. 設敎之源, 備詳仙史, 實乃包含三敎, 接化群生. 且如入則孝於家, 出則忠於國, 魯司寇之旨也. 處無爲之事, 行不言之敎, 周柱史之宗也. 諸惡莫作, 諸善奉行, 竺乾太子之化也"

7) 최영성 옮김(1998), p.345 참조.

8) 이은봉 편저(1986), p.131 참조.

9) 류승국(2004), pp.30-32.

게 된다.

(2) 유교적 제도와 규범의 수용

공자에 의하여 정립된 유교가 한국에 전래된 시기에 대한 정확한 기록은 없다. 삼국시대 이전 한자가 유입되면서 이에 내함된 유교적 윤리의식이 자연스럽게 전래되고 기존의 규범들과 습합된 것으로 추측된다. 372년 고구려에 태학이 건립되고, 백제 고이왕(古爾王, 234-286) 시대에 『주례』에 상응하는 중앙관제가 제정되었으며, 근초고왕(近肖古王, 346-375) 시대에 왕인(王仁, ?-?)이 유교경전을 일본에 전해주었다. 그리고 7세기 중반 신라에 국학이 설치되는 등 삼국시대에 유교적 제도와 예속(禮俗) 그리고 효제충신(孝悌忠信) 등 유교적 규범이 자리 잡는다.[10] 그리하여 통일신라 말기에 이르러 유교는 정치개혁의 사상적 기반이 된다. 최치원이 시무십조(時務十條)를 건의한 것이 그 대표적인 예이다. 그는 정치가일 뿐만 아니라 그 시대의 대표적인 사상가였다. 최치원은 한국의 고유사상을 바탕으로 유교의 입장에서 불교와 도교를 수용하여 삼교를 회통시켰다. 이울러 '불교의 심법이 현묘한 것인데 비하여, 유교는 경험적인 현실에서부터 출발하여 언어로서 표현될 수 없는 고차적인 하늘의 경지를 추구한다'라고 주장하였다.[11] 그리고 "도는 사람으로부터 멀리 떨어져 있는 것이 아니며, 사람에게는 다른 나라가 없다"[12]라고 하여 진리의 현실성과 보편성을 강조하였다.[13]

---

10) 이동준(1997), pp.127-156 참조.

11) 최영성 옮김(1998), 「眞鑒禪師碑銘」, pp.153-154.

12) 같은 곳, "道不遠人, 人無異國"

나말여초, 고대사회에서부터 중세사회로 전환되면서 유교적 제도와 규범이 정착된다. 고려 태조 왕건(王建, 877-943)은 통치의 강령(綱領)인 「훈요십조(訓要十條)」에서 불교 신앙과 도교 내지 민간신앙을 포섭하면서도 유교의 仁政과 왕도주의, 감계주의(鑑戒主義)를 표방하고 있다. 광종(光宗, 925-975) 9년(958) 과거제가 실시되면서 유교는 고려사회에 제도적으로 확고하게 정착되며, 계속하여 유교적 의례와 학제가 정비된다. 그리고 김부식(金富軾, 호 雷川, 1075-1151)이 유교의 합리적 역사관에 의거하여 『삼국사기』를 편찬하게 되는데, 이것은 유교가 학문적으로도 성숙되었음을 보여주는 대표적 사례이다. 그는 사마광(司馬光, 호 迂叟, 1019-1086)과 구양수(歐陽脩, 호 醉翁, 1007-1072) 등 북송 대 신유학자들의 역사인식을 수용하여 한국의 역사를 체계적으로 기술하였다.[14] 고려 사회에는 유불도 삼교가 병존하여 발전하는 가운데, 유교는 통치이념과 제도와 학술로 기능하였던 것이다.

3. 근세 전기 : 주자학의 수용과 조선성리학의 성립

(1) 여말 선초 주자학의 수용과 불교에 대한 인식

유교가 한국사회 변혁의 결정적 기제로 작동한 시기는 여말선초였다. 이 시대의 주역인 사대부들은 당시 선진적 사상인 주자학을 수용하여 귀족 중심의 중세사회에서부터 사대부 중심의 근세사회로 역사를 전환

13) 최영성(1990), pp.177-184 참조.
14) 지두환(1990), p.130.

시켰다. 북송의 유학은 동시대에 고려에 전래되었으나 김부식 등에 의하여 기득권을 강화시키는 논리로 활용되었다.[15] 무인 집권기(1170-1279) 이후 위기 상황에 빠진 고려 사회를 개혁하고자 했던 신흥사대부들은 그 이념으로 남송의 주자학을 수용하였다. 그 대표적인 인물이 이제현(李齊賢, 호 櫟翁, 1287-1367)·안향(安珦, 호 晦軒, 1243-1306)·이색(李穡, 호 牧隱, 1328-1396), 그리고 정몽주(鄭夢周, 호 圃隱, 1337-1392) 등이다. 이들은 주자학을 보급하고 현실정치에 응용하여 당시 정치적·사회적 위기의 타개책을 구상함과 동시에 새로운 사회를 기획하였다. 그러나 공민왕(恭愍王, 1330-1374) 이후 현실에 대한 인식과 개혁안 및 주자학에 대한 이해 방식을 둘러싸고 사대부들은 구법파(舊法派)와 신법파(新法派)로 분기된다.[16] 이들은 주자학을 개혁 사상으로 수용하여 실천해 나가려고 하였으나 사회 변동에 따라 파생되는 문제 해결 방식과 정치적 행동에는 차이가 있었다. 전자의 중심인물인 이색은 무인 집권기나 원 간섭기에 무너진 고려의 옛 관제와 제도를 회복함으로써 당시의 모순을 타개하고자 하였다. 관제 개혁의 기준은 '선왕지법(先王之法)', '고제(古製)', '구법(舊法)' 등이었다. 반면에 후자의 대표격인 정도전(鄭道傳, 호 三峰, 1342-1398)은 당시의 전반적인 법과 제도의 폐해를 철저히 개혁하여 일원적인 중앙집권적 정치체제를 확립하려고 하였다. 이들은 '선왕지법'도 가감할 수 있다는 입장을 취하여 주자학을 토대로 새로운 법과 제도를 제정하려고 시도한다. 전자는 고려 왕조의 테두리 안에서 온건한 개혁을 추진하여 기득권을 유지하고자 노력하는 반면, 후자는 역성혁명을 기획하여

15) 도현철(1999), pp.13-16.
16) 도현철(1999), pp.3-6.

급진적 개혁을 시도하고 기득권을 배격하였다. 사상적인 면에 있어서도 전자는 주자학이 갖고 있는 개혁성과 아울러 체제 유지적인 면을 수용하였다면, 후자는 주자학을 정학으로 일단 인정하면서도 『주례』의 국가 사회주의적인 이념이나 공리적인 한당 유학도 부분적으로 긍정하였다. 두 부류의 인식 차이는 맹자(孟子, BC372-289)가 제시한 항심(恒心)/항산(恒産)에 대한 이해에서도 확인된다. 전자는 항심을 중시하여, 이것에 의하여 항산이 결정된다고 보았다. 즉 항산이라는 외적인 물질적 · 사회제도적인 요인보다 항심이라는 내적인 도덕적 · 개인적인 요인을 보다 중시한 것이다. 그러나 후자의 중심인물인 정도전은 『관자』와 『맹자』를 인용하여 "의식이 족해야 예의를 알고 창고가 가득 차야 염치를 아니 태평의 업이 여기에 기반을 둔다"[17]라고 하여 항산에서 항심이 나올 수 있다고 보았다. 그러므로 신법파 사대부들은 농민의 생계 보장과 소농의 생산 기반을 안정시키는 데에 주력하게 된다.[18]

이들의 사상적 입장 차이는 불교에 대한 인식에서 뚜렷하게 드러난다. 이색은 유교 우위의 불교관을 견지하였으나 유교와 불교가 추구하는 목표가 근본적으로 동일하다는 '유불동도론(儒佛同道論)'을 전개하였다. 그는 좌선과 경(敬)이 비슷하다고 말하기도 하였다.[19] 그러나 정도전은 『불씨잡변』에서 불교가 자연계를 허환(虛幻)한 가상으로 보는 데에 비하여[20] 유교는 천지만물이 존재하기 전부터 태극, 곧 이치가 실재한

17) 鄭道傳(이하 생략), 『三峯集』 卷7, 「經國大全」, <賦典>, "衣食足而知廉恥, 倉廩實而禮義興, 太平之業, 基於此矣."

18) 도현철(1999), pp.239-241.

19) 도현철(1999), p.64.

20) 鄭道傳(이하 생략), 『佛氏雜辨』 卷9, 「佛氏眞假之辨」, "佛氏以心性爲眞常, 以天地萬物爲假合."

다고 보는 실체관이 특색임을 주장한다.[21] 그는 유교와 불교를 다음과 같이 대비시킨다.

> 이것 [유교]의 허(虛)는 허하면서 유(有)이며, 저것[불교]의 허는 허하면서 무이다. 이것의 적은 적(寂)하면서 감(感)하고 저것의 적은 적하면서 멸(滅)이다. 이것은 '지행'을 말하고 저것은 '오수(悟修)'를 말하는데, 이것의 지(知)는 만물의 리가 내 마음에 갖추어진 것을 아는 것이고 저것의 오(悟)는 이 마음이 본래 공하여 하나의 사물도 없는 것을 깨닫는 것이다.[22]

여기에서 유교는 '유(有)/감(感)'으로, 불교는 '무(無)/멸(滅)'로 규정된다. 그의 배불론에 대하여 박초(朴礎, 호 土軒, 1367-1454)는 '천인성명의 연원을 발휘하였으며 공맹과 정주의 도학을 창도하고 백대의 광란한 불교를 배척하여 이단 사설을 깨트려 미혹함을 깨치게 해주었다'라고 칭송하였다.[23]

(2) 노불에서 주자학으로 : '유(有)와' '실(實)'의 철학

조선조 초기의 사대부는 고려를 극복하고 새로운 제도와 이념을 구축해야 하는 역사적 과제를 안고 있었다. 정도전을 주축으로, 신법파의 맥을 이은 훈구파 사대부들이 주로 전재[제도]를 담당했다면 사림파들은

---

21) 같은 곳, "蓋未有天地萬物之前, 畢竟先有太極, 而天地萬物之理, 已渾然具於其中."

22) 『三峯集』 卷9, 「儒釋同異辨」, "此之虛, 虛而有; 彼之虛, 虛而無. 此之寂, 寂而感, 彼之寂, 寂而滅. 此曰知行, 彼曰悟修. 此之知, 知萬物之理, 具於吾心也; 此之悟, 悟此心本空, 無一物也."

23) 같은 책, p.159.

주로 불교와 노장사상을 비판하고 유교를 근세사회의 지도이념으로 정립하는 작업을 수행한다. 송대 성리학은 도가와 불교에 대한 비판 의식에서 출발하였다. 조선조에서 성리학이 토착화해 나가는 과정도 이와 유사한 수순을 밟는다. 먼저, 정치적인 요인과 맞물리면서 불교에 대한 비판이 강하게 대두되고 이어서 노장사상에 대한 이론적 극복이 시도된다. 전자의 대표적 인물이 정도전이라면 후자를 대표하는 학자가 서경덕(徐敬德, 호 花潭, 1489-1546)이다.

① '무(無)'적 사유에서 '유(有)'적 사유로 : 화담 서경덕의 노자 비판과 기의 실재성

화담의 노자 비판은 '허'와 '무'에 집중된다. 노자는 "허가 능히 기를 낳는다",[24] "유는 무에서 생겨난다"[25]라고 하여 세계의 근원적 존재를 '허' 또는 '무'라고 규정했다. 그러므로 세계는 '무'에서 창조된 것으로 이해된다. 이러한 노자의 주장에 대하여 화담은 다음과 같이 비판한다.

> 만약 허가 기를 낳는다고 한다면 기가 아직 생겨나지 않았을 때에는 기가 없으니 허는 죽은 것이 되며, 이미 기가 없다면 어떻게 스스로 기를 낳을 수가 있겠는가. [기는] 시작도 없고 생하는 일도 없는 것이다. 이미 시작이 없는데 어찌 끝이 있으며 이미 생이 없는데 어찌 멸이 있겠는가.[26]

화담은, 기는 생멸(生滅)과 시종(始終)이 없다는 성리학의 이론에 기반

---

24) 徐敬德(이하 생략), 『花潭集』 卷2, 「太虛說」, "虛能生氣."

25) 『花潭集』 卷2, 「太虛說」, "有生於無."

26) 『花潭集』 卷2, 「太虛說」, "若曰虛生氣, 則方其未生, 是無有氣而虛爲死也; 既無有氣, 又何自而生. 氣無始也, 無生也; 既無始, 何所終; 既無生, 何所滅."

을 두고 노자의 생성론적 우주관을 비판한 것이다. 그는 자신이 말하는 허는 단순히 허무한 존재가 아니라 기로서[虛卽氣], 비록 감각적으로 포착될 수는 없으나 지극히 실한 존재이기 때문에 결코 무라고 말할 수 없다고 역설한다.[27] 화담은 우주의 근원자로서의 기를 태허라고 이름하여 태허는 '허하지만 허하지 않은 존재[太虛 虛而不虛]'라고 표현한다. 여기에서 '허'는 태허의 초감각적 측면이며 '불허'는 실한 측면을 말한다. 태허는 우주에 충만한 실체인 것이다. 그러나 그가 기만을 인정한 것은 아니다. 화담 리기론의 본질은 다음과 같은 주장에서 명백히 나타난다.

> 리 하나면 공허하고 기 하나면 조잡하니 합치면 묘하고 묘하다.[28]

이 문장은 리만으로는 공허하여 실재성을 확보할 수가 없고, 기만으로는 조잡하여 질서를 가질 수가 없게 된다는 의미로 해석될 수 있다. 결국, 화담이 추구하는 궁극적 경지는 리와 기가 합일되는 묘처(妙處)인 것이다.

② '실(實)'의 철학 : 회재 이언적의 노불 비판과 '실리(實理)'의 정초

노·불을 비판하고 그 대안으로 유교의 '실'의 철학을 정립한 학자가 이언적(李彦迪, 호 晦齋, 1491-1553)이다. 화담이 노자의 '무'를 비판하고 그 대안으로 기의 실재성(實在性)을 강조했다면, 회재는 노불의 '허무적멸(虛無寂滅)'에 대한 대안으로 태극, 곧 리의 실재성을 주장하고 있다. 그리고

---

27) 『花潭集』 卷2, 「原理氣」, "太虛湛然無形, …… 然把之則虛, 執之則無, 然而却實, 不得謂之無."

28) 『花潭集』 卷2, 「原理氣」, "理之一其虛, 氣之一其粗, 合之則妙乎妙乎."

이것을 토대로 하여 유학은 곧 실학임을 강조한다. 회재는 주염계(周敦頤, 호 濂溪, 1017-1073) 「태극도설」 첫 구절인 '무극이태극(無極而太極)'을 '도는 아직 사물이 있기 전에 실제로 만물의 근저가 됨'[29]이라는 의미로 해석하고 그 내용에 대하여 다음과 같이 설명한다.

> "이 리는 비록 지극히 높고 지극히 묘하지만 그 실체가 깃들여 있는 소이를 구하면 또한 지극히 가깝고 지극히 실하다. 만약 이 리를 강명하고자 하여 아득하고 허원(虛遠)한 곳으로 내달리기만 하고, 다시 지극히 실하고 지극히 가까운 곳을 구하지 않는다면 이단의 공적한 데에 빠지게 될 것이다."[30]

회재는 리가 '지극히 높고 지극히 묘한[至高至妙]' 존재, 즉 형이상학적 실체임을 부정하는 것은 아니다. 그러나 이 리는 결코 허원한 곳에 있는 것이 아니라 '지극히 가깝고 지극히 실한[至近至實]' 곳에 내재한다는 것이다. 요컨대 리는 실제로 만물의 존재 근거가 된다는 점에서, 그리고 현실 세계에 내재해 있다는 점에서 '실리'가 된다. 이와 같은 리의 속성은 조한보(曺漢輔, 호 忘機堂, ?-?)이 "태허의 본체는 적멸하다"라고 주장한 것에 대한 회재의 비판에서 잘 드러난다.

> 상천의 일은 소리도 없고 냄새도 없으므로 '적'이라고 말할 수 있다. 그러나 지극히 '적'한 가운데에 이른바 '심원하여 그치지 않는' 천명이 있어서 만물을 화육하고 상하에서 밝게 드러나니 어찌 '적(寂)'자 아래에

---

29) 李彦迪(이하 생략), 『晦齋集』 卷5, 「書忘齋忘機堂無極太極說後」, "夫所謂無極而太極云者, 所以形容此道之未始有物, 而實爲萬物之根柢也."

30) 『晦齋集』 卷5, 「書忘齋忘機堂無極太極說後」, "此理, 雖若至高至妙, 而求其實體之所以寓, 則又至近而至實; 若欲講明此理, 而徒急於冥茫虛遠之地, 不復求之至近至實之處, 則未有不淪於異端之空寂者矣."

'멸(滅)'자를 붙일 수가 있겠는가…… 선유가 말한 '적'은 '적하면서 감하는 것 [寂而感]'이니 만약 '적하고 또한 멸하다면[寂而又滅]' 이것은 고목과 죽은 재일 뿐이다.[31]

유학에서 말하는 무극 또는 적연부동 등은 태극, 곧 리라는 실체의 초월성을 표현하기 위한 용어이다. 그러나 태극은 결코 음양이라는 현상세계를 떠나 존재하는 것이 아니기 때문에 노자의 '무에서 나와 유로 들어감[出無入有]'이나 불교의 공과는 다르다.[32] 이와 같은 실체관을 바탕으로 회재는 '도는 일상생활에서 사물이 마땅히 해야 할 도리'[33]라고 규정하고, "도는 형기를 떠날 수 없으니 …… 형기를 버리고 도를 구한다면 어찌 도가 있을 수 있겠는가"[34]라고 하여 '도기불리(道器不離)'적 세계관을 제시하고 있다. 그리고 이것이 "무릇 도는 인사의 이치일 따름이다. 인사를 떠나서 도를 구한다면 공허한 지경에 빠지게 되니 우리 유가의 실학이 아니다"[35]라고 하여 유학을 '실학'으로 자리매김하는 근거가 되는 것이다.

이와 같은 회재의 주장은 '실'을 중심 개념으로 하여 구성된 세계관에 바탕을 둔 것으로 노불을 '허'로 규정하고 유학을 실학으로 정립하고

---

31) 『晦齋集』 卷5, 「書忘齋忘機堂無極太極說後」, "上天之載, 無聲無臭, 謂之寂可矣. 然其至寂之中, 有所謂'於穆不已'者存焉, 而化育流行, 上下昭著, 安得更着滅字於寂字之下? 試以心言之, 喜怒哀樂未發, 渾然在中者, 此心本然之體, 而謂之寂可也. 及其感而遂通, 則喜怒哀樂發皆中節, 而本然之妙, 於是而流行也. 先儒所謂此之寂, 寂而感者 此也. 若寂而又滅, 則是枯木死灰而已."

32) 『晦齋集』 卷5, 「答忘機堂第一書」, "非若老氏之出無入有, 釋氏之所謂空也."

33) 『晦齋集』 卷5, 「答忘機堂第三書」, "道者, 日用事物當行之理."

34) 『晦齋集』 卷5, 「答忘機堂第三書」, "是道不離於形器, … 棄形器而求其道, 安有所謂道者哉."

35) 『晦齋集』 卷5, 「答忘機堂第一書」, "夫道, 只是人事之理耳; 離人事而求道, 未有不蹈於空虛之境, 而非吾儒之實學矣."

자 하는 성리학의 입장이 충실히 반영된 것이라고 말할 수 있다.

(3) 주자학에서 조선성리학으로 : 퇴계와 율곡의 심성론

① 퇴계의 사단칠정론 : '분(分)'의 패러다임

16세기 사단칠정논변은 조선 전기 최대의 학술논쟁으로서, 이 논변을 계기로 조선성리학의 패러다임이 성립되고 이른바 영남학파 · 기호학파라는 학파가 형성되는 토대가 구축되었다. 뿐만 아니라, 조선후기 학파와 정파가 일치하게 됨에 따라 성리학적 이상 정치의 이론적 근거를 제공하는 학설로서 기능하게 된다. 당시 조선 사회가 제기한 문제를 주자학의 용어와 이론체계에 의하여 해결해 나가는 과정에서 주자학이 창조적으로 재해석 · 재구성됨으로써 조선성리학으로 토착화되는 기초가 정초된 것이다.

논변의 주역은 이황(李滉, 호 退溪, 1501-1570)과 기대승(奇大升, 호 高峰, 1527-1572), 이이(李珥, 호 栗谷, 1536-1584)와 성혼(成渾, 호 牛溪, 1535-1598)이다.

퇴계는 첫 번째 고봉과의 본격적인 논변서인 「논사단칠정제일서(論四端七情第一書)」 첫머리에서 "성정에 대한 논변은 선유들이 상세하게 펴서 밝혔지만 오직 사단칠정에 관해서는 모두 정이라고만 했을 뿐, 리와 기로써 나누어 설명한 것은 아직 보지 못했다"라고 하여 사단칠정론은 기존의 주자학에서 다루어지지 않은 독창적 학설임을 밝히고 있다.

성리학은 인간의 마음과 사회와 자연을 리기론으로 해석하여 그 형이상학적 근거를 삼고 전존재를 통합적으로 설명하는 것이 특징이다. 이

가운데에 중심이 되는 분야는 '마음[心]'이다. 주자(朱熹, 호 晦庵, 1130-1200)는 '마음이 성과 정을 통합하고 있다[心統性情]'라고 하여 마음은 성과 정으로 구성되어 있다고 보았는데, '심·성·정' 중 특히 '성'에 초점을 맞추어 리기론적으로 논구함으로써 도덕성의 형이상학적 근거를 정초하고자 심혈을 기울였다. 이에 비하여 퇴계는 '정'[36]을 주제로 설정한 데에 구별점이 있다.

사단은『맹자』에서 인간의 본성이 선하다는 사실을 증명하기 위해 제시된 것으로 측은지심(惻隱之心)=인(인)의 단서, 수오지심(羞惡之心)=의(義)의 단서, 사양지심(辭讓之心)=예(禮)의 단서, 시비지심(是非之心)=지(智)의 단서 등 4개의 정을 말한다. 칠정은『예기』「악기」편에 나오는데, 인간의 자연스러운 정감으로서 '희로애락애오욕(喜怒哀樂愛惡欲)'을 가리킨다. 사단과 칠정은 다 같은 정이기는 하지만 서로 다른 문맥에서 제시된 것으로 직접적인 연관성을 갖지 않는다. 그런데 퇴계 당시 사단칠정이 문제로 대두된 것은 주자학에 대한 연구의 심화를 통하여, 논점이 형이상학적 본체인 성에서부터 그 작용으로서의 정으로 이동되었음을 뜻한다. 또한 조선 사회가 당면하고 있던 현실적 모순들이 중요한 요인이라고 말할 수 있을 것이다.

퇴계는, 1553년 추만(秋巒) 정지운(鄭之雲, 호 秋巒, 1509-1561)이「천명도설」에서 '사단은 리에서 발동하고 칠정은 기에서 발동한다[四端發於理 七情發於氣]'[37]라고 주장한 구절을 '사단은 리가 발현된 것이고 칠정은 기

36) 성리학에서 '정'은 '지(知)·정(情)·의(意)'등 마음의 작용 전체를 지칭하는 용어이다.

37) '發'의 번역어로서 '發顯'과 '發動' 두 가지를 사용한다. '理發·性發'의 경우는 '發顯'으로, '氣發·心發·情發[四端/七情]'의 경우는 '發動'으로 번역한다. '발현'은 '형이상학적 실체가 자신을 나타낸다[실현한다]'는 의미이며, '발동'은 시간/공간상의

가 발동한 것이다[四端理之發 七情氣之發]'로 수정하였다. 그런데 1558년 고봉의 지적을 받은 후 '사단의 발동은 순수한 리이기 때문에 선하지 않음이 없고 칠정의 발동은 기를 겸하기 때문에 선악이 있다[四端之發純理 故無不善, 七情之發兼氣 故有善有惡]'라고 재수정 한다. 이에 대하여 고봉이 「사단과 칠정을 리와 기에 분속하는 것은 잘못이다[非四端七情分理氣]」라는 비판서를 보내오자 여기에 답서를 보낸다. 이것이 본격적인 논변의 「第一書」가 되는 「答奇明彦」이다.

고봉은, 퇴계가 사단과 칠정을 대립시켜 그 근거를 각각 이와 기에 둠으로써 이기를 나누어서 두개의 존재로 인식하는 오류를 범했다고 비판한다. 그리고 '칠정은 정의 전체이며, 사단은 성이 발할 때에 기가 아직 작용하지 않아 본연의 선함이 곧바로 이루어진 것이기 때문에 순수하게 천리가 발현된 것이지만, 칠정을 벗어난 것이 아니고 칠정 가운데에서 [칠정이] 발현되어 절도에 맞는 묘맥이 되는 것'이라고 주장한다. 즉 사단과 칠정은 하나의 정으로서 '나아가 말한 바[所就以言之者]'가 다르기 때문에 이름이 다르게 된 것으로 보는 것이다. 그의 리기론은 "리는 기의 주재이고 기는 리의 재료이니 분개(分開)하지 않을 수 없으나 사물에 있어서는 본래 혼륜(混淪)하여 분개할 수 없는 것이다"라고 언명한 바와 같이 '혼륜'의 관점을 기저로 한 것이다.

퇴계는 고봉이 제시한 '소취이언지자'를 발판으로 하여 고봉을 비판한다. 리기는 분리될 수 없으나, 본연지성은 리기가 부여되어 있는 가운데에 나아가 리의 원두본연처(源頭本然處)를 가리켜 말한 것이기 때문에 가리키는 바가 리에 있으므로 '본연지성은 리'라고 하여 그 순수한 선성

작용을 표현하는 용어이다. 물론 이 번역어에 대하여 다른 의견이 있을 수 있다. 자세한 내용은 유원기(2010), pp.37-45 참조.

(善性)을 확보한 것이다. 이와 동일한 논리가 정에도 적용될 수 있으니, 사단은 리와 기의 합이지만 가리켜 말하는 것이 리를 주로 한 것이므로 '사단은 리발'이라고 말할 수 있다는 것이다. 또한 사단은 인의예지의 성에서부터 발현되어 나오는 것이며 칠정은 외물에 촉발되어 나오는 것이기 때문에, 사단과 칠정은 모두 리기를 벗어나지 않지만 "그 근원처[所從來]를 근거로 하여 각각 그 주로 하는 바와 중요하게 여기는 바를 가리켜서 말한다면 '사단을 리, 칠정을 기'라고 말하는 것이 어째서 불가능하겠는가"라고 주장한다.

퇴계는 「사칠논변」 제 2서에서 "사단은 리가 발현함에 기가 따르는 것이고 칠정은 기가 발동함에 리가 타고 있는 것이다(四則理發而氣隨之 七則氣發而理隨之)"라고 수정하였으나 근본입장이 바뀐 것은 아니다. 사단은 리와 기가 함께 있는 가운데에 '리를 주로 하여 말한 것[主理而言]'이며 칠정은 '기를 주로 하여 말한 것[主氣而言]'으로서 리와 기가 현실적으로 분리되는 것은 아니다. 그러나 말하는 관점이 다르기 때문에 양자는 엄밀히 구분되지 않을 수 없다. 이와 같은 퇴계의 리기론은 '혼륜'과 '분개'라는 두 관점을 아우르면서도 '분개'의 관점을 기본으로 하여 구축된 것이다.[38]

지금까지 논의한 내용을 중심으로, 퇴계/고봉의 논변서에 나타난 사단칠정에 대한 규정들을 검토해 보자.

> 제1규정. 추만 [1537년] : 사단은 리에서 발출하고, 칠정은 기에서 발출한다[四端發於理 七情發於氣][39]

38) 금장태, 위의 책, p.165.

39) 李滉(이하 생략), 『退溪集』 卷41, 「天命圖說後敍」, <天命舊圖>. 『退溪集』 卷16, 「論四

제2규정. 퇴계 [1553년] : 사단은 리의 발현이고, 칠정은 기의 발동이다 [四端理之發, 七情氣之發.][40]

제3규정. 퇴계 [1559년] : 사단의 발동은 순수한 리이므로 선하지 않음이 없고, 칠정의 발동은 기를 겸하므로 선악이 있다 [四端之發, 純理故無不善; 七情之發 兼氣故有善惡][41]

제4규정. 퇴계 [1560년] : 사단은 리가 발현함에 기가 그것을 따르는 것이고, 칠정은 기가 발동함에 리가 그것을 타고 있는 것이다["四則理發而氣隨之, 七則氣發而理乘之].[42]

제5규정. 고봉 [1561년] : 정의 발동은 때로는 리가 움직임에 기가 갖추어지는 것이고, 때로는 기가 감응함에 리가 타고 있는 것이다[情之發也, 或理動而氣俱, 或氣感而理乘][43]

제6규정. 퇴계 [1568] : 사단의 정은 리가 발현함에 기가 그것을 따르니 본래 순선무악하여 악이 없는데, 반드시 리의 발현이 아직 온전히 이루어지지 못하고 기에 가리워진 후에 不善으로 흘러가게 되는 것입니다. 칠정은 기가 발동하여 리가 그것을 타고 있으니 역시 선하지 않음이 없지만, 만일 기가 발동한 것이 절도에 맞지 못하여 그 리를 멸하게 되면 방탕하여 악이 되는 것입니다[四端之情, 理發而氣隨之, 自純善無惡, 必理發未遂而揜於氣, 然後流爲不善。七者之情, 氣發而理乘之, 亦無有不善, 若氣發不中而滅其理, 則放而爲惡也.][44]

이 규정들을 검토해 볼 때에 다음과 같은 문제점이 발견된다.

端七情 第1書」, p.8, "四端發於理, 七情發於氣."

40) 『退溪集』 卷41, 「天命圖說後敍」, <天命新圖>, "四端理之發, 七情氣之發."

41) 『退溪集』 卷16, "四端之發純理故無不善, 七情之發兼氣故有善惡."

42) 『退溪集』 卷16, "四則理發而氣隨之, 七則氣發而理乘之."

43) 奇大升(이하 생략), 『高峯集』, 「兩先生四七理氣往復書」 下篇, "情之發也, 或理動而氣俱, 或氣感而理乘"

44) 『退溪集』 卷7, "四端之情, 理發而氣隨之, 自純善無惡, 必理發未遂而揜於氣, 然後流爲不善。七者之情, 氣發而理乘之, 亦無有不善, 若氣發不中而滅其理, 則放而爲惡也."

서술어 '발(發)'의 주어 문제이다. 1규정과 3규정에서는 사단과 칠정이 '발(發)'의 주어이다. 그러므로 이 규정들은 '사단/칠정 호발설'이 된다. 2, 4, 6규정의 경우는 '발'의 주어가 리와 기이다. 그러므로 이 규정들은 '이기호발설'이 된다. '사단과 칠정이 발한다'라는 문장과 '리와 기가 발한다'라는 문장은 존재론적으로 전혀 다른 명제들이다. 그리고 사단과 칠정은 본래 '정'이기 때문에 '발'이라는 동사를 서술어로 사용하는 데에 전혀 문제가 되지 않으며, 기의 서술어로 '발'을 사용하는 것도 문제가 되지 않는다. 그러나 '리가 발한다'라는 리발설은 '형이상자인 리가 어떻게 현상계의 작용을 의미하는 발의 주체가 될 수 있는가'라는 심각한 문제를 제기한다. 전후 맥락을 고려하지 않고, '리는 작위가 없고 기는 작위가 있다[理無爲 氣有爲]'라는 일반론을 적용시키면 이 명제는 오류를 범한 것이 된다. 이 문제에 대해서는 이미 많은 선행연구가 있기 때문에 재론할 필요는 없다.[45] 단지, 퇴계가 1규정을 2규정으로 수정한 이유를 전혀 설명하지 않고 있다는 점에 주목하고자 한다. 앞에서 언급하였듯이 1규정과 2규정은 '발'의 주어가 '사단과 칠정[사단칠정 호발설]'에서부터 '리와 기'로 변경되었으며[리기호발설], 사단과 칠정의 발출근원[所從來]이 리와 기라는 점에서부터 사단과 칠정의 구성요소가 리와 기라는 사실로 변경되었다. 그러므로 이 두 명제는 존재론적으로 보면 전혀 다른 명제들이다. 그러나 퇴계는 그 차이를 심각하게 인식하지 못한 것 같다.[46]

2규정과 3규정을 비교해 보면, '발'의 주어가 리와 기에서 다시 사단

45) 유원기(2010), pp.37-45 참조.

46) 율곡/우계의 논변에서도 이와 같은 현상들이 발견된다.

과 칠정으로 변경되었음을 알 수 있다. 그럼에도 불구하고 퇴계는 그 이유를 '스스로 내가 한 말이 온당하지 못함을 잘못으로 여겼기 때문이다'[47]라고 설명할 뿐 무엇이 온당하지 못한지에 대해서는 전혀 밝히지 않고 있다. 그리고 「논사단칠정 제1서」 말미에서 주자의 '사단은 리가 발현한 것이고 칠정은 기가 발동한 것이다[四端理之發, 七情氣之發]'라는 명제에 비추어 볼 때에 '제1규정에는 오류가 없다'라고 주장한다.[48] 여기에서 우리는 퇴계가 '발'의 주어를 '사단에서 리'로 변경시키는 데에서 발생하는 형이상학적 문제를 문제로서 인식하고 있지 않다는 사실을 다시 확인할 수 있다.

그 이유는 무엇일까. 퇴계는 사단을 리에, 칠정을 기에 '분속(分屬)'시킴으로서 '사단=절대적 가치[無不善]' '칠정=상대적 가치[有善惡, 本善而易惡]'라는 등식이 성립된다고 보았던 것이다. 그는 '사단과 칠정을 리와 기에 분속시킨 것은 자신이 최초이다'[49]라고 자부하였다. 다만 그 분속의 방식이 '근원[1규정]' 또는 '구성요소[2, 3규정]' 또는 '구성요소의 기능[4, 5, 6규정]'으로 각각 다르게 나타나지만, 가치론적 관점에서 보면 6개의 규정들은 동일한 것이 된다. 퇴계는 이 방법을 통하여 사단과 칠정의 질적인 차이를 엄격하게 구별함으로써 '사단의 절대가치성[絶代善性]'를 논증하고, 사단을 '리의 발현'으로 규정함으로써 사단을 절대선의 구현체(具顯體)로 정립하려고 시도한 것이다.

앞에서 언급하였듯이, 그는 사단과 칠정을 구분하지 않는 주장을 '혼

47) 같은 책, 卷16.

48) 같은 곳, "近因看『朱子語類』論孟子四端處, 末一條正論此事. 其說云 '四端是理之發, 七情是氣之發.' 古人不云乎, 不敢自信而信其師. 朱子吾所師也, 亦天下古今之所宗師也. 得是說然後, 方信愚見不至於大謬, 而當初鄭說, 亦自爲無病, 似不須改也."

49) 『退溪集』 卷16.

륜언지(渾淪言之)', 엄격하게 구별하는 주장을 '분별언지(分別言之)'라고 규정하여[50] 자신의 사단칠정론은 '분(分)'의 패러다임을 기반으로 하여 구축된 것이라는 점을 강조하고 있다.[51] 그리고 고봉이 사단과 칠정을 '동실이명(同實異名)'으로 보는 오류를 범하고 있는데 그 이유는 그가 전자의 관점에 집착하고 있기 때문이라고 비판한다.[52] 사단과 칠정은 명칭뿐만이 아니라 실질이 다른 두 가지 정이라는 것이다.[53]

이와 같이, 퇴계는 '분'의 사유방식을 기반으로 사단과 칠정을 엄격하게 구별하고 사단을 리의 발현으로 규정함으로써 '사화(士禍)'라는 어둠의 시대에 '성[本然之性]'의 선함이 한갓 형이상의 세계에 머물지 않고 '사단'이라는 현실적 기제를 통하여 이 세상에 실현될 수 있는 공간을 확보하려고 한 것이 아닐까.[54]

퇴계는 논변과정에서, 고도의 형이상학적 개념을 사용하여 논리적 정합성을 추구하는 이기심성론이 자칫하면 '심신의 수행에는 도움이 되지 못하고 부질없는 논쟁으로 흘러 유교의 본령을 어기게 될지도 모른다'라고 스스로 경계하였다.[55] 퇴계가 추구하는 학문의 목적이 자기완성과 사회적 실천을 위한 이론적 토대를 구축하는 데에 있다는 사실을 여기

50) 같은 곳.

51) 같은 곳, "其所引朱先生答胡廣仲, 胡伯逢書及性圖三條, 皆不過明四端七情非有二之義. 此卽前所謂渾淪言之者. 滉非不知此, 惟以七情對四端, 則不得不分而言之耳."

52) 같은 곳, "然其所見始同而終異者, 無他. 公意, 以謂四端七情, 皆兼理氣. 同實異名, 不可以分屬理氣. 滉意, 以謂就異中而見其有同. 故二者, 固多有渾淪言之. 就同中而知其有異, 則二者所就而言, 本自有主理主氣之不同, 分屬何不可之有."

53) 같은 책, 卷16, p.34, "辯誨曰; '同實異名, 非七情外復有四端, 四七非有異義.' 滉謂就同中, 而知實有理發氣發之分. 是以異名之耳. 若本無所異, 則安有異名乎?"

54) 최영진 외(2010).

55) 김기현 외(1996), p.157 참조.

에서도 확인할 수 있을 것이다.

② 율곡의 인심도심론 : '합'의 패러다임

우계는 인심과 도심은 그 발출근원이 다르다는 주자의 '혹생혹원설(或生或原)'설을 '도심(道心)=리발(理發)', '인심(人心)=기발(氣發)'로 해석하여 퇴계의 이기호발설이 정당하다고 주장하였다.[56] 이 주장에 대하여 율곡은 "만약 보내온 글에서 말한 바와 같이 '리기가 서로 발한다'고 한다면 두 개의 존재가 되어서 각각 가슴 속에 뿌리를 이루게 될 것이다."[57]라고 퇴계의 호발설을 비판한다. 호발설은 '이원화의 오류'를 범할 가능성이 높다고 본 것이다. 그가 호발설을 비판한 또 하나의 이유는 '리발설'이 리의 능동성을 인정하지 않는 주자학의 기본문법을 어겼다고 보았기 때문이다. 그는 그 대안으로 '기발리승일도설'을 제시한다. 우계와 논거로 제시한 퇴계의 주장이 '이원화'의 오류를 범하고 있다는 인식은 율곡으로 하여금 우계가 전거로 제시한 주자 인심도심설을 비판적으로 재해석하여 새로운 학설을 구축하도록 만들었다.

그는 하나의 마음이 '발출근원'에 따라 인심/도심으로 분기된다는 주자의 '혹생혹원설'을 '인심도심은 서로 끝과 시작이 된다는 학설[人心道心相爲終始說]'로 재구성한다.

---

56) 李珥(이하 생략), 『栗谷全書』 卷9, 「答成浩原」 <附問書>, "今看『十圖』「心性情圖」, 退翁立論, 則中間一端曰; '四端之情, 理發而氣隨之, 自純善無惡. 必理發未遂而揜於氣然, 後流爲不善. 七者之情, 氣發而理乘之, 亦無有不善. 若氣發不中, 而滅其理, 則放而爲惡'云. 究此議論, 以理氣之發, 當初皆無不善; 而氣之不中, 乃流於惡云矣. 人心道心之說, 旣如彼其分理氣之發, 而從古聖賢皆宗之; 則退翁之論, 自不爲過耶." 이 글에서 우계도 제1규정과 제2규정의 차이를 전혀 인식하지 못하고 있다.

57) 위의 책, 卷10, 「答成浩原」, "若來書所謂'理氣互發', 則是理氣二物, 各爲根柢於方寸之中."

율곡은 먼저 인심과 도심의 근원은 '둘이 아니라 하나'라는 사실을 강조한다.

> "천지의 조화가 두 근본이 없으므로 우리 마음의 발동에도 두 근원이 없는 것이다. … 감동한 것은 본래 형기이지만 그것이 발동하는 것은 인의예지의 올바름에서 곧바로 나와서 형기에 가리어지지 않았으므로 리를 위주로 하여 도심이라 하는 것이다. … 그 근원은 비록 천성에 뿌리를 두고 있으나 그것이 발동하는 것은 이목과 사지의 사사로움에서 유래하여 천리의 본연이 아니기 때문에 기를 위주로 하여 인심이라 하는 것이다."[58]

그는 자연 변화의 근본은 하나이기 때문에 인간의 마음이 발동하는 근원도 하나라는 점을 전제로 제시한다. 그리고 이것을 토대로 하여 인심/도심은 모두 '인의예지' 곧 '천성[理]'에 근본을 두고 발출한다고 주장한다. 인심/도심의 근원은 리 하나인데 흘러서 두 마음으로 분기되었다는 것이다. 그는 "인심과 도심의 근원에 두 가지가 없다는 것을 이것을 미루어보면 알 수 있다[59]"라고 강조하고 있다. 이것은 주자 「중용서」의 '혹생혹원' 및 『대우모해』의 주장, 그리고 퇴계의 '도심=사단, 인심=칠정'의 이론과 분명하게 구분되는 율곡의 독창적인 이론이다.

그렇다면 율곡이 '인심도심 일원론(一源論)'[60]을 주장하는 이유는 무엇

---

58) 같은 곳, "天地之化無二本, 故吾心之發無二原矣. (中略) 感動者, 固是形氣, 而其發也, 直出於仁義禮智之正, 而形氣不爲之揜蔽, 故主乎理而目之以道心也. (中略)其原雖本乎天性, 而其發也, 由乎耳目四肢之私,, 而非天理之本然, 故主乎氣而目之以人心也."

59) 같은 곳, "人心道心之無二原, 可以推此而知之耳."

60) 내가 주장하는 '二源論/一源論'은 일반적으로 사용하는 '二元論/一元論'과 구별하지 않으면 안 된다. 내가 사용하는 이 용어는 한자어의 의미 그대로 '2개의 근원[원천]과 하나의 근원을 설정하고 학설을 전개하는 이론'을 말한다.

일까. 율곡은 그의 정론이 기록되어 있는 「인심도심도설」에서 "인심이 또한 도심이 될 수 있다[人心亦爲道心]"라는 점을 매우 강조하고 있다.[61] 그는 '리기불상리(理氣不相離)'와 '기발리승일도설(氣發理乘一途說)'에 의거하여, 인심과 도심은 모두 리에 근거한 기의 발동인데 다만 그것이 무엇을 위하여 발동했는가라고 하는 지향점에 따라 달라지기 때문에-즉 근원을 같이 하기 때문에-합일될 수 있는 통로를 본질적으로 갖고 있다고 주장한다. 인욕으로 흐르기 쉬운 인심을 도심에 의하여 절제한다면 인심이 또한 도심이 될 수 있다는 것이다. 여기에서 인심과 도심의 대립이 통일된다. 율곡의 '인심도심상위종시설(人心道心相爲終始說)'은 바로 이 점을 가리킨 것이다. 율곡이 주자와 퇴계의 '인심도심이원론(人心道心二源論)'을 폐기하고 '일원론(一源論)'을 주장한 이유는 인심과 도심이 합일될 수 있는 이론적 근거를 구축하기 위해서라고 할 수 있다 이것은 '합'의 패러다임을 기반으로 한 것이다.

퇴계는 「기명언에게 답함 : 사단칠정을 논한 두 번째 편지」에서 "사단과 칠정을 대립시켜 각각 나누어 말한다면 칠정과 기와의 관계는 사단과 리와의 관계와 같습니다."라고 주장한 바 있다. 이러한 방식을 고봉은 사단과 칠정을 '대거호언(對擧互言)', 즉 대립시켜 거론하고 서로 말하

61) 『栗谷全書』 卷14, 「人心道心圖說」, "理氣渾融, 元不相離. 心動爲情也, 發之 氣也, 所以發者理也; 非氣則不能發, 非理則無所發, 安有理發氣發之殊乎? 但道心雖不離乎氣, 而其發也爲道義, 故屬之性命; 人心雖亦本乎理, 而其發也爲口體, 故屬之形氣. 方寸之中, 初無二心, 只於發處, 有此二端. 故發道心者氣也, 而非性命則道心不生; 原人心者理也, 而非形氣則人心不生; 此所以或原或生, 公私之異者也. 道心純是天理, 故有善而無惡; 人心也有天理, 也有人欲, 故有善有惡. 如當食而食, 當衣而衣, 聖賢所不免, 此則天理也. 因食色之念, 而流而爲惡者, 此則人欲也. 道心只可守之而已, 人心易流於人欲, 故雖善亦危. 治心者, 於一念之發, 知其爲道心, 則擴而充之; 知其爲人心, 則精而察之, 必以道心節制, 而人心常聽命於道心, 則人心亦爲道心矣; 何理之不存, 何欲之不遏乎?"

는 방식이라고 비판하였다.[62] 우계도 율곡의 '기발리승일도설'을 비판하고 성현의 학설은 모두가 '양변설(兩邊說)', 즉 두 가지 측면으로 나누어 논의하는 방식이라고 주장하였다. 이러한 주장들은 성리학설에 세계를 '대립적 구조'로 파악하는 '분'의 패러다임과 이에 대응하여 '통합적 구조'로 파악하는 '합'의 패러다임'이 있다는 사실을 명시해 준다. 우리가 위에서 검토한 바와 같이 퇴계는 사단/칠정, 인심/도심, 리/기를 엄격하게 분리하여 대립시키는 방식으로 논의를 진행하였다. 이에 반하여 율곡은 사단과 칠정을 하나의 정으로 보고, 인심과 도심을 '원일이유이(源一而流二)', 즉 근원은 하나인데 흘러서 둘이 된 것이라고 규정한 다음에 이를 논거로 인심과 도심이 상호 전화(轉化)된다고 주장하였다. 이것은 율곡이 인간의 마음을 통합적 구조로서 파악하고 있다는 점을 잘 보여준다. 그리고 '리기호발설'을 부정라고 '기발리승일도설'을 주장한 것도 같은 맥락에서 이해할 수 있다.

이와 같은 패러다임의 차이는 조선후기 학자들의 사단칠정론에서도 확인된다. 17세기 이후 조선에는 퇴계학설을 종지로 하는 영남학파[퇴계학파]와 율곡의 학설을 종지로 하는 기호학파[율곡학파]가 성립되어 상호 대립·견제하고 협력하면서 학술·문화와 정치·사회를 주도하였다. 영남학파의 대표적 학자인 이현일(李玄逸, 호 葛庵, 1627-1704)은 율곡이 '천지의 변화에는 두 가지 근본이 없기 때문에 내 마음의 발동에는 두 개의 근원이 없다. 인심과 도심은 비록 두 개의 이름이지만 그 근원은 단지 한 마음이다.'[63]라고 주장한 구절을 인용하고 이에 대하여 "어찌 음

62) 『高峯集』, 「高峯答退溪」 第2書, "盖以四端七情, 對擧互言, 而揭之於圖, 或謂之無不善, 或謂之有善惡, 則人之見也, 疑若有兩情."

63) 『葛庵先生文集』 卷18, 「栗谷李氏論四端七情書辨」, "李氏曰; '吾心之用, 卽天地之化; 天

양과 태극이 끝내 형이상과 형이하의 구분이 없고, 인심과 도심이 과연 미발의 상태에서 근저와 묘맥이 없겠는가"[64]라고 비판한다. 율곡은 '두 개의 근본[二本]'을 부정하고 하나의 근본에 토대를 두어야 한다고 주장하였는데, 이현일은 음양과 태극을 형이상과 형이하로 구분하고 이를 논거로 인심과 도심이 근본적으로 다른 마음이라는 점을 강조한 것이다. 그러나 기호학파의 대표적 학자인 송시열(宋時熱, 호 尤菴, 1607-1689)은 "사단과 칠정은 모두 성에서 나온다. 그러므로 주자가 '인은 성인데 사랑[愛]의 이치가 발출해야 비로소 측은한 마음이 있게 된다'라고 하였으니 이것은 사단과 칠정이 합일한다는 뜻이다."[65]라고 하여 사단과 칠정을 다 같이 성에서 발출하는 하나의 마음으로 보았다. 그리고 "사단이 절도에 맞지 않으면 기의 발이라고 할 수 있고, 칠정이 절도에 맞은 것은 리의 발이라고 할 수 있다"[66]라고 하여 '사단=리발, 칠정=기발'로 보는 퇴계의 주장을 정면에서 부정하였다. 이 두 학자의 주장에서 분의 패러다임/ 합의 패러다임이 뚜렷하게 발견된다.

사단칠정론은 성리학자들의 논의로 끝난 것이 아니라 정제두(鄭齊斗, 호 霞谷, 1649-1736)와 같은 양명학자, 그리고 이익(李瀷, 호 星湖, 1681-1763), 정약용(丁若鏞, 호 茶山, 1762-1836)과 같은 실학자들도 이 문제에 대하여 다양한 각도에서 탐구하였다. 사단칠정론은 근 500년 동안 조선의 학자들이 치열한 논쟁을 통하여 정립한 독창적 이론으로서,[67] 최근 외국의

地之化, 無二本, 故吾心之發, 無二源矣. 人心道心, 雖二名, 其原則只是一心'"

64) 위와 같음, "夫然則, 豈可謂陰陽太極, 終無形而上下之殊, 而人心道心, 果無根柢苗脈於未發之前耶."

65) 『宋子大全』 卷133, 「退溪四書質疑疑義」, "四端七情, 皆出於性者也. 故朱子曰; '仁自是性, 却是愛之理發出來,方有惻隱' 此豈非四端七情合一之意也?"

66) 같은 책, "其實四端之不中節者, 亦可謂氣發, 七情之中節者, 亦可謂理發,"

학자들도 심도 있게 연구하고 있다.[68]

4. 근세 후기 : 조선성리학의 발전과 실학사상

17세기, 중국에서 명에서 청으로 왕조가 교체되고, 일본에서는 에도 막부 정권이 성립되는 등 동북아시아 지역에 커다란 지각변동이 일어난다. 조선도 이에 상응하는 변화를 겪게 된다. 임진왜란(1592-1596)을 계기로, 조선을 건국하고 정국을 주도해온 훈구파에서부터 성리학적 이념에 보다 충실한 사림파로 정권이 교체되며, 경제적으로도 토지생산성이 높아지면서 사유개념이 확산되었다. 이 시기 조선에는 국가재조론(國家再造論)이 대두될 만큼 질적인 사회변동이 일어난다. 그러므로 17세기 이후 조선 후기를 근대사회의 태동기로 규정하는 경우도 있다. 퇴계와 율곡에 의하여 정립된 조선성리학은 이 시기를 이끌어갈 지도 이념으로 기능하게 된다.

조선 후기의 사상계는 다음과 같은 몇 가지 유형으로 분류할 수 있다.

1. 성리학 : 율곡의 학통을 계승한 기호학파 내부에서 호락논쟁이 벌어지면서 조선성리학의 새로운 지평이 열리며, 이것은 북학파의 실학사상으로 연계된다. 퇴계의 학통을 계승한 영남학파에서는 17세기 후반 이현일(李玄逸)이 율곡의 학설을 비판하고 퇴계의 학설을 변호하여 그 정통성을 확립하였다. 그리고 장현광(張顯光, 호 旅軒,

67) 민족과사상연구회 편(1992) 참조.

68) 그 대표적인 연구물이 李明揮(2008)의 『四端與七情：關於道德情感的比較哲學探討』이다.

1554-1637), 이진상(李震相, 호 寒洲, 1818-1886) 등에 의하여 독창적인 성리학설이 제기되었으며, 허목(許穆, 호 眉叟, 1595-1682), 윤휴(尹鑴, 호 白湖, 1617-1680) 등 기호영남학파[남인]의 사상은 탈주자학적 성격을 띠면서 실학으로 연계된다.

2. 실학 : 조선후기 학계의 최대성과는 실학의 성립이다. 실학은 '허학(虛學)'의 대립 개념으로서 실천적 · 실용적 · 실증적인 학문을 말한다. 실학은 조선성리학을 비판적으로 발전시켜 재구성하여 질적으로 새로운 학풍을 형성한 것이다. 기호남인 계보와 노론계보[북학파]로 나눌 수 있는데, 북학파의 사상은 개화사상으로 연계된다.
3. 양명학 : 조선 중기에 전래된 양명학은 퇴계에 의하여 비판된 이후 수면 아래로 잠복되었다. 이 시기에 이르러 하곡(霞谷) 정제두(鄭齊斗)가 한국양명학의 체계를 확립하였으며,[69] 강화지역을 중심으로 학파를 형성하게 된다.
4. 서학 : 중국을 통하여 전래된 서양의 과학과 천주교는 기존의 우주관과 세계관에서 벗어나 새로운 패러다임을 제공하였다. 실학사상 형성의 외래적 요인이라고 볼 수 있다.[70] 최한기(崔漢綺, 호 惠岡, 1803-1877)는 서양과학을 수용하여 성리학을 창조적으로 재구성하였으며, 정약용은 천주교를 수용하여 유교 경전을 새로운 관점에서 주석하였다.

(1) 조선성리학의 발전 : 호락논쟁

① 인물성동이론

위에서 열거한 사조 가운데 가장 중요한 것이 호락논쟁이다. 이 논쟁은 사단칠정론과 함께 중국의 주자학을 조선의 성리학으로 토착화시키

69) 부제공(1996), p.6.
70) 박성순(2005), pp.18-46 참조.

고 유학사상을 한 단계 발전・심화시킨 철학적 논쟁이다. 이것은 율곡-사계-우암으로 이어지는 기호학파[노론]의 적통을 이은 권상하(權尙夏, 호 遂菴, 1641-1721)의 문하에서 시작되었는데 그 주역은 이간(李柬, 호 巍巖, 1677-1727)과 한원진(韓元震, 호 南塘, 1682-1751)이다.[71] 이 논쟁의 쟁점에 대하여 남당이 '미발(未發)에 기질지성이 있는가 없는가, 사람과 사물[物][72]이 오상(五常)의 성에 있어서 같은가 다른가'[73]라고 정리한 바 있다. 이것을 '미발논변(未發論辨)'과 '인물성동이논변(人物性同異論辨)'이라고 한다.

71) 외암은 호론자인가 낙론자인가? 남당이 호론을 대표하는 논객이라는 점에 대해서는 이견이 없다. 그러나 그 논적인 외암을 낙론자로 규정하는 기존의 학설에 대해서는 비판이 제기되고 있다. 남/외의 논쟁을 '호락논쟁'이라고 부르는 것이 대해서도 부정적이다. 그 비판의 논거는 외암이 남당과 같이 호서(湖西)지역에 거주하고 있으며, 호론의 지도적 인물인 권상하(1641-1721)의 문하생이라는 사실이다. '호(湖)'는 충청지역, '낙(洛)'은 서울・경기 지역을 말한다. 문석윤(2006, pp.234-235)은 남/외 논쟁을 호학 내부의 논쟁으로 본다. 그러나 지역이 학파를 구분하는 절대적 기준이 될 수 없다. 이것은 성호가 기호지방에 거주하여 학파를 형성하였지만 이를 '기호학파'라고 부를 수 없다는 사실에서도 확인된다. 중요한 것은 이론의 내용이다. 외암이 낙학파의 학자 그룹에 소속되지 않았기 때문에 '낙학파'로 분류할 수 없다고 해도, 그의 학설은 '낙론'으로 보지 않을 수는 없다. 이 점은 『정조실록』권52 정조 23년 10월 15일[庚子]조의 "원진은 일찍이 미발이 기질을 겸하고 인/물의 오상이 같이 않다는 학설을 지었으니 김창흡・이재・이간의 학설과 같지 않아서 문도들이 서로 비판함에 호학과 낙학의 이름이 있게 되었다[元震嘗著未發兼氣質 人物五常不同之說 與金昌翕李縡李柬之說不同 門徒互相詆說 有湖學洛學之名]"라는 구절에서 확인된다. 이 글에서 이간은 낙학파의 대표적 인물인 김창흡・이재와 동일한 학설을 주장한 것으로 나타난다. 외암을 호학자로 규정한 문석윤도 "낙학의 종지가 외암에 이르러 확인되고 발휘되는 것이라고 할 수 있겠다"[위의 책, 253쪽]라고 하여 외암의 학설이 낙론이라는 점을 분명히 지적하고 있다. 본고에서는 '학파'로서의 호학파/낙학파와 '이론'으로서의 호론/낙론을 구별하고, 호락논쟁을 호학파/낙학파의 논쟁이 아니라 호론/낙론의 논쟁으로 사용한다. 남당/외암 논변의 쟁점에 대해서는 홍정근(2007), pp.1-10 참조. 아울러 호락논쟁의 정치・사회적 함의에 대해서는 조성산(2007), pp.261-279 참조 바람.

72) '물(物)'은 인간이외의 존재, 즉 금수초목(禽獸草木) 등을 가리키는 개념인데 여기에서는 주로 금수를 말한다. '물'의 개념에 대해서는 최영진(2000) 참조.

73) 『南塘集』 卷28, 「李公擧上師門書辨」, "先生之說, 不同於公擧者有二, 曰; '未發氣質之性有無之辨也', 曰; '人物五常之性同異之辨也'"

미발에 기질지성을 부정하는 외암의 관점은 성인과 범인은 명덕본체(明德本體)를 동일하게 부여받아 그 본심이 같다고 하는 '성범심동론(聖凡心同論)'[74]으로 이어지고, 인간과 물의 본성이 같다고 하는 '인물성동론(人物性同論)'이 정립된다. 미발에 기질지성을 인정하는 남당의 견해는 필연적으로 성인과 범인은 그 본심도 다르다고 하는 '성범심부동론(聖凡心不同論)'[75]으로 전개되고, 인간과 사물의 본성이 다르다고 하는 '인물성이론(人物性異論)'이 정립된다.[76] 외암이 '같음[同]'의 논리를 기저로 한다면, 남당은 '다름[異]'의 논리를 기반으로 하고 있는 것이다.

인물성동이논변은 인간과 사물이 오상을 동일하게 부여받아 물도 오상 전체를 구비하고 있기 때문[全]에 인·물이 같다고 하는 동론(同論)과, 인간은 오상 전체를 부여받았으나 물은 오상 가운데에 일부만 부여받았기 때문[偏]에 인·물이 다르다고 하는 이론(異論)과의 대립이 골자를 이룬다. 동론의 대표적 학자인 외암은 주자의 『중용장구』를 논거로 하여 다음과 같이 말한 바 있다.

> 대개 인·물은 똑같이 오행의 기를 받았으나 편·전에는 분수가 있다. 지금 분수의 다소나 발용의 여부를 논한다면 옳지만, 오행 중에서 하나는 있고 하나는 없다고 한다면 옳지 않다. 풀 한 포기 나무 한 그루 어느 것이든 음양, 오행이 만들지 않은 것이 없거늘 하물며 초목보다 더 영묘한 것(금수)이 어찌 오행의 이치를 모두 부여받지 않았겠는가.[77]

---

74) 『巍巖遺稿』 卷12, 「未發辨」, "此明德本體, 而卽聖凡之所同得者也.…朱子所謂'元無不善之本心者', 都只此心, 則不論聖凡, 此心之外, 無他心矣."

75) 『南塘集』 卷11, 「擬答李公舉」, "此朱子所謂'人之所以爲學者, 以吾心不若聖人之心也'. 吾之心, 卽聖人之心無異, 尙何學之爲裁者也.

76) 미발논변과 인물성동이논변 가운데 어느 것이 보다 본질적인 것인가, 이론발전의 선후는 어떠한가 등에 관해서는 여러 가지 견해가 있으나, 분명한 것은 두 논변이 논리적으로 긴밀하게 연결되어 있다는 사실이다. 전인식(1998), pp.6-9 참조.

외암은 기질로 인한 인·물 차별성은 인정할 수 있으나, 만물은 음양오행의 기로 이루어진 이상 그 이치로서의 오상을 동등하게 본유(本有)하지 않을 수 없다고 주장한다. 그러므로 인간과 물은 그 본연지성이 동일하며, 기질지성은 인·물이 다를 뿐만 아니라 모든 개체들이 다르다고 본다.

외암의 주장은 주자와 다르지 않다. 이미 알려진 바와 같이 주자는 성을 본연지성과 기질지성으로 나눈다. 전자는 리가 기에 내재되었으나 기와 섞이지 않았기 때문에 보편성과 절대 가치를 갖고 있으며, 후자는 리가 기질에 의하여 제한된 것으로 그 기질의 청탁수박에 따라 각각 상이한 편차가 생겨난다. 양자가 존재론적으로 둘인 것은 아니다. 기에 내재된 리 그 자체만을 가리켜 말하면 본연지성이고 기질을 겸하여 말하면 기질지성이 된다. 그러므로 본연지성은 인·물이 동일하며 기질지성은 인·물이 다를 뿐만 아니라 모든 개체가 다르지 않을 수 없다.

남당의 인물성이론은 다음 예문에 집약되어 있다.

> 리는 본래 하나인데 형기를 초월하여 말하는 것이 있고 기질을 인하여 이름 붙인 것이 있고 기질과 섞어서 말하는 것이 있다. 형기를 초월하여 말하면 태극이 이것이니 만물의 이치가 동일하다. 기질을 인하여 이름 부치면 건순오상의 이름이 이것이니 인·물이 동일하지 않다. 기질과 섞어서 말하면 선악의 성이 이것이니 모든 사람, 모든 사물이 동일하지 않다.[78]

---

77) 『巍巖遺稿』 卷7, 「與崔性仲」, "蓋人物均受五行之氣, 而偏全煞有分數. 今論分數多少, 發用與否, 則可; 於五行中, 爲一有一無, 則不可. 一草一木, 何莫非二五所造; 而況較靈於草木者, 寧有不盡稟五者之理也?"

78) 『南塘集』 卷11, 「擬答李公擧」, "理本一也, 而有以超形氣而言者, 有以因氣質而名者, 有以雜氣質以言者. 超形氣而言, 則太極之稱是也, 而萬物之理同也. 因氣質而明, 則健順五常

이 글에 명시된 바와 같이 남당이 인성과 물성이 다르다고 할 때의 그 '인기질(因氣質)'한 성이란 기질지성이 아니고 본연지성이라는 점에 유의해야 한다. 이와 같은 남당의 주장은 주자학의 일반론과 상치된다. 주자학은 리[同]/기[異] 본연지성[同]/기질지성[異]의 이분법적 사유를 기반으로 하고 있다. 이에 반하여 이른바 성삼층설이라고 불리는 남당의 성론은 초형기[同]・인기질[異而同]・잡기질[異]의 삼분법에 기초하기 때문이다. '기질에 인(因)하기 때문에 인간과 사물의 본성은 다르지만 기질과 섞이지 않았기 때문에 같은 종 내부의 본성은 동일하다'라는 주장은 주자학의 체계에서 용납되기 어려운 이론이다. 이것은 퇴계의 리발설(理發說)이 주자학 내부에서 소화되기 어려운 것과 대응될 수 있다.[79]

남당은 인간과 사물의 차이에 대하여 다음과 같이 말한다.

> 무릇 '지각 운동은 인/물이 동일하다'는 것이, 어찌 인간은 알지 못함이 없고 깨닫지 못함이 없는데, 사물도 또한 인간과 동일하다는 점을 말하는 것이겠는가. 대개 지각이 인/물에 있는 것은 비록 정순(精純)함과 조악(粗惡)함이 다르지만 그 지각하는 것은 같다. 그러나 인의예지에 이르러서는 처음부터 정순함과 조악함의 섞임이 없으니 사물은 온전히 얻은 것이 아니다. 그러므로 지각운동은 인/물이 같으나 인의예지는 인/물이 다르다고 하는 것이다. 만약 인의예지가 있는가 없는가, 온전한가 편벽되었는가를 논한다면 지각하는 기가 다른 데에 있다. 어째서 그렇게 말하는가? 사물의 지각은 오행의 조탁(粗濁)한 것을 얻었음으로 그 이치는 조탁한 이치가 된다. 비록 그 이치가 없다고 말할 수는 없지만 인의예지가 되는 것은 불가능하다. 인간의 지각은 오행의 정영(精英)한 것을 얻었기 때문에 그 이치는 인의예지가 되며 지각의 발현은 인의예지의 작

之名是也, 而人物之性不同矣. 雜氣質而言, 則善惡之性是也, 而人人物物不同矣.

79) 최영진(1988) 참조.

용이 된다.[80]

남당은 인간과 사물의 지각능력에는 차이가 있으나 지각력을 갖는다는 사실은 동일하다고 본다. 그러나 인의예지와 같은 고차적인 도덕성에서는 본질적인 차이를 갖는다고 주장한다. 즉 엄밀한 의미에서의 인의예지는 인간에게만 가능하다고 본 것이다.

② 미발논변

미발논변은 남당을 중심으로 최징후(崔徵厚, 호 梅峰), 한홍조(韓弘祚, 호 鳳巖) 등 권상하의 문하생 사이에서 시작되었다. 그 쟁점은 '미발의 상태에 기질지성이 있는가?'라는 것이었다. 최징후와 한홍조는 미발에서는 본연지성만 있고 기질지성은 존재하지 않으며, 발했을 때 비로소 기질지성이 존재하게 된다고 주장하였다.[81] 그러나 남당은 '미발에서도 기질지성은 존재한다'라고 반박한다. 그는 '리기불리(理氣不離)'의 원칙과 '리가 기에 내재되어야 비로소 성이 된다'는 주자학의 기본이론에 의거하여 이론을 전개 한다. '성'이라는 개념에는 기가 전제된다. 미발에서도 그 기는 존재하기 때문에 기를 겸지(兼指)하면 기질지성이 되고, 리만

---

80) 『南塘集』 卷29, 「論性同異辨」, "夫以爲知覺運動人與物同者, 豈謂人之無不知無不覺者, 物亦同之耶? 盖以知覺之在人在物者, 雖有精粗之不同, 其有是知覺則同, 至於仁義禮智, 則初無精粗之混, 而非物之所得以全者. 故謂'知覺運動則人與物同, 而仁義禮智則人與物異也'. 若論其仁義禮智之或存或亡或全或偏者, 則又不在他, 在乎其知覺之氣有不同耳. 何以言之? 物之知覺, 其氣得五行之粗濁者,, 故其理只得爲粗濁之理, 雖未嘗無其理, 亦不可謂仁義禮智也. 虎狼之仁, 蜂蟻之義之類, 是於五行中亦得其一段秀氣. 故其理爲仁爲義而終不能全也. 人之知覺, 其氣得五行之精英者, 故其理爲仁義禮智, 而知覺之發見者, 莫非仁義禮智之用也."

81) 『南塘集』 卷30, 「本然之性氣質之性說」, "未發之前, 只有本然之性, 而不可謂有氣質之性. 及其發也, 方有氣質之性, 而本然之發, 由於耳目口鼻者, 乃所謂氣質之性也."

을 단지(單指)하면 본연지성이 된다. 그러므로 미발의 상태에서도 본연지성/기질지성은 존재한다. 다만 기가 작용[用事]하지 않아 리에 영향을 미치지 않기 때문에 '리의 선함'만을 볼 수 있다는 것이다.[82] 그는 다음과 같이 설명한다.

> 리만 전적으로 말하면[專言] '본연지성'이고 기까지 겸하여 말하면[兼言] '기질지성'이다. 그런데 심에는 미발과 이발이 있기 때문에 미발은 성의 본체가 되고 이발은 성의 작용이 된다. 다만 미발 이전에서는 기가 작용하지 않기 때문에 리의 지선(至善)만 볼 수 있고 기의 선악은 볼 수 없다가 발한 다음에 비로소 기의 선악이 나타난다. 그러므로 내가 또 '미발 이전에서는 기질지성을 볼 수 없고 발한 다음에 볼 수 있다.'라고 말한 것이다.[83]

남당의 이 주장에 대하여 외암은 다음과 같이 자신의 견해를 피력한다.

> 그렇다면 이른바 미발(未發)이란 바로 기가 아직 작용하지 않은 때이다. 이른바 '맑고 탁하고 순수하고 잡박한 것[氣]'이 이때에는 아직 정의와 조작이 없어서 맑게 순수하고 한결같아 역시 선할 따름이다. 이 자리가 바로 치우치거나 기울어지지 않고 두루 바르고 마땅한 본연의 이치를 단지하기 좋은 곳이다. 그런데 왜 꼭 작용하지 않는 기를 겸지하여 말하

---

82) 같은 곳, "朱子曰, '未發之前, 氣不用事.' 這氣其非氣質之性之氣, 而本然之性所寓乎? 除是無本然之性然後, 方無氣質之性. 既有是本然之性, 則必有是盛載之氣. 既有是盛載之氣, 則不得不合理氣而命之曰'氣質之性'也. 未發之前, 苟無氣質之性, 則其發也, 亦何自而有情之善惡乎?"

83) 같은 곳, "專言理則曰'本然之性', 兼言氣則曰'氣質之性'. 而心有未發已發, 故未發是性之體, 而已發是性之用也. 但未發之前, 氣不用事, 故但見其理之至善, 而不見其氣之善惡, 及其發而後, 方見其氣之善惡. 故愚又曰; '未發之前, 氣質之性, 不可見. 而已發之後, 方可見也'."

는가?[84]

'미발'을 '기가 아직 작용하지 않는 상태·시점'으로 보고, 이 시점에서는 기가 아무런 작용도 하지 않기 때문에, 즉 기가 어떠한 영향도 미치지 않기 때문에 '순수하게 선하다'라고 보는 것은 남당/외암이 다르지 않다.[85] 하지만 외암은 이때의 기를 '담연순일(湛然純一)'하여 선할 뿐이다'라는 점을 강조하는데,[86] 이 점은 남당이 미발 상태의 기에 '청탁수박', 또는 '강유선악'[87]이 있다고 보는 것과 다르다. 남당은 기의 다양성을 '본색(本色)'이라고 본다.[88] 그는 미발에서도 기의 다양성과 선악을 인정해야 마음이 발한 이후 선악이 어디에서 유래하는지를 밝힐 수 있다는 것이다. 요컨대 미발 상태의 기에 대한 인식에 차이가 난다는 점이다. 이 점은 남당의 다음 주장을 앞에서 인용한 외암의 주장과 대비시켜 볼 때에 잘 드러난다.

> 미발 이전에 기가 비록 강유 선악의 치우침이 있지만, 한결같이 고요[靜]하여 작용하지 않는다면 지극히 허하고 지극히 밝은 심을 해치지 않아 천명의 본체를 가리지 않기 때문에 성이 여기에서 중(中)하게 된다.[89]

---

84) 『巍巖遺稿』, 卷7, 「與崔成仲」, "然則所謂未發, 正是氣不用事時也. 夫所謂淸濁粹駁者, 此時無情意無造作, 澹然純一, 亦善而已矣. 此處正好單指其不偏不倚·四亭八當底本然之理也, 何必兼指其不用事之氣而爲言乎?

85) 이 부분에서 남/외의 입장은 다르다. 남당은 청탁수박한 기가 작용을 하지 않아 천명의 본체[리]를 엄폐하지 않기 때문에 선하다고 보는 반면, 외암은 기가 순선하기 때문에 리가 순선하다고 본다.

86) 외암의 이 주장은 '청탁수박이 있는 기가 미발에서는 어떻게 담연순일하게 되는가'에 대한 설명이 빠져 있다.

87) 『南塘集』 卷10, 「答李公擧」 壬辰 8月, "愚所謂'一於靜者', 盖剛柔善惡之氣, 一於靜而不用事.

88) 같은 곳, "心雖未發, 氣稟本色之不齊者, 又安得以皆齊哉."

남당이 미발에서 '마음이 지극히 허하고 맑아 천명의 본체를 가리지 않는다'라고 말한 것과, 외암이 '기가 맑아 순일하여 중의 리만을 가리킬 수 있다'고 말한 것은—심을 기로 보는 기호학파의 입장에서 볼 때—크게 다르지 않다. 하지만 외암이 미발에서의 기를 '선'하다고 명시한 점에서 결정적으로 차이가 난다. 기에 대한 외암의 인식은 그가 '본연지기(本然之氣)', '기지본연(氣之本然)'을 제시하면서 한층 강화된다.

> 나로 하여금 하늘이 부여해준 영(靈)에 힘입어 혹시 살아있을 때 삽시간이라도 마음[方寸]이 맑아져, 혼미하여 동요하는 기가 없어진다면 박잡하고 혼탁한 것이 맑아져 순수한 '본연의 기'로 되돌아갈 것이고 따라서 미발의 경지를 깨달을 수 있을 것이다.[90]

성인과 범인을 막론하고 반드시 심의 전체가 고요하게 움직이지 않아 마치 정지한 물이나 해맑은 거울과 같을 것이다. 이것은 이른바 수만 가지로 다른 청탁수박(淸濁粹駁)이 여기[미발의 시점]에 이르면 일제히 티없이 맑아지고 지극히 순수해져[이것은 '기의 본연'이다.—원주(原註)] 한쪽으로 치우치거나 기울어지지 않아 사방과 팔방이 정당한 본체가 또한 정립될 것이니, 이것이 이른바 천하의 대본이라는 것이다.[91]

'본연지기'는 율곡이 중시하는 개념이다. 율곡은 "성현의 천언만언(千

89) 『南塘集』 卷11, 「答尹晦甫兼呈李公擧」, "盖於未發之前, 氣雖有剛柔善惡之偏, 若一於靜而不用事, 則不害其心之至虛至明, 而無以揜蔽天命之本體, 故性於此乎中矣."

90) 『巍巖遺稿』 卷7, 「答李公擧別紙」, "使柬賴天之靈, 或於一生之內, 霎時之頃, 方寸湛然, 無一分昏擾之氣, 則竊意卽此駁濁者澄然, 純於本然之氣, 而未發之境, 始可與聞於此."

91) 같은 책, "則無論聖凡, 必此心全體, 寂然不動, 方寸之間, 如水之止, 如鏡之明. 則夫所謂淸濁粹駁之有萬不齊者, 至是一齊於純淸至粹[此氣之本然也.], 而其不偏不倚四亭八當之體, 亦於是乎立, 則所謂天下之大本也."

言萬言)은 다만 그 기를 검속하여 기의 본연으로 돌아가게 하는 것일 따름이다. 기의 본연은 호연지기이다. 호연지기가 천지에 가득차면 본래 선한 이치가 조금도 엄폐됨이 없을 것이다. 이것이 맹자의 양기론이 성문에 공을 세운 소이이다"[92]라고 하여 '기지본연'을 수양의 목표로 설정하였다.[93] '본연지기'는 맹자의 호연지기, 화담이 말하는 '담일청허지기(湛一淸虛之氣)'와 상통하는 개념으로서 본원적인 기이다. 율곡은 "본연지기는 없는 경우가 많다"라고 말한 바 있다. 남당은 이 구절을 가지고 외암을 비판하였다. 그러나 외암은 '본연지기가 자연계에는 없는 곳이 많지만 인간에게는 있다'는 의미로 해석하여 자기 주장의 논거로 삼는다.[94]

외암에게 있어 미발의 기는 '본연지기', 즉 '순청지수(純淸至粹)'한 기이다. 이것은 성인/범인이 다르지 않다. 여기에서 미발의 경지를 깨달을 수 있으며 중의 본체가 정립된다. 이 점은 남당이 논변의 시작부터 끝까지 '미발에서 [명덕의 본체는 허명하고] 기품의 본색은 미악이 고르지 않다'고 주장한 것[95]과 선명하게 대비된다.

남당은 미발에서도 기에 '청탁선악'이 존재한다고 보았기 때문에 '리만 단지하면 본연지성, 기와 리를 겸지하면 기질지성'이라는 도식을 만들었다. 하지만 미발에서 기가 완벽하게 순수하다면, 율곡이 '호연지기

---

92) 『栗谷全書』 卷10, 「答成浩原」, "聖賢之千言萬言, 只使人檢束其氣. 使復其氣之本然而已. 氣之本然者, 浩然之氣也. 浩然之氣, 充塞天地; 則本善之理 ,無少掩蔽, 此孟子養氣之論, 所以有功於聖門也."

93) 최영진(2005), pp.126-127 참조.

94) 『巍巖遺稿』 卷12, 「未發有善惡辨」, "若栗翁言本然之氣, 都無所在則已, 今曰'多有不在', 則其在者將誰先於人哉."

95) 『南塘集』, 卷28, 「李公擧上師門書辨」, "未發虛明, 明德本體; 美惡不齊, 氣稟本色."

는 선한 이치를 조금도 엄폐하지 않는다'라고 간파한 바와 같이 단지와 겸지의 결과, 즉 본연지성과 기질지성이 동일하게 된다. 그러므로 기질지성은 의미를 상실한다. 외암이 논변의 첫 편지에서, '기를 겸지해야 할 필요가 없다'고 주장한 것은 이와 같은 이유 때문이다. 이 표현에 주의해야 한다. 적어도 이 편지의 문장만을 보면, 그가 미발에서 기질지성의 존재자체를 부정했다고 보기는 어렵다. 「한산기행(寒山紀行)」에서도 "대본 미발의 때에는 기질지성을 말하기 어렵다"[96]라고 하였으나, "기질지성이 없다"라고 명시적으로 주장하지는 않았다.

지금까지 검토해온 바와 같이, 남/외 미발 논변은 '미발에서의 기질지성 문제'에서 시작하여, '미발에서의 기에 대한 인식'으로 발전하였다.[97] '기'가 키워드로 부상된 것이다. 남당은 '미발에서 기는 강유선악의 편벽됨이 있지만 작용하지는 않는다'는 것이며 외암은 '미발에서 기가 순수하게 투명하고 선하다'는 것이다. 외암이 말하는 기는 순수한 '본연지기'로서 본원적인 차원의 존재이다. 이것은 주로 미발의 경우에 확인되는 특수한 기이다. 그는 이 '본연지기'라는 용어를 기반으로 '리와 기가 실질을 같이하고 심과 성이 일치한다[理氣同實, 心性一致]'고 주장한다.

> 이른바 실사라고 하는 것은 리와 기가 실질을 같이하고 심과 성이 일치되어야만 비로소 '실사'라고 말할 수 있다. 왜냐하면 대개 이미 요순의 성이 있고, 반드시 요순의 심이 있고 난 뒤에야 바야흐로 요순이 되었다고 할 수 있으니 이것이 실사이다. 저 도척과 장교는 유독 그 성이 없겠

96) 『巍巖遺稿』 卷1, 「寒山紀行」, "大本未發時, 難言氣質性."

97) 이것은 주자 미발론이 제기하는 문제의식과 다르다. 주자 미발론과 이에 대한 최근의 연구는 주자의 "사려가 아직 싹트지 않았는데 지각은 어둡지 않다[思慮未萌 知覺不昧]"라는 구절을 중심으로 '미발이란 마음의 어떠한 상태인가'라는 문제에 초점을 맞추고 있다. [한자경(2005); 이승환(2006)]

> 는가? 그 심이 요순이 아니기 때문에 도척과 장교에서 그친 것이다. 어찌 그 성이 요순과 같다고 해서 도척과 장교를 끌어와 요순의 지위로 끌어 올릴 수 있단 말인가? 이것은 실사가 아님이 분명하다.[98)]

'리와 기와 실질을 같이한다[理氣同實]'는 것은 '기가 바르고 통하면 리도 바르고 통하며, 기가 치우치고 막히면 리도 치우치고 막히는 것'이며, '심과 성이 일치한다[心性一致]'는 것은 '본심을 보존하면 천리가 밝아지고 본심을 잃어버리면 천리도 사라지는 것'이다. 구체적으로 말하면 요순과 같은 성인의 마음을 가지고 있어야 비로소 선한 인간의 본성이 실현되어 실질적인 성인이 될 수 있다. 성인의 순선한 마음은 순선한 본성과 실질적으로 일치되기 때문이다. 외암은 성과 도라는 형이상학적 존재는 심[기]이라는 현실적 매체에 의하여 구현된다는 점을 더없이 강조한다.[99)] 본성에 대한 '인식'은, 남당이 주장한 바와 같이, 이기가 공존하는 마음속에서 리만을 단지하면 가능하다. 하지만 본성을 현실세계에서 '이루는 것'은 '마음을 바르게 함[正心]'에 의해서 비로소 가능하다.[100)] 마음은 기적 존재[心是氣]이다. 그러므로 순수하고 선한 기의 확보가 문제의 핵심으로 부각된다.

> 나는 매번 기가 본연의 상태에서 순수한 다음에야 리도 본연의 상태에서 순수하다고 생각하였다. 이것이 바로 말하는 자[남당]가 매우 배척하

98) 『巍巖遺稿』 卷12, 「未發有善惡辨」, "所謂實事, 則必待夫理氣同實, 心性一致, 然後方可謂實事. 何者? 蓋旣有堯舜之性, 又必有堯舜之心, 然後方喚做堯舜, 此實事也. 彼跖蹻者, 獨無其性哉. 其心非堯舜, 故跖蹻而止, 豈可以其性之堯舜, 而引跖蹻躋堯舜哉. 其非實事也亦明矣."

99) 같은 곳, "性道之待心也久矣."

100) 『巍巖遺稿』 卷12, 「未發辨」, "粗識理之單指, 爲大本之性矣, 而獨未察乎單指之處, 苟無本心之正, 則畢竟不成爲大本也."

> 는 바이니, 율곡이 말한 '본연지리는 어떠한 존재에도 있으나, 본연의 기는 존재하지 않는 곳이 많다'는 것을 인용하여 논박하였다[101)]

외암은, 남당이 논거로 삼은 율곡의 글 가운데에서 '본연지기'를 추출하여 '본연지기로 이루어진 본연지심' 의 존재를 상정하고, 이 본연지심이야말로 대본[中]이 의존해 있는 바라고 주장한다.[102)] 그리고 '성과 리의 선함이 심과 기에 근본을 두는 것은 아니지만 그 선의 존망은 실제로 심과 기의 선함 여부에 달려 있으니 본심이 없는데 천리가 보존되는 경우는 없다…그러므로 기가 순수한 이후에 리가 순수해진다'[103)]고 말한다. 형이상학적 관점에서 보면 선이 성[리]에 근본을 둔다는 것은 성리학의 기본 입장이다. 하지만 현실세계에서 선의 구현 여부는 심[기]에 달려 있다. 즉 본연지기로 이루어진 본연지심에 의하여 본연지성이 확인되고 구현된다.

이와 같은 외암의 주장은 현실적 기반을 상실한 형이상학의 공허함을 극복하려는 것이다. 즉 기적 현실에서 벗어난 리는 공허한 관념에 불과하다는 것이다. 하지만 보다 중요한 이유는 다음 구절에서 나타난다.

> 뜻이 성실하면 리가 실해지고 심이 바르면 성이 중하다.[104)]

---

101) 『巍巖遺稿』 卷12, 「未發有善惡辨」, "愚每以氣純於本然, 而後理亦純於本然. 此正說者之所深斥, 而引栗翁所謂'本然之理則無物不在, 而本然之氣則多有不在'者以駁之."

102) 같은 곳, "栗翁若言本然之氣, 都無所在則已, 今日'多有不在', 則其在者將誰先於人哉. 人而無本然之心則已, 若謂有本然之心, 則所謂未發之中, 天下之大本, 捨是心, 又奚靠哉."

103) 같은 곳, "性理之善, 雖則不本於心氣, 而其善之存亡, 實繫於心氣之善否. 本心亡而天理存者, 天下有是乎? …然則氣純而後, 理純之論, 又安可猝然廢之哉."

104) 『巍巖遺稿』 卷7, 「答韓德昭別紙」, "意誠而理實, 心正而性中者"

이 구절은 『대학』의 수양론인 '성의 · 정심'을 차용한 것이다. 성[리]이라는 형이상학적 실체와 그 가치[절대선]가 현실세계에서 실현되기 위해서는 의(意) · 심(心)이라는 현실적 기제를 매개로 할 수 밖에 없다. 그러므로 이것에 대한 수양이 요구된다는 것이다. 성[리]의 차원에서만 확보된 선은 현실성이 없는 공허한 가치이기 때문이다. 리[성]는 기[심]에 매개되어야 실현될 수 있으며, 현실적으로 기는 청탁수박한 존재이기 때문에 탁 · 박한 기를 청 · 수한 기로 변화시키기 위한[矯氣質] 수양이 반드시 요구된다.[105] 여기에서 심의 주체적 능동성이 강조된다.

이제까지 검토해온 바와 같이 외암이 현실적 · 수양론적 관점에 서 있다면, 남당은 형이상학적 입장을 고수한다고 볼 수 있다. 그리고 외암이 리/기 '불리'라는 합의 패러다임을 기반으로 한다면, 남당은 '부잡'이라는 '분의 패러다임'을 기반으로 한다고 말할 수 있을 것이다.

(2) 탈주자학풍과 실학의 형성

① 기호남인의 탈주자학풍과 실학의 발단

조선성리학의 담당자는 학자인 동시에 관료이며 정치가였다. 성리학은 국가의 통치 이념이었으므로 그들은 당시 사회 현실에 대하여 예민하게 반응할 수밖에 없었고 시대의 문제들은 그들의 사상에 직 · 간접적인 영향을 주었다. 우리가 일반적으로 실학자들이 활동하는 시기였다고 하는 17세기 이후 19세기 중엽까지의 성리학자들은 철학적인 차원에서 사단칠정론과 호락논쟁 등 성리학적 문제들에 진력하여 학문적인 업적

---

105) 최해숙(2003), p.155 참조.

을 쌓고 있었으며 한편으로는 주자의 경세론에 의거하여 토지 제도·신분 제도 등 제도 개혁에 대한 주장도 펴고 있었다.[106] 그런데 같은 시기에 이들과 궤도를 달리하는 일군의 학자들이 있었다. 우선 우리의 눈을 끄는 학자가 미수(眉叟) 허목(許穆)이다. 그는 당시의 집권 여당이었던 노론 학자들이 주자주의 칠서(七書)와 『주자대전』 『주자어류』를 중심으로 학문을 하던 것과는 달리, 육경 자체에서 학문의 준거를 찾으려고 하는 복고성을 보이고 있다.[107] 이와 같은 성향은 두 차례의 예송 때 송시열 등 노론이 『주자가례』를 원형으로 한 『가례집람(家禮輯覽)』 『국조오례의(國朝五禮儀)』를 근거로 하여 기년설[1년]과 대공설[9개월]을 주장한 데에 반하여 허목 등 남인은 고례[『禮記』 『周禮』 『儀禮』]를 이론적 근거로 하여 삼년설[2년]과 기년설을 주장한 것에서도 엿볼 수 있다.[108] 허목은 남인 정파의 대표적 인물이지만 본래 가계는 소북(小北)계로서 인조반정으로 광해군 때의 북인 정권이 몰락한 후 남인에 편입된 기호남인이며 그 학문적 연원은 화담 서경덕이다. 1694년 갑술환국(甲戌換局) 이후 남인은 서인으로부터 결정적인 타격을 받고 정계의 주도권을 상실하면서 향촌 근거지인 영남으로 물러난 영남남인과 근기지방에 자리를 잡은 기호남인으로 나뉘게 된다. 이 가운데 기호남인은 숙종 초년 남인의 산림 총수였던 허목의 제자와 그 계열을 중심으로 학파를 형성하게 되었다.[109] 기호남인 계열에 대하여 채제공(蔡濟恭, 호 樊巖, 1720-1799)은 다음과 같이 설명한 바 있다.

106) 유초하(1994) 참조.
107) 정옥자(1993), p.88.
108) 같은 곳, 참조.
109) 유봉학(2000), p.17 참조.

> 생각건대 우리 도에는 유서(由緖)가 있으니 퇴계는 우리 동방의 부자이시다. 그 도를 한강에게 전하고 한강은 그 도를 미수에게 전했으며 선생은 미수를 사숙하였으니 미수를 배워 퇴계의 유서를 이으신 것이다.[110]

이 글이 밝히고 있는 바와 같이, 조선조 후기 실학의 대표적 학자인 성호(星湖) 이익(李瀷)은 기호 남인계이며, 실학의 집대성자라고 평가받는 다산 정약용이 바로 성호 계열이다.

허목과 함께 남인으로서 예송의 주역이었던 백호(白湖) 윤휴(尹鑴)에게서도 노론계의 정통 성리학자들로부터의 일정한 이탈 현상이 보인다. 위에서 기술한 예론도 그 하나의 경우이다. 특히 「독서기(讀書記)」에 수록되어 있는 『중용』과 『대학』에 대한 논술은 주자본(朱子本)과는 상이한 장차(章次)와 내용으로 구성되어 있다. 다음 예문에 나타나는 천관도 성리학의 그것과 뚜렷한 차별상을 보여준다.

> 첫째도 상제요 둘째도 상제이니, 한 가지 일을 행하면 "상제가 명한 바이다"라 하고 선하지 못한 일을 행하면 "상제가 금한 바이다"라 하니 어찌 징험할 수 없는 말을 가지고 내 마음을 속이며 유매(幽昧)하여 궁구할 수 없음을 빌려서 천하 후세를 미혹하는가.[111]

여기에는 시서(詩書)에 나타나는 중국 고대 인격신적인 상제관이 엿보인다. 이 구절과 함께 다음 문장을 검토해 보자.

---

110) 『星湖先生全集』「부록」, 卷1, <墓碣銘[蔡濟恭] 幷序>, "但念吾道自有統緖, 退溪我東夫子也. 以其道而傳寒岡, 寒岡以其道而傳眉叟, 先生私淑於眉叟者, 學眉叟而以接夫退溪之緖."

111) 『白湖全書(中)』 卷33, 「庚申日錄」, "一則曰上帝 二則曰上帝 行一事則上帝所命 作不善則上帝所禁 夫豈執無徵之說 以欺吾心 假幽昧不可究 以惑天下後世者."

> 군자는 외천(畏天)하는 마음을 갖고 또한 수시로 중에 처한다.[112]
>
> 먼저 군자가 마음을 세워 위기(爲己)하는 뜻을 말하고 다음에 신독(愼獨)의 일을 말하고 다음에 계신공구(戒愼恐懼)의 일을 말하였으니 모두 천을 섬기는 소이이다.[113]

이 구절들에서 말하는 '외천(畏天)', '사천(事天)'은 다산의 「중용자잠(中庸自箴)」, 「중용강의보(中庸講義補)」 등에 나타나는 천・상제관과 놀랄 만한 유사성을 보인다. 이러한 천관은 천을 리로 파악하는 주자의 천관에서부터 선진유가의 경전에 나타난 원초적 천관으로의 복귀라는 해석도 가능할 것이다. 백호도 허목과 동일하게 남인 중에서도 소북계와 연계된다.

17-18세기, 퇴계의 적통을 이은 영남남인과 율곡의 적통을 이은 노론은 주자학의 범위 안에서 퇴율 등 조선성리학자들이 제기한 성리설을 해명하면서 자신의 이론체계를 수립하는 데에 진력하였다. 그런데 이러한 학문 성향으로부터의 이탈 현상이 기호남인, 그 중에서도 소북계에서 시작하였으며 여기에서 실학사상이 발단한다는 가설이 성립될 수 있을 것이다.[114]

---

112) 『白湖全書(中)』 卷33, 「中庸朱子章句補錄」, "君子旣有畏天之心 又能隨時以處中."

113) 위의 책, "首言君子立心爲己之義 次言愼獨之事 次言戒愼恐懼之事 皆所以事天也."

114) 유명종(1979); 정옥자(1979) 참조. 단, 기호남인도 퇴계의 학통을 계승하고 있다는 도통의식을 벗어난 것은 아니다. 이 점은 채제공이 "[성호는] 퇴계 이후 사칠이기의 학설이 주자가 해석한 바 '도심은 의리에서 발동하고 인심은 형기에서 발동하다'라는 것과 『주자어류』에 실려 있는 '사단은 리의 발현이며 칠정은 기의 발동이다'라는 것과 어긋남이 있을까 근심하여 『사칠신편』을 찬술하여 주자의 취지를 발휘하고 퇴계의 학설을 보완하였다[患退翁以後四七理氣之說, 與朱子所解道心發於義理, 人心發於形氣, 語類所載四理七氣, 有所牴牾, 撰四七新編, 發揮朱子之旨, 羽翼退陶之說.]" 『성호선생전집』 「부록」 권1, <墓碣銘[蔡濟恭] 幷序>라는 구절에 잘 나타나 있다.

② 낙론과 북학사상

17세기 후반은 사회・경제적으로 변화가 많은 시기였다. 외침으로 피해를 입었던 농경지도 거의 복구되고 중국과 일본 사이에서의 중계 무역을 통하여 상당한 상업 자본이 축적되었으며 이와 같은 경제적 변동은 자연히 사회의 변화를 가져 왔다.[115] 그리하여 18세기 후반 이후의 한국 사회는 점차 농업 사회에서 상공업 사회를 향하여 변화하여 나갈 조짐을 보이게 된다. 18세기 중반 홍대용(洪大容, 호 湛軒, 1731-1783)・박지원(朴趾源, 호 燕巖, 1737-1805) 등 노론 집권층의 젊은 자제들에 의하여 새로운 개혁 운동이 일어나는 것은 이와 같은 사회・경제적 변화에 토대를 둔 것이다. 이들의 개혁 운동은 기존의 화이론(華夷論)에 근거를 둔 '북벌론(北伐論)'에서부터 '북학(北學)'으로의 의식 전환에 기초를 두고 있다. 그 기본 입장은 사상적 기반을 전통 성리학에 두면서 기술 문명은 청에서부터 받아들이자는 것이었다.[116]

북학의 이론적 근거는 조선 후기 최대의 성리학 논쟁인 호락논쟁 가운데 낙론의 인물성동론이다.[117] 낙론의 인물성동론은, 무엇보다 병자호란 이후 부동의 이념이었던 북벌론의 이론적 기반인 화이론을, '인간과 사물은 균등하다[人物均]'라는 명제에 기초한 '중화와 이적은 하나이다[華夷一也]'라는 이론으로 전환시킬 수 있는 단서를 제공하였다.[118] 나아가 '성인은 만물을 스승으로 삼는다[聖人師萬物]'라는 주장으로까지 발전함으로써 북학의 정당성을 주장할 수 있는 이론적 토대를 구축할 수 있게

115) 이태진(1990), p.169 참조.
116) 정옥자(1993), p.136.
117) 노론이 18세기 이후 호론과 낙론으로 분열되는 과정은 유봉학(2000), p.23 참조.
118) 洪大容(이하 생략), 『湛軒書』 卷4, 「醫山問答」 참조.

된 것이다.[119] 그 대표적 학자인 홍대용은 '인물균'에 대하여 다음과 같이 설명하고 있다.

> 1. 허자 : 천지가 [만물을] 낳음에 오직 인간이 귀하다. 지금 금수와 초목은 혜(慧)·각(覺)·예(禮)·의(義)가 없으니 인간은 금수보다 귀하고 초목은 금수보다 천하다.
> 2. 실옹 : 오륜(五倫)과 오사(五事)는 인간의 예의이며, 무리지어 다니면서 서로 불러 먹이는 것은 금수의 예의이며, 떨기로 나서 무성한 것은 초목의 예의이다. 인간으로서 사물을 보면 인간이 귀하고 사물은 천하며, 사물로서 사람을 보면 사물이 귀하고 인간이 천하며, 하늘에서부터 보면 인간과 사물은 균등하다. 무릇 대도(大道)를 해는 것은 긍심(矜心)보다 심한 것이 없으니 인간이 인간을 귀하게 여기고 사물을 천하게 여기는 것이 긍심의 근본이다.[120]

홍대용은 생태계를 구성하는 생물의 종류로서 인간·금수·초목을 들고 그 차별성을 지적한다. 그러나 '차별성'이 곧 '차등성'이 되는 것은 결코 아니라는 점을 강조한다. 인간/사물의 귀천은 상대적인 것으로서, 하늘이라는 절대적 관점에서 본다면 균등하다. 인간의 관점에 집착되어 사물을 천하게 보고 인간을 가장 귀한 존재로 보는 긍심, 즉 인간중심적 사고야말로 진리를 해치는 근본 요인인 것이다.

그의 실학적 성향은 다음 예문에 잘 나타난다.

---

119) 낙론이 그대로 북학사상과 연결되는 것은 아니다[유봉학(2000), p.86 참조]. 그리고 담헌의 「의산문답」에 보이는 '인물균'의 논리는 장자의 제물론의 사고와 매우 흡사하다는 점에서 노장사상의 영향도 무시할 수 없을 것이다.

120) 『湛軒書』 卷4, 「毉山問答」, "虛子曰; 天地之生, 惟人爲貴. 今夫禽獸也, 草木也, 無慧無覺, 無禮無義. 人貴於禽獸, 草木賤於禽獸. 實翁仰首而笑曰; 爾誠人也. 五倫五事, 人之禮義也; 群行呴哺, 禽獸之禮義也; 叢苞條暢, 草木之禮義也. 以人視物, 人貴而物賤; 以物視人, 物貴而人賤; 自天而視之, 人與物均也.… 人之所以貴人而賤物, 矜心之本也."

> 율력 · 산수 · 전곡 · 갑병은 비록 넓어서 요령부득하여 한 가지라도 얻은 것이 없으나, 또한 지극한 이치가 깃들여 있는 바이니 인사에 있어서 빠트릴 수 없는 것이다.[121]

그는 전통적인 본말론(本末論)에 입각하여 본다면 '말'에 속하는 산학이나 경제학 · 군사학 등에도 지극한 이치가 내재되어 있는 것으로 보았다.

홍대용과 박지원을 중심으로 하는 북학 운동은 당시 야만시하던 청나라의 선진성을 인정하고 그 문물을 받아들여 조선을 개혁하자는 것이었다. 북학 운동은 김정희(金正喜, 호 秋史, 1786-1856)에 의해서 학문적으로 성숙된다. 그는 옹방강(翁方綱, 호 覃溪, 1733-1818)과 완원(阮元, 호 雲台, 1764-1849) 등으로부터 청의 고증학을 비판적으로 수용하여 '실사구시(實事求是)'의 정신으로 경서 및 고문헌에 대한 실증적 연구를 수행하였다.[122] 그의 '실사구시'는 실증과 문자에 대한 훈고(訓詁)를 통하여 실상에 부합하게 경전을 해석하여 실천하는 것이다.

그의 문하에서 배출된 박지원의 손자 박규수(朴珪壽, 호 瓛齋, 1807-1877)는 민씨 정권에서 개화 정책을 적극적으로 시행한다. 이 정권의 핵심 인물인 민태호(閔台鎬, 호 杓庭, 1834-1884)나 민규호(閔奎鎬, 호 黃史, 1836-1878)도 추사의 문하에서 북학사상을 공부하였다. 이것은 북학사상이 개화사상으로 연계된다는 사실을 입증해준다. 개화사상은 북학사상에 뿌리를 두고 선진 문화를 받아들이는 통로를 일본과 서구로 바꾼 것이라고 볼 수 있다.[123]

---

121) 『湛軒書』「內集」卷3,「與人書」第2書, "至於律曆算數錢穀甲兵, 雖博而寡要 莫有一得, 亦至理所寓, 而人事之不可闕者."

122) 정옥자 외(2007), p.188.

123) 정옥자 외(2007), p.190.

③ 다산의 실학사상

이상 검토한 바와 같이, 새로운 학문 경향으로서의 실학의 계보는 기호남인계[그 원류는 소북계]와 노론 가운데의 낙론계에 속하는 북학파의 두 계보로 정리될 수 있다. 이 낙론계의 북학파에서 개화사상이 잉태된다. 그러나 18세기 후반 서울의 도시적 분위기에서, 공통적인 현실인식 위에 당색・학파・계층을 초월한 지식인들 사이의 교류가 성립되면서 두 계보 간에 교류가 이루어진다. 이들 경화사족(京華士族)들은 산림의 주자주의적 의리지학풍 위주에서 '경제지학'과 '사장지학' 그리고 '명물도수지학'적인 박학풍(博學風)으로까지 관심 범위를 넓혀갔다. 이것은 전 시대와 달라진 사회 현실에 대한 직관과 사회적 지도층으로서의 사(士)의 사회적 책임 각성에 따라 더욱 촉진되어 갔다.[124]

이와 같은 분위기 속에서, 다산 정약용은 기호남인의 학풍을 토대로 천주교의 교리를 일정부분 비판적으로 수용하여, 사서・육경에 대한 독창적인 해석을 시도하였다. 그리고 한 걸음 더 전진하여 노론 북학파의 북학사상을 적극 수용하여 선배들의 한계성을 극복하고 진보적이며 독자적인 사상체계를 수립할 수 있었다.[125] 그의 철학에 나타나는 진보성은 다음 문장에서 확인된다.

> 초목금수는 하늘이 화생하는 처음에 생생의 이치를 부여하여, 종으로써 종을 전하여 각각 성명(性命)을 온전하게 하였을 뿐이다. 그러나 인간은 그렇지 않으니 천하만민은 각각 배태되는 처음에 [하늘이] 이 영명(靈明)함을 부여함으로써 만류(萬類)를 초월하고 만물을 향유하고 이용하게

124) 유봉학(2000), p.29.
125) 정옥자 외(2007), p.192 참조.

> 되었다. 지금 '건순오상의 덕을 인간과 사물이 동일하게 얻었다'라고 한다면 누가 주인이 되고 누가 종이 되겠는가. 모두 등급이 없으니 어찌 상천(上天)이 만물을 낳는 이치가 본래 이와 같겠는가[126]

그는 인간에게만 도덕성과 자율성을 인정하고, 금수의 도덕성을 부정함과 아울러 필연적인 자연법칙에 종속된 존재로 규정함으로서 인간과 자연의 세계를 분리시켰다. 이제 탈도덕화한 자연은 인간이 향유하고 이용하는 '대상'으로 재규정된다. 이 점이야말로 그에게서 뚜렷하게 나타나는 근대성일 것이다.

이상 검토한 바와 같이, 실학사상은 남인계와 노론계라는 각각 상이한[어떤 의미에서는 대립적인] 당색과 학맥의 전개선상에서 성립되었으나 기호지방, 특히 서울이라는 공통된 장 속에서 두 학문적 성향이 종합됨으로써 실학사상이 형성되었던 것이다.

5. 근대 : 서구 문명의 도전과 한국유교의 대응양상

1876년 개항으로 조선은 세계 자본주의 경제의 일부분으로 편입되면서 근대사회가 개막된다. 그러나 그것은 타율적이며 종속적인 '일그러진 근대'였다. 조선의 근대는 '서세동점(西勢東漸)', 곧 서구 제국주의의 폭력과 문명의 충격으로부터 비롯되었던 것이다. 이것은 동북아시아 한자문

---

126) 『中庸講義補』 1章, "況草木禽獸, 天於化育之初, 賦生生之理, 以種傳種, 各全性命而已. 人則不然, 天下萬民, 各於胚胎之初, 賦此靈明, 超越萬類享用萬物. 今乃云, '健順五常之德, 人物同得.' 孰主孰奴? 都無等級, 豈上天生物之理, 本自如此乎?"

화권 내부의 국제 질서와 문명세계에서 일찍이 경험해 보지 못한 사건이었다.[127] 서구의 충격에 대한 당시 지식인들의 대응양상은 다양하게 나타난다. 척사위정파(斥邪衛正派)는 기존의 성리학을 굳게 지키고 서구문명을 배척함으로써 파국을 지연시키려고 하였으며, 동도서기론자(東道西器論者)들은 전통문화와 사상을 기반으로 서구문명을 탄력적으로 취사선택하려고 시도하였다. 그러나 문명개화론자(文明開化論者)들은 유교는 타도되어야 하며 그 대안으로 서구의 과학·기술과 제도는 물론 종교와 가치관까지도 받아들여야 한다고 주장하였다.[128] 이 세 가지 유형 가운데 사상사적으로 중요한 위상을 차지하는 척사위정론을 고찰한 다음, 동도서기론과 개화사상을 종합하여 주체적 근대를 추구했던 백암 박은식(朴殷植, 호 白巖, 1859-1925)의 사상에 대하여 검토한다.

(1) 위정척사파의 문화적 자긍심과 외세침략에 대한 저항

기존의 문화와 전혀 다른 이질적인 서구 근대문명을 접했을 때 그에 대한 거부감을 느끼는 것은 당연하다. 이것은 자신에 대한 자긍심의 표현으로서 자존의식이라고 할 수 있다. '척사위정'를 주장하는 당시의 성

127) 정재식(2005), pp.17-19 참조.

128) 이와 같은 주장은 1884년 갑신정변을 일으킨 김옥균, 박영효 등 문명개화론자들에게서 뚜렷하게 나타난다. 이 당시 척사위정론이 힘을 잃어가면서 지식인 사회의 관심사는 동도서기론(東道西器論)을 취할 것인가, 아니면 문명개화론을 취할 것인가라는 문제였다. 문명개화론자들은 서양문화를 새로운 '보편문화'로 받아들이고 기독교를 포함한 서양문화의 전면적 수용을 통해 개화를 이루어야 한다고 생각했다.[한국역사연구회편(1997), pp.144-146] 동도서기론과 문명개화론의 대립과 유사한 구도는 중국에 있어서 중체서용론자(中體西用論者)들과 진독수(陳獨秀), 오우(吳虞), 호적(胡適) 등 『신청년(新青年)』을 중심으로 한 학자들 사이에서 이미 나타나 있다.

리학자들은 변화를 요구하는 세력을 억누르고 외세에 맞서면서 더욱 철저하게 그 이념을 지키려고 하였다. '척사'란 그릇된 서구문명과 사상을 배척한다는 뜻이고, '위정'이란 올바른 사상인 성리학을 지킨다는 것이다. 성리학자들은 그릇된 서양문화를 배척하는 것이 곧 올바른 성리학을 지키는 길이라고 믿었다. 그런 의미에서 본다면 척사가 곧 위정이며 위정이 곧 척사인 것이다. 그 대표적인 학맥은 화서 이항로(李恒老, 호 華西, 1792-1868)와 그 문인인 면암 최익현(崔益鉉, 호 勉菴, 1833-1906년)·의암 유인석(柳麟錫, 호 毅庵, 1842-1915)으로 이어지며 강력한 의병활동으로 전개된다.

이들에 있어 쟁점이 되었던 주제는 주로 '마음'의 문제였다. 가치관과 사회질서가 혼란에 빠진 근본원인과 해결책을 마음에서 모색한 것이다. 마음도 우주 만물의 하나이므로 리와 기로 구성된 것인데 어느 것을 중심으로 마음을 이해해야 하는가, 그리고 현실 속에서 드러나는 인간 행위와 인식을 리와 기의 어느 측면에 중점을 두고 바라보아야 하는가. 이것이 '명덕주리주기논변(明德主理主氣論辨)'과 화서학파 내부에서 치열하게 전개된 심설논변(心說論辨)이었다. 그러나 그들에게는 양보할 수 없는 공통점이 있었다. 그것은 모두 리를 철저하게 따르고 리가 본래의 모습 그대로 인간의 인식과 실천 속에 드러날 때 인간의 올바른 삶이 이루어질 수 있다는 것이었다.

척사위정파들이 서구 근대문명을 비판하고 거부하는 이론적 기반은 화이론이다. 조선은 중국의 변두리에 있기 때문에 오랑캐라고 할 수 있다. 그러나 조선 후기의 지식인들은 조선은 중국의 문화를 받아들여 발전시켰으므로 '소중화(小中華)'라고 주장하였다. 본래 중화주의는 지리적으로는 황하강 중상류, 종족적으로는 한족, 그리고 문화적으로는 유교적 예치주의를 표방하였다. 중화주의는 천하를 화와 이로 구분하였다. 중화(中華)와 사이(四夷)는 곧 문명과 야만의 갈림길이었다. 중화란 예치(禮治)와 교화(敎化)가 실현되는 곳이요, 사이란 중화문명의 교화를 받아들여야 하는 야만이었다. 조선후기 중화주의는 중화문화의 지리적·종족적 중심을 배제하고, 문화적 차원에서 논의되었다. 명청 교체 이후 제기된 소중화의식은 한족 중심의 종족적 중화주의를 벗어나 문명과 야만이란 문화적 차원에서 조선이 소중화임을 자처한 매우 상징적인 선언이었다. 현실적으로 중원을 차지하고 있던 청나라에 대한 예우를 하지 않을 수 없었지만, 조선이야말로 소중화라는 문화적 자긍심은 면면히 계승되었다. 즉 유교의 가르침과 이상이 중국에서는 사라지고 오직 조선에만 남아 있다는 것이다.

서구 제국주의 세력이 신식무기와 군함을 앞세워 아시아와 아프리카를 침략한 것은 분명 야만적 행위이다. 그들은 국제 외교상의 조약이나 공법을 내세웠지만 구실에 지나지 않았다. 척사위정사상은 이들의 야만적 침략에 문화적 자긍심을 바탕으로 저항하였던 것이다. 특히 개화정책이 부분적으로 근대적 개혁에 성공했지만, 외세침략에 대해서는 근본적인 대책을 마련하지 못하는 상황에 직면하자 일본을 비롯한 외세와 맞서 투쟁하였다. 이들의 저항은 실패로 끝났지만 아직 근대적인 개혁의 방향이 정립되지 못한 혼란의 상태에서 외세와 맞설 수 있는 단결된 힘을 제공해 준 것은 분명 이들의 역사적인 역할이었다.

(2) 박은식의 양명학과 주체적 근대의 모색

척사위정파는 서구라는 타자를 부정함으로써 자기정체성을 지키려고 하였다. 그러나 기존 성리학이 한계를 노정함에 따라, 지식인 가운데에 그 대안을 모색하는 방향이 두 갈래로 나타난다. 하나는 주자학을 비판하고 유학 범주 안에서 새로운 대안을 찾는 것이고, 다른 하나는 유학 자체를 거부하고 서구문명을 시대정신으로 수용하는 길이다. 전자의 대표적 인물이 박은식이다.

박은식은 주자학의 대안을 양명학에서 찾는다. 그러나 그는 단순히 양명학 이념을 묵수하는 것이 아니라, '근대' 공간에서 양명학이 무엇을 해야 하며 무엇을 할 수 있는지를 문제 삼았다. 당시 동북아시아 삼국은 사회진화론의 열풍 속에 있었다. 이것은 제국주의 침략이라는 강권주의를 강화하는 논리였으며, 약자인 아시아의 현실을 각인시키는 도구였다. 적자생존과 약육강식논리였던 사회진화론은 '경쟁'에 기초한 이론이다. 특히 근대는 국가를 단위로 한 사회였으므로, 사회진화론을 수용한 자강론자(自强論者)들은 국가를 경쟁단위로 하여 세계를 인식하였다.

박은식 또한 예외는 아니었다. 다만 박은식은 사회진화론이 태생적으로 가질 수밖에 없던 문제점을 간과하지 않고 양명학을 통해 해결하고자 하였다. 사회진화론은 사회적 강자를 대변하는 논리로서, 경쟁을 사회발전의 원동력으로 삼아 무한 경쟁과 약자의 도태를 당연시하였다. 그러나 박은식은 경쟁에 의해 사회가 발전한다는 것을 부정하지 않았지만, 경쟁의 공정성과 삶의 도덕성을 문제 삼았다.

박은식은 주자학의 전통적 권위에 얽매이지 않고 역사적 상황을 주체적으로 판단하였으며, 이것을 적극적으로 실천하는 역동적 철학을 구축하려고 시도하였다. 그리고 서구의 과학기술과 사회진화론을 수용하면서도 여기에서 파생하는 문제를 양명학에 대한 재해석을 통하여 해결하고자 하였다. 박은식이 근대사회를 지향하면서 양명학을 활용한 것은 주자학에 대한 반성적 성찰과 서구근대사조에 대한 보완이라는 두 측면을 아울러 가지고 있다. 그는 전통사상과 서구사상의 접맥 속에서 한국유학의 근대적 변용과 의미를 탐색함으로써 한국사상사적 측면에서 동도서기론을 발전적으로 극복하였다고 평가할 수 있다. 또한 서구에 매몰되지 않고 전통사상을 취사선택하여 나름대로 독창적인 사상을 체계적으로 전개하고 실천하였다.

6. 맺음말

한국유학의 특징은 순정한 '도덕성'의 중시와 함께, 이를 구현시킬 수 있는 현실적 제도 및 역량을 추구하는 강한 '실천성'에 있다. 이 점은 조선조유학에서 뚜렷하게 드러난다. 조선조 사대부들은 유교적 이념을 사회에 실천하는 과정에서 제기되는 문제점을 주자학의 언어와 이론으로 해석하고 타개해 나가면서, 이를 재구성하여 조선의 성리학을 정립하였다. 그러므로 표면상으로는 순수한 철학적 논변으로 보이는 논쟁의 이면에는 당시 정치적 상황이 제기하는 문제들이 내재해 있다. 이것은 관료 겸 학자인 사대부가 주체가 되어 조선이라는 새로운 왕조를 건국하고 주도해 나갔던 사실과 무관하지 않다. 이와 같이 이론과 실천, 철학과 현실의 통일을 추구하는 한국유학사상의 기저에는 '대응항의 화합'을 기본 구조로 하는 한국의 원초적 사유가 작동하고 있다고 볼 수 있다.

조선 초기 사대부의 과제는, 전 왕조인 고려의 통치 이념이었던 불교를 극복하고 유교적 사회를 창출하는 것이었다. 이들은 불교와 도교를 공(空)・허(虛) 등 '무적 사유'로 규정하여 비판하고 유교를 유(有)・실(實)로 규정하여 그 정체성을 확립한다. 여기에서 유교는 현실성/실천성의 철학적 토대를 구축하게 되는데, 정도전, 화담 회재가 그 대표적 학자들이다.

정도전은, 불교가 자연계를 허환(虛幻)한 가상으로 보는 데에 비하여[129] 유교는 천지만물이 존재하기 전부터 태극, 곧 이치가 실재한다고 보는 실체관이 특색임을 주장한다. 이와 같은 비판논리는 화담의 노자비판에서 보다 이론화된다. 화담의 노자비판은 '허'와 '무'에 집중된다. 화담도 태허를 말하였으나, 자신이 말하는 허는 단순히 허무한 존재가 아니라 기로서[虛卽氣], 비록 감각적으로 포착될 수는 없지만 지극히 실한 존재이기 때문에 결코 '무'라고 말할 수 없다고 역설한다.

노・불을 비판하고 그 대안으로 유교의 '실'의 철학을 정립한 학자가 이언적이다. 화담이 노자의 '무'를 비판하고 그 대안으로서 기의 실재성을 강조했다면, 회재는 노불의 '허무공적(虛無寂滅)'에 대한 대안으로 태극, 곧 리의 실체성을 주장하고 있다. 그리고 이것을 토대로 하여 유학은 곧 실학임을 강조한다. 이와 같은 실체관을 바탕으로 회재는 '도기불리(道器不離)'적 세계관과 '하학이상달(下學而上達)'의 방법론을 강조한다.

조선 중기는 훈구파들의 주도 아래 유교적인 행정・사회 제도가 정착되었으나 그들이 기득권을 고수하여 사회적인 병폐가 발생한 시기이다. 그 비판세력으로 사림파가 등장하였으나 훈구파에게 공격을 당하여 다시 재야로 돌아가게 된다. 퇴계가 '분'의 패러다임을 기반으로 사단을 리의 발현으로 규정하여 그 순수선성을 확보하고자 하였던 것은 사화기

129) 『佛氏雜辨』 卷9, 「佛氏眞假之辨」, "佛氏, 以心性爲眞常, 以天地萬物爲假合."

의 전도된 가치관을 바로 잡고 현실에서 도덕적 가치의 실현 가능성과 당위성을 이론적으로 정립하려는 시도라고 볼 수 있다.

퇴계의 학설은 유가철학적인 측면에서 중요한 위상을 갖는다. 주자가 심성정 가운데 성을 주제로 삼아 리기론적으로 해석함으로써 도덕성의 형이상학적 근거를 확립했다면, 퇴계는 정을 주제화하여 리기론적으로 해석하여 선의 실천적 측면을 강화했다는 점이다. 즉 주자가 성의 절대선성을 형이상학적으로 근거지어 도덕적 가치관을 정립시키기 위하여 "성이 곧 리다[性卽理]"라고 주장하였듯이, 퇴계는 사단의 절대선성을 근거지우고 그 실현의 당위성을 강조하기 위하여 '사단은 리의 발현'이라고 주장한 것이다. 이 주장은 이기가 공존하는 가운데서, 사단을 리의 영역에 위치시킴으로써 리의 순수선이 형이상의 성의 차원뿐만 아니라, 현실에서 정으로 발현됨을 논증하기 위해서였다. 그리하여 그 선의 순수성을 기적인 어느 것과도 혼동하지 않고 구별하기 위하여 논리적인 무리를 감수하면서까지 리발설을 굽히지 않았던 것이다. 사단칠정론은 리의 개념에 변용을 가져오게 한다. 주자는 리를 무위한 존재로 규정하는 성향이 강한 반면에 퇴계는 리의 능동성을 주장하게 된다.

율곡은 퇴계와 같이 '리기호발'을 인정할 경우 '리와 기는 두 개의 존재가 되고 선후가 있게 되며 사단과 칠정은 서로 대립하여 둘로 갈라져 독자적으로 나오는 것이 되니, 사람의 마음에 두 개의 근본이 있게 되는' 오류를 범한다고 비판한다. 퇴계는 이원화의 오류를 범했다는 것이다. 그 대안으로 제시한 것이 '리기지묘(理氣之妙)'이다. 이것은 리와 기의 불리성과 부잡성을 동시에 시야에 넣고 문제에 접근하는 그의 사유방식으로서 리/기를 '하나면서 둘이고 둘이면서 하나[一而二 二而一]'이라는 공식으로 도식화된다. 이 공식에 의하여 율곡은 '칠정이 사단을 포함한다[七包四]'라고 주장하였으며, 인심과 도심을 '근원은 하나인데 흘러서 둘이 되었다[源一而流二]'라고 주장하여 주자와 질적으로 다른 인심도심설을 구축하였다. 그리고 당시를 '경장기(更張期)'로 규정하고, 의식의 개혁을 통한 제도의 개혁을 주장한다. 의식과 제도의 통일을 추구하는 그의 정치사상에도 리기지묘적 사유가 관통하고 있는 것이다.

조선은 임진왜란을 계기로서 훈구파에서부터 사림파로 정권이 교체면서 성리학적 이념의 사회화가 촉진된다. 당시 사림의 최대 과제는 병자호란으로 인한 충격을 극복하는 일이었다. 그 방법으로 제시된 정책이 북벌론이었으며, 이념상으로는 조선중화주의가 대두된다. 그러나 북벌은 실제 시행되지 못했으며, 당시 집권세력들의 정국운영 능력이 한계를 드러내면서 사상적으로 다양한 각도에서 새로운 움직임이 나타난다. 조선후기 최대의 학술논쟁인 호락논쟁은 주자학의 심설론에 대한 해석의 차이에서 발단되었으나, 그 이면에는 당시의 정국 운영방식에 대하여 집권세력인 노론 내부의 시각차가 내재되어 있다.[130] 호론은 남인과 소론 등 정적을 인정하지 않았으며 영조의 탕평정치에도 반대하였다. 이와 같은 입장이 성인과 범인을 근본적으로 다르게 보는 '성범심부동론'으로 정립되며 같은 맥락에서 인물성이론이 나오게 된다. 반면 낙론은 남인에 대하여 보다 유화적이었고 탕평정국에도 참여하였다. 이러한 시각이 '성범심동론'과 '인물성동론'으로 나타난다. 담헌을 비롯한 북학파는 여기에서 한걸음 더 나아가, '인물균'이라는 논리를 기반으로 '화이일야'를 주장하여 청나라의 문물을 적극적으로 수용할 것을 주장한다. 여기에서 성리학으로부터 실학으로의 사상적 발전이 이루어진다.

---

130) 조성산(2003), pp.204-209 참조.

담헌의 이와 같은 인간/자연관은 인간중심주의와 기계론적 자연관을 극복할 수 있는 이론적 기반을 제공한다는 점에서 중요한 생태학적 의의를 내함한다.

반면에 다산은 인물성이론보다 더욱 인간과 사물의 차이를 강화하여 인간에게만 도덕성과 자율성을 인정하고, 금수의 도덕성을 부정함과 아울러 필연적인 자연법칙에 종속된 존재로 규정함으로써 인간과 자연의 세계를 분리시켰다. 이제 탈도덕화한 자연은 인간이 향유하고 이용하는 '대상'으로 재규정된다. 여기에서 우리는 전통 유학의 근대적 전환을 목격한다. 그러나 생태학적 시각에서 볼 때에, 근대적 전환이 바람직한 진보인가에 대하여 다시 생각해 보아야 할 것이다.

이론과 실천의 통일성은 서구 제국주의와 근대문명의 도전에 직면했을 때 유감없이 발휘된다. 당시 유교적 지식인들은 척사위정론·동도서기론·문명개화론 등 다양한 관점에서 적극적으로 대처방안을 강구하고 실천하였다. 이 과정에서 새로운 유학이론이 정립된다. 화서학파 내부에서는 심설논쟁이 일어나 마음에 대한 다양한 이론이 개발된다.[131] 박은식은 사회진화론을 극복하기 위한 비판이론을 양명학에 대한 근대적 해석을 통하여 모색하였으며, 여기에서 한국양명학의 새로운 지평이 열린다. 특히 척사위정론은 민비시해사건[1895] 이후 의병운동으로 전개되고, 1910년 국권 상실 이후에는 독립운동으로 계승되었다. 임시정부 주석이었으며 광복 후 통일정부 수립을 위해 진력했던 김구(金九, 호 白凡, 1876-1949)는 유인석의 학맥을 잇고 있다.

이상 검토한 바와 같이 한국유학은 실천과 이론, 현실과 이상의 통일

131) 박성순(2003), pp.220-225 참조.

체로서 한국의 사상으로 정립되고 발전하였다. 최근 한국 지식인 사회 일각에서, 민주주의와 자본주의가 성공적으로 정착된 이후 나타나는 문제의 해결 방안을 유교적 전통에서 모색하는 움직임이 활발하다. 한국에서 유교는 '오늘의 담론'으로 현재 진행되고 있는 것이다.

참고문헌

『論語』
「鸞郎碑序」
『三峯集』
『佛氏雜辨』
『花潭集』
『晦齋集』
『退溪集』
『栗谷全書』
『高峯集』
『宋子大全』
『葛庵先生文集』
『南塘集』
『巍巖遺稿』
『星湖先生全集』
『白湖全書(中)』
『湛軒書』
『中庸講義補』

김기현 외(1996), 『조선 유학의 학파들』, 서울 : 예문서원.
노태돈(1990), 「한국인의 기원과 국가의 형성」, 『한국사특강』, 서울 : 서울대출판부.
도현철(1999), 『고려말 사대부의 정치사상 연구』, 파주 : 일조각.
류승국(1983), 「유학사상형성의 연원적 탐구」, 『동양철학연구』, 서울 : 근역서재.
류승국(2004), 「광개토대왕비문을 통해 본 한국고대사상의 원형 탐구」, 『학술원논문집』 43집, pp.30-32.
문석윤(2006), 『호락논쟁 형성과 전개』, 서울 : 동과서.
민족과사상연구회 편(1992), 『사단칠정론』, 파주 : 서광사.

부제공(1996), 「하곡철학연구」, 성균관대학교 박사학위논문.
박성순(2003), 「화서 이항로의 '心主氣說'과 척사론 연구」, 고려대학교 박사학위논문.
박성순(2005), 『조선유학과 서양과학의 만남』, 서울 : 고즈윈.
李明揮(2008), 『四端與七情 : 關於道德情感的比較哲學探討』, 臺灣大學出判中心.
이승환(2006), 「주자 수양론에서 미발의 의미 : 심리철학적 과정과 도덕심리학적 의미」, 『퇴계학논집』 119집, 퇴계학연구원, pp.1-34.
이은봉 편저(1986), 『단군신화연구』, 서울 : 온누리.
유명종(1979), 「윤백호와 정다산」, 『철학연구』 27집, 대한철학회, pp.141-166.
유봉학(2000), 『연암파 북학사상 연구』, 파주 : 일지사.
유원기(2010), 「16세기 조선 성리학 논변의 분석적 탐구 : 退·高의 四端七情論辨과 牛栗의 人心道心論辨을 中心으로」, 성균관대학교 박사학위논문.
유초하(1994), 「조선후기 성리학의 사회관」, 『한국근세문화의 특성』, 단국대.
이동준(1997), 『유교의 인도주의와 한국사상』, 파주 : 한울.
이태진(1990), 「사화와 붕당정치」, 『한국사특강』, 서울 : 서울대 출판부.
전인식(1998), 「이간과 한원진의 미발·오상 논변 연구」, 정신문화연구원 박사학위논문.
정옥자(1979), 「미수 허목 연구」, 『한국사론』 5집, 서울대, pp.197-232.
정옥자 외(2007), 『한국사특강』, 서울 : 서울대 출판부.
정재식(2005), 『한국 유교와 서구문명의 충돌』, 서울 : 연세대 출판부.
정옥자(1993), 「미수 허목의 역사의식」, 『조선후기 역사의 이해』, 파주 : 일지사.
조성산(2003), 「조선후기 낙론계 학풍의 형성과 경세론 연구」, 고려대학교 박사학위논문.
조성산(2007), 『조선후기 낙론계 학풍의 형성과 전개』, 파주 : 지식산업사.
지두환(1990), 『한국사상사』, 서울 : 역사문화.
최영성 옮김(1998), 『최치원전집1』, 최치원 지음, 파주 : 아세아문화사.
최영성(1990), 「최치원의 철학사상 연구」, 성균관대학교 박사학위논문.
최영진(1988), 「퇴계 理思想의 체용론적 구조」, 『조선조 유학사상의 탐구』, 서울 : 여강출판사.
최영진(2000), 「『주역』에서 보는 인간과 자연의 관계」, 『동양철학』 13집, 한국동양철학회, pp.5-26.
최영진(2005), 『조선조 유학사상사의 양상』, 서울 : 성균관대 출판부.
최영진 외(2010), 『한국철학사 : 16개의 주제로 읽는 한국철학』, 서울 : 새문사.
최해숙(2003), 「이간의 심론에 대한 체계적 이해」, 『유교사상연구』 19집, 한국유교학회, pp.131-156.
한국역사연구회 편(1997), 『한국사상사의 과학적 이해를 위해』, 서울 : 청년사.
한자경(2005), 「주희 철학에서 미발시 지각의 의미」, 『철학사상』, 서울대 철학사상연구소.
홍정근(2007), 『호락논쟁의 본질과 임성주의 철학사상, 서울 : 한국연구원.

퇴계 이황의 철학

1. 시대적 상황과 학문적 배경
2. 퇴계 철학의 근본정신과 대전제
3. 리(理)의 체인 : 거경(居敬)과 진적역구(眞積力久)
4. 사단칠정논쟁(四端七情論爭)과 리발설(理發說)

퇴계 이황의 철학

김현수*

1. 시대적 상황과 학문적 배경

어지럽게 흐르는 물은 맑음을 모르나니(澒洞奔流不解清)
처마 끝 도랑 속에 밤낮 없이 어지러워라(簷聲晝夜亂渠聲)
어떻게 하면 쌓인 구름을 손으로 헤쳐 내어(何因上抉浮雲積)
캄캄한 이 천지에 둥근 햇빛을 밝혀 줄 것인가?(六合褰開輾大明)
—『퇴계집』 권2, 「화조상사사경(和趙上舍士敬) 오수(五首)」 중에서

퇴계(退溪) 이황(李滉, 1501-1570)[1]은 한국의 대표적 철학자로 일컬어진다. 특히 조선 성리학의 태두로서, 16세기 성리학의 방향성을 제시한 인물이다. 정몽주(鄭夢周, 1337-1419),[2] 길재(吉再, 1353-1419),[3] 김숙자(金叔滋,

* 성균관대학교 학부대학 초빙교수

1) 이황의 본관은 진보(眞寶)이며, 자는 경호(景浩), 호는 퇴계(退溪), 도산(陶山), 시호는 문순(文純)이다. 연산군 7년(1501년) 11월 25일에 예안현(禮安縣) 온계리(溫溪里)에서 태어났으며, 선조 3년(1570년) 12월 8일에 졸하였다.

2) 고려 말기의 성리학자로, 본관은 영일(迎日). 초명은 몽란(夢蘭) 또는 몽룡(夢龍), 자는

1389-1456),[4] 김종직(金宗直, 1431-1492),[5] 김굉필(金宏弼, 1454-1504),[6] 정여창(鄭汝昌, 1450-1504),[7] 조광조(趙光祖, 1482-1519)[8]로 이어지는 조선 성리학의 전통을 계승하는 한편, 양명학과 같은 탈성리학적 경향들을 비판·극복하려 하였으며, 고봉 기대승(奇大升, 1527-1572)[9]과 더불어 사단칠정논쟁(四端七情論爭)을 하여 심성론의 리기론적 기초를 확립하려 하였다. 이러한 이황의 철학사적 중요성 때문에 이황을 연구한 논문·저술은 천여 편에 이르는 실정이다.

15세기 말엽부터 16세기 전반까지 역사적 상황은 태종·세종대에 이루어 놓은 문물제도가 점차 쇠퇴해지는 시기였다. 특히 연산군의 폭정 이후 정치가 문란해지기 시작하였는데, 1498년(연산군 4년)의 무오사화(戊午士禍), 1504년(연산군 10년)의 갑자사화(甲子士禍), 1519년(중종 14년)의 기묘사화(己卯士禍), 1545년(명종 즉위년)의 을사사화(乙巳士禍)가 이어서 일어

달가(達可), 호는 포은(圃隱)이다. 이색은 정몽주를 '동방 리학(理學)의 시조'라고 칭하였다.

3) 고려 말기와 조선 초기의 성리학자로, 본관은 해평(海平). 자는 재보(再父), 호는 야은(冶隱)·금오산인(金烏山人)이다. 이색과 정몽주의 문하에서 성리학을 익혔다.

4) 조선 전기의 성리학자로, 본관은 선산(善山), 자는 자배(子培), 호는 강호(江湖)·강호산인(江湖散人), 시호는 문강(文康)이다. 길재의 문하에서 성리학을 익혔다.

5) 조선시대 전기의 성리학자로, 본관은 선산(善山), 자(字)는 계온(季溫)·효관(孝盥), 호는 점필재(佔畢齋), 시호는 문충(文忠)이다. 김숙자의 아들이다.

6) 조선 전기의 성리학자로, 본관은 서흥(瑞興), 자는 대유(大猷), 호는 한훤당(寒暄堂)·사옹(蓑翁), 시호는 문경(文敬)이다. 점필재 김종직의 제자로 김일손, 김전, 남곤, 정여창 등과 동문이었다. 『소학』에 심취하여 스스로 '소학동자'라 칭하였다.

7) 조선 전기의 성리학자로, 본관은 하동(河東). 자는 백욱(伯勗), 호는 일두(一蠹)·수옹(睡翁), 시호는 문헌(文獻)이다. 김종직의 문학에서 성리학을 익혔다.

8) 조선중기의 성리학자로, 본관은 한양(漢陽). 자는 효직(孝直), 호는 정암(靜菴), 시호는 문정(文正)이다. 김굉필의 문하에서 성리학을 익혔다.

9) 조선중기의 성리학자로, 본관은 행주(幸州). 자는 명언(明彦), 호는 고봉(高峯)·존재(存齋), 시호는 문헌(文憲)이다.

났다. 이 4대 사화는 이황의 기준으로 보면, 태어나기 3년 전, 4세, 19세, 45세에 일어난 사건인데, 특히 기묘사화와 을사사화는 이황의 삶에 큰 영향을 미친 것으로 판단된다. 연산군을 폐위하고 중종을 옹립한 중종반정(1506) 이후에 문란해진 기강을 바로 세우기 위해 조광조 · 김정(金淨, 1486-1520) · 김식(金湜, 1482-1520) 등 신진사류가 등용되었다. 하지만 결국 남곤(南袞) · 심정(沈貞) · 홍경주(洪景舟) 등의 훈구 대신들의 무고(誣告)와 참언(讒言)으로 기묘사화가 발생하였고, 조광조는 사사(賜死)되었다. 이에 대해 이황은 조광조에 대해 다음과 같이 언급하였다.

일찍이 말씀하기를 "정암 조광조는 타고난 자질이 참으로 아름다웠으나 학문의 힘이 아직 충실하지 못해서 그 베푼 바가 적당한 곳을 지나침을 면치 못하게 되었으니, 그러므로 일을 실패하였던 것입니다. 만약 학문의 힘이 이미 충실해지고 덕의 그릇이 이루어진 뒤에 세상에 나와서 일을 담당하였다면 그 이룬 바를 쉽게 측량할 수 없었을 것입니다"라고 하셨다. 【김성일의 기록】

또한 말하기를, "요순임금과 그 백성이라도 비록 군자의 뜻이지만 어찌 때를 헤아리지 못하고 역량을 헤아리지 못하고서야 그 일을 할 수 있겠습니까? 기묘사화의 실정(失政)은 이러한 바탕 위에 있는 것입니다. 당시에 정암 조광조도 이미 그 일이 실패임을 느끼고서 상당히 스스로 조절하고 억제하였으나, 여러 사람들이 도리어 이를 옳지 않다고 여기고 창끝을 되돌려 서로 공격하는데 이르렀던 것이니, 정암도 어쩔 수 없었던 것이 아니겠습니까?"라고 하셨다. 【김성일의 기록】 10)

---

10) 『(增補)退溪全書』, 「退溪先生言行錄」 卷5, '論人物', 5-6板, "嘗曰, 趙靜庵天資信美而學力未充, 其所施爲未免有過當處, 故終至於敗事. 若學力能充德器成就然後出, 而擔當世務, 則其所就未易量也 【金誠一】 又曰, 堯舜君民雖君子之志, 豈有不度時不量力, 而可以有爲者哉? 己卯之失政坐此也. 當時趙靜庵則已覺其敗事頗自裁抑, 而諸人反以爲非, 至欲倒戈相攻, 靜庵蓋無如何耳? 【金誠一】 "

38세에 죽음을 맞이한 조광조에 대해서 이황은 정치적 아쉬움과 더불어 그 실패한 요인을 지적하였다. 그는 학문적으로 진리를 밝히고 그것을 충분히 익힌 후에야 비로소 때를 정확히 헤아리고 역량을 올바로 헤아릴 수 있으며, 정치적 개혁 및 활동을 할 수 있다는 입장을 내비쳤다. 이러한 입장을 통해 이황의 학문관과 정치관을 잠시 엿볼 수 있다.

기묘사화와 비교하여 을사사화는 이황이 직접 겪는 사화이다. 중종 10년(1515)에 중종의 계비인 장경왕후(章敬王后)가 인종(仁宗)을 낳고 죽었다. 또한 계비인 문정왕후(文定王后)가 중종29년(1534)에 명종(明宗)을 낳으면서, 인종의 외숙인 윤임(尹任)과 명종의 외숙인 윤원형(尹元衡) 간에 치열한 정권 다툼이 일어났다. 중종 32년(1537)에 윤임 일당이 정권을 잡으면서 기묘명현(己卯名賢)[11]을 신원(伸冤)하였는데, 이 때 김안국(金安國, 1478-1543) · 이언적(李彦迪, 1491-1553) · 이황 · 권벌(權橃, 1478-1548) · 노수신(盧守愼, 1515-1590) · 유희춘(柳希春, 1513-1577) · 백인걸(白仁傑, 1497-1579) 등이 정계에 복귀되었다. 그러나 이는 오래가지 못하였다. 1545년에 인종이 승하하고 명종이 12세에 왕위를 오르면서, 문정왕후가 수렴청정을 하였다. 결국 명종의 외숙인 윤원형 일파가 정권을 잡으면서 윤임 일파는 숙청되었고, 이황을 비롯하여 권벌 · 이언적 · 정자 · 노수신 · 유희춘 · 백인걸 등은 유배되거나 삭직(削職)되었다. 이황은 이듬해(1546) 2월에 예안현(禮安縣) 온계리(溫溪里)[12]로 귀향하였고, 11월에 암자를 짓고 학문에 정진하였다. 그리고 이 때 호를 퇴계(退溪)[13]로 지었다. 그때부터

11) 기묘사화(己卯士禍) 때 희생된 조광조 등 사림들을 일컫는다.
12) 지금의 경상북도 안동시 도산면 온혜동을 말한다.
13) 암자 앞에 토계(兎溪)라는 작은 시내가 흐르고 있어 이황은 이 이름이 고상하지 않다고 여겨서 퇴계(退溪)로 고치었고, 이것을 자신의 호를 삼았다.

그의 학문이 온축・발휘하게 되었고, 주요한 변론・저술 등이 이루어지기 시작하였다. 50대에 『주자서절요(朱子書節要)』(1556)와 「주자서절요서(朱子書節要序)」,[14] 『역학계몽전의(易學啓蒙傳疑)』(1557),[15] 『자성록(自省錄)』(1558),[16] 『송계원명이학통록(宋季元明理學通錄)』(1563)[17] 및 기대승과 '사단칠정논쟁(四端七情論爭)'(1559-1566)이 있으며, 60대에 선조에게 상소한 「무진육조소(戊辰六條疏)」(1568)[18]과 제진(製進)한 『성학십도(聖學十圖)』(1568)[19]

---

14) 이 책은 『주자대전(朱子大全)』의 서간문 중 중요한 부분을 발췌하여 정리한 책이다. 퇴계가 주자의 서간문을 발췌한 것은 성리학의 이론・체계를 추상적・관념적으로 알고 배우라는 것이 아니라, 현실에서 느끼는 문제에 대한 주자와 제자간의 절실한 대화를 살펴봄으로써 평실명백(平實明白)한 현실적 사실로부터 이치를 깨닫고 체득시켜 성리학의 본령에 이르려는 데 있었다.

15) 『역학계몽(易學啓蒙)』(1186)은 주자가 초학자들을 위해 지은 『주역』 입문서로, 특히 상수역학과 관련된 책이다. 이에 대해 퇴계가 의심스러운 부분이나 난해한 부분을 알기 쉽게 설명하고 주해한 책이 『역학계몽전의』이다.

16) 스스로 자신을 돌아보기 위해 제자・학인들과 주고받은 서신들 중 22편을 뽑아 정리한 책이다. 이 책은 국내뿐만 아니라, 일본의 유학자들에게 큰 영향을 준 책으로 알려져 있다.

17) 송(宋)・원(元)・명(明)의 주요 성리학자에 대해 정리・기록한 책이다. 중국의 황종희(黃宗羲)의 『송원학안(宋元學案)』・『명유학안(明儒學案)』과 비교하여, 송대 이후 중국 유학의 정통론을 성리학적 입장에서 정리한 문헌이다

18) 무진(戊辰)은 선조(宣祖)가 즉위한 무진년(戊辰年, 1568년)을 의미하며, 육조소(六條疏)는 임금이 나라를 다스리는 데 지켜야 할 6가지에 대해 상소한 글이다. 6가지는 ① 임금의 계통(繼統)을 중요히 하여 인(仁)과 효(孝)를 온전하게 함, ②간악한 말로 남을 헐뜯는 것을 막아 양궁(兩宮 : 명조궁과 선조궁)을 친하게 함, ③성학(聖學 : 聖人이 되는 공부)을 돈독(敦篤)히 하여 정치(政治)의 근본을 삼음, ④ 도술(道術 : 유교의 인륜도덕)을 밝혀 인심(人心)을 바로 잡음, ⑤복심(腹心 : 大臣을 의미함)을 미루어 耳目(이목 : 臺諫을 의미함)을 통함, ⑥반성하고 수양하는 것을 정성스럽게 하여 하늘의 사랑(天愛)을 이어 받음이다.

19) 「무진육소조」와 더불어 선조에게 올린 책으로, 선조가 성군(聖君)이 되기를 바라는 뜻으로 성학(聖學)의 요체를 10가지 도식과 해설로 이루어진 책이다. 10가지 도식과 해설은 ①<태극도(太極圖)>와 「태극도설(太極圖說)」, ②<서명도(西銘圖)>와 「서명(西銘)」, ③<소학도(小學圖)>와 「소학제사(小學題辭)」, ④<대학도(大學圖)>와 『대학경문(大學經文)』, ⑤<백록동규도(白鹿洞規圖)>와 「동규후서(洞規後敍)」, ⑥<심통성정도(心統性情圖)>와 「심통성정도설(心統性情圖說)」 ⑦<인설도(仁說圖)>와 「인설(仁

등이 있다. 이를 통해서 50세에 도산(陶山)으로 귀향한 것은 현실에 도피하여 은거하였다기보다는 오독(汚瀆)한 정쟁의 와중에 섞이지 않고 재야에 머물면서 자신의 역량을 배양하고, 무엇이 옳고 그른가를 분명히 인식하여, 혼란한 사회를 바로잡기 위한 초석으로 학문에 정진하고 체득하였던 것으로 이해된다.[20]

2. 퇴계 철학의 근본정신과 대전제

퇴계 이황의 철학사상의 근본은 무엇이며, 대전제는 무엇인가? 이황은 기대승에게 다음과 같이 말하였다.

> "대개 옛날과 지금 사람의 학문과 도술(道術)의 차이가 있는 까닭을 깊이 생각해 보건대, 다만 '리(理)'자를 알기 어렵기 때문이었을 뿐입니다. 이른바 '리'자를 알기 어렵다는 것은 대략적으로 알기 어렵다는 것이 아니라, 참으로 알고 오묘한 것을 이해하여 그 궁극처에 도달하는 것이 어려울 따름입니다."[21]

위의 인용문에서 이황은 '학문과 도술에서 궁극적으로 추구해야 할 것은 리(理)의 올바른 이해와 체득'이라 말하였다. 이를 통해 이황이 리를 매우 중시하였음을 알 수 있다. 대부분의 현대학자들은 이황 철학의

說)」, ⑧<심학도(心學圖)>와 「심학도설(心學圖說)」, ⑨<경재잠도(敬齋箴圖)>와 「경재잠(敬齋箴)」, ⑩<숙흥야매잠도(夙興夜寐箴圖)>와 「숙흥야매잠(夙興夜寐箴)」이다.

20) 柳承國(1988), p.90 참조.

21) 『(增補)退溪全書』 卷16, 「答奇明彦」, 46板, "蓋嘗深思古今人學問道術之所以差者, 只爲理字難知故耳. 所謂理字難知者, 非略知之爲難, 眞知妙解, 到十分處爲難耳."

핵심 개념을 리라고 설명하는데 동의하고 있으며, 그의 이러한 입장을 '리존설(理尊說)', '리(理) 우위설'이라 평가한다.

성리학에서는 세계를 이해할 때, '리(理)·기(氣)'의 개념으로 접근한다. 이것은 이전의 유학과 다른 방식이었다. 이전에는 인간과 세계를 초월하는 존재가 있으며 그것에 의해 인간과 세계가 움직인다고 믿었는데, 그것이 바로 '천(天)'이었다. 이것은 고대에 공통적으로 발견되는 사유이기도 하다. 그리고 이때의 천은 세상과 인간에서 복(福)과 화(禍)를 주는 '인격적 신'의 의미가 강하였는데, 이 때문에 '상제(上帝)'라고 일컬어졌다. 중국 한대(漢代)의 동중서(董仲舒, BC 179경-104경)[22]는 인간계의 부덕·불선함에 대해 천이 자연계의 재해와 이변 현상을 일으키고 국가를 멸망시킨다는 재이(災異)사상을 주장하기도 하였다.[23] 이후 인간의 사유가 발달함에 따라 천의 인격적 성격보다는 리법적(理法的) 성격이 점차적 대두되었음은 주지의 사실이다. 그리고 천과 더불어 중요한 개념이 도(道)이다. 도란 사람이 통행하는 길이라는 것이 그 본래 뜻인데, 이후 의미가 확장되어 인간이나 사물의 도리·법칙·규범을 의미하게 되었다. 중국의 춘추전국시대에 우주의 이법으로서의 천도(天道), 인간의 윤리규범으로서의 인도(人道)의 개념이 성립되었고, 도가(道家)의 사상가들에 의해 천지만물의 존재 법칙, 근거라는 개념으로 부각되면서 이후 중국사회에 우주·자연의 보편 원리·법칙 및 사회·정치·도덕의 당위·규범으로 정착되었다.[24]

리(理)라는 개념은 본래 옥(玉)의 결, 무늬와 관련된 의미로 사용되었

---

22) 중국 한대(漢代)의 유학자로, 한대에 유교를 국교로 삼는데 이바지하였다.

23) 조성을 옮김(1986), pp.131-133 참조.

24) 김석근 외 옮김(2003), p.42.

다. 그래서 허신(許愼, 58?-149)[25]의 『설문해자(說文解字)』에서는 '리는 옥을 다듬는 것이다'라고 하였다.[26] 이후 '사물마다 부속되어 있는 개별적 성질의 조리(條理)', 혹은 '조리하다', '다스리다'의 의미로 쓰이게 되었고, 위진 시대를 거치고 불교의 영향을 받으면서 추상적 원리(객관적 법칙성)의 의미가 강화되는 방향으로 발전되었다. 그리고 북송대(北宋代)의 정호(程顥, 1032-1085)[27] · 정이(程頤, 1033-1107)[28] 형제 때에 이르러 인간과 세계를 설명하는 핵심 개념으로 구축되었다.[29] 정호와 정이는 다음과 같이 언급하였다.

【정호】 "천(天)이란 것은 리(理)이다. 신(神)이란 만물을 묘(妙)하게 만들어 놓은 것을 말하는 것이요, 제(帝)란 일을 주재(主宰)하는

25) 후한(後漢)시대의 학자로, 자는 숙중(叔重)이다. 가규(賈逵)에게 배웠으며, 유가의 경전에 정통하였다. 주요 저작으로 『설문해자(說文解字)』가 있는데, 소전체(小篆體)를 체계적으로 해설한 최초의 자서(字書)로서, 학술적으로 중요한 가치를 지닌다. 소전체는 진나라가 중국을 통일한 후에 도량형(度量衡) 통합과 더불어 문자 통일을 위해 기존의 대전체(大篆體)를 간략화 시켜 제작한 서체로 전한(前漢) 말엽까지 사용되었다. 이후 한대에서는 예서(隷書)가 유행하였다.

26) 『說文解字』 「理」, '治玉也.'

27) 중국 북송대의 성리학자로, 자는 백순(伯淳), 호는 명도(明道)이며, 동생인 정이(程頤)와 더불어 이정(二程)이라 일컬어진다. 정이(程頤)와 더불어 주렴계(周廉溪)에게 학문을 배웠으며, 낙학(洛學)을 형성하였다. 리를 철학의 최고 범주로 삼아 이를 도덕 원칙으로 삼고 개인과 사회에 대한 의미를 강조하는 등 새로운 기풍을 형성하였는데, 이것이 바로 도학(道學) 즉 성리학이다. 정이와 더불어 주자에게 큰 영향을 주었다. 주요 저작으로 『유서(遺書)』, 「정성서(定性書)」, 「식인편(識仁篇)」 등이 있다.

28) 중국 북송대의 성리학자로, 자는 정숙(正叔), 호는 이천(伊川)이다. '성즉리(性卽理)' 등 성리학 성립에 중요한 개념 · 이론을 확립하여, 형인 정호와 더불어 주자(朱子)에게 큰 영향을 주었다. 주요 저작으로 『유서(遺書)』, 『역전(易傳)』, 『경설(經說)』, 「안자소호하학론(顔子所好何學論)」 등이 있다.

29) 정호는 "나의 학문은 비록 선대로부터 받은 바가 있지만, 천리(天理) 두 글자는 스스로 체인한 것이다"라고 술회하였다(『河南程氏外書』 卷12, 「傳聞雜記」, 明道嘗曰, 吾學雖有所受, 天理二字却是自家體貼出來)

것을 이름붙인 것이다"[30]

【정이】 '천도(天道)는 무엇입니까?'라고 물었다. 답하기를 '다만 리(理)이다. 리가 곧 천도이다'라고 하였다.[31]

【정이】 '천과 상제(上帝)에 관한 설은 무엇입니까?'라고 하였다. 답하기를, '형체로써 말하면 천(天)이요, 주재하는 것으로 말하면 제(帝)라고 한다'고 하였다.[32]

정호·정이는 공통적으로 천(도)과 관련시켜 리(理)를 규정하였다. 인간을 포함한 만물일체에 대해서 초월적이고 절대적 의미를 갖는 천을 북송대에는 객관적 법칙성의 리로 규정한 것이다. 이는 철학적으로 매우 중요한 의미를 갖는다. 인간을 포함한 만물일체의 존재 기반으로서의 천과 '객관적 법칙', 더 나아가 '사물의 조리(條理)'로서의 리 개념을 동일하게 인식했다는 것은 인간 및 세상에 존재하는 것들이 각각 그 사물에 내재하는 법칙성에 기초하여 존재한다는 것을 의미하기 때문이다.[33]

한편 리와 더불어 강조된 기(氣) 개념은 무엇인가? 『설문해자』를 보면, "기(气)는 운기(雲氣)이며, 운(雲)은 구름이 회전하는 모양을 본뜬 것이다"[34]라고 하였는데, 바람에 의해서 변화하는 구름의 모습으로부터 기

30) 『河南程氏遺書』(『二程集』, 漢京文化事業有限公司, 1983) 卷11, 「明道先生語一」, "天者, 理也. 神者, 妙萬物而爲言者也. 帝者, 以主宰事而名."

31) 『河南程氏遺書』 卷22上, 「伊川先生語八上」, "又問, 天道如何? 曰 , 只是理, 理便是天道也."

32) 『河南程氏遺書』 卷22上, 「伊川先生語八上」, "又曰, 天與上帝之說如何? 曰, 以形體言之謂之天, 以主宰言之謂之帝."

33) 미조구찌 유조(溝口雄三) 외(2001), pp.64-66 참조.

를 설명하였다. 바람이 불면 구름의 모습이 바뀌지만 그 바람은 보이지 않는다. 이처럼 우리의 눈으로는 볼 수 없는 어떤 원인·작용에 의해서 어떠한 가시적 현상이 나타나는데, 그 기저를 고대 중국인들은 기(氣)로 상정한 것이다. 이후 기는 인간의 포함한 만물 형성을 설명하기 위한 존재 개념으로 확대되었다. 북송의 장재(張載, 1020-1077)[35]의 경우 기(氣)는 만물의 근원이며, 기의 모임과 흩어짐에 의해 만물의 생성변화가 일어난다고 설명하였다.[36]

그리고 남송대(南宋代)의 주자(朱子, 1130-1200)[37]에 이르러 정호·정이가 확립한 리 개념과 기존의 기 개념을 토대로 리기론을 확립되었다. 즉 끊임없이 운동하고 변화하는 세계를 리와 기의 개념으로 설명하려 한 것이다. 주자는 끊임없이 운동·변화하고 존재하는 세계는 '기'로 이루어졌으며, 그 운동·변화 및 존재의 근거·원리를 '리'라고 규정하였다.

---

34) 『說文解字』「气」, '雲气也';「雲」, '雲象雲回轉形'.

35) 중국 북송대의 성리학자로, 자는 자후(子厚), 호는 횡거(橫渠)이다. 횡거선생(橫渠先生), 장자(張子)로 존칭된다. 주렴계(周敦頤), 소옹(邵雍), 정호(程頤), 정이(程顥)와 더불어 북송오자로 일컬어진다. 중요 저작으로 『서명(西銘)』, 『정몽(正蒙)』『횡거역설(橫渠易說)』, 『경학이굴(經學理窟)』 등이 있는데, 『서명』은 정호·정이·주자에게 큰 영향을 미쳤다.

36) 『張子全書』 卷2, 「正夢·太和」, "太虛不能無氣, 氣不能不聚而爲萬物"

37) 중국 남송대의 성리학자로, 이름은 주희(朱熹), 자는 원회(元晦)·중회(仲晦), 호는 회암(晦庵)·회옹(晦翁)·운곡산인(雲谷山人)·창주병수(滄洲病叟)·둔옹(遯翁), 시호는 문(文)이며, 일반적으로 주문공(朱文公), 주자(朱子)로 일컬어진다. 북송의 주렴계(周濂溪), 정호(程顥), 정이(程頤), 장재(張載) 등의 철학을 계승하여 성리학을 집대성하였으며, 원(元)·명(明)·청(淸) 및 조선에 큰 영향을 미쳤다. 주요 저작으로는 『자치통감강목(資治通鑑綱目)』, 『서명해의(西銘解義)』, 『태극도설해(太極圖說解)』, 『통서해(通書解)』, 『정씨외서(程氏外書)』, 『이락연원록(伊洛淵源錄)』, 『고금가제례(古今家祭禮)』, 『주자가례(朱子家禮)』, 『근사록(近思錄)』, 『사서장구집주(四書章句集注)』, 『주역본의(周易本義)』, 『시집전(詩集傳)』, 『초사집주(楚辭集注)』, 『의례경전통해(儀禮經傳通解)』 등이 있다.

천지(天地) 사이에는 리(理)도 있고 기(氣)도 있다. 리라는 것은 형이상(形而上)의 도(道)이며, 만물을 생성하는 근본이다. 기는 형이하(形而下)의 그릇이며, 만물을 생성하는 도구이다. 그러므로 사람과 만물이 생성될 때에는 반드시 이 리를 받은 다음에 성(性)이 있게 되고, 이 기를 받은 다음에 형체가 있게 된다.[38]

어떤 일[事]을 만들어내면 그것의 속에는 그것의 리가 있다. 무릇 천지가 그 사물(物)을 생성하면 그것의 속에는 그것의 리가 있는 것이다.[39]

주자는 세계가 리와 기로 구성되었음을 밝히고, 리는 인간을 포함함 만물의 근거 · 근본 · 원리로 이해하였다. 그리고 리를 형이상의 도라고 표현하였다. 기는 인간 및 만물을 생성하는 실제적 도구 · 기체로 이해하고 형이하의 그릇이라 일컬었다.[40] 더불어 반드시 어떤 사물과 일이 생성 · 발생되었을 때에는 그 속에 리가 있음을 분명히 하였다. 이 세상은 구체적 형태로, 기에 의해 구성된 것이다. 따라서 사물이 존재하고 움직이고 멈추고, 사계절의 변화 등의 만물의 존재 · 운동 · 변화는 기에 의해 행해지게 된다. 그리고 리라는 것은 구체적 형태 · 구조에 내재한 법칙, 근본으로서 존재 원리와 운동 법칙에 해당한다고 말할 수 있다.

그렇다면 리와 기는 개별적 혹은 별도로 존재하는 것인가? 이것은 많은 의문을 갖게 만드는 주제이다. 이에 대해 주자는 다음과 같이 말

38) 『朱子大全』 卷58, 「答黃道夫書」, "天地之間, 有理有氣. 理也者, 形而上之道也, 生物之本也. 氣也者, 形而下之器也, 生物之具也. 是以人物之生, 必稟此理, 然後有性, 必稟此氣, 然後有形."

39) 『朱子語類』 卷101, 「程子門人 · 胡康侯」, "做出那事, 便是這裏有那理. 凡天地生出那物, 便是那裏有那理."

40) 形而上, 形而下는 『周易』 「繫辭傳 上」 12章의 '是故形而上者謂之道, 形而下者謂之器'에서 나온 말이다.

하였다.

> 천하에 리가 없는 기가 일찍이 없었으며, 또한 기가 없는 리도 일찍이 없었다.[41]

> 리가 기에서 떠난 적이 일찍이 없었다. 그러나 리는 형이상자(形而上者)이고, 기는 형이하자(形而下者)이다.[42]

> 이른바 리와 기는 결단코 두 개의 것(二物)[43]이다. 그러나 사물 상에서는 양자는 혼재되어 나누어지지 않은 채 한 곳에 있다.[44]

주자는 리와 기를 한편으로는 서로 분리되지 않은 것으로 설명하기도 하고, 한편으로는 서로 다른 것으로 설명하기도 했다. 이것을 성리학에서는 '서로 분리되지 않으면서도 또한 섞이지 않은 관계(不雜而不離)'로 정의한다. 즉 시공간에서 리·기는 서로 합쳐져 인간 및 만물을 이루고 있지만, 양자는 형이상, 형이하처럼 구분되는 개별적 영역을 가지고 있다. 이론적·논리적 측면에서 말하면 리와 기는 나누어질 수 있는 것이나, 실제 사물의 운행적(運行的) 측면에서 보면 서로 떨어질 수 없는 존재라는 것이다.[45]

---

41) 『朱子語類』 卷1, 「理氣上·太極天地上」, "天下未有無理之氣, 亦未有無氣之理."

42) 『朱子語類』 卷1, 「理氣上·太極天地上」, "理未嘗離乎氣, 然理形而上者, 氣形而下者."

43) 라오쓰광(勞思光, 정인재 옮김(1993), pp.322-325)은 리기에 대해 이물(二物)이라고 사용한 것이 적절치 않다고 말하였다. 즉 리와 기에 대해 물(物)이라는 용어를 사용해 규정하였는데, 엄밀하지 않다는 말이다. 결국 리와 기의 관계를 명확히 하기 위해서는 리와 기가 서로 의지하지 않고 각각 존재할 수 있는가를 문제 삼아야 한다고 지적하였다.

44) 『朱子大全』 卷46, 「答劉叔文」, "所謂理與氣, 此決是二物, 但在物上看, 則二物渾淪不可分開各在一處."

이제 다시 이황의 철학으로 돌아와서 살펴보자. 앞서 인용문에서 그는 '옛날과 지금 사람의 학문의 차이가 있는 까닭은 '리(理)'를 제대로 알지 못하기 때문이라고 지적하였다. 이어서 이황은 다음과 같이 말하였다.

> 만약 뭇 리(理)를 능히 궁구(窮究)하고 궁극에까지 투철하게 된다면, 여기 낱낱의 물사(物事 : 사물과 일 · 상황)가 지극히 허(虛)하면서 지극히 실(實)하고, 지극히 무(無)하면서도 지극히 유(有)하며, 동(動)하면서도 동이 없고, 정(靜)하면서도 정이 없는 정결한 것으로써 털끝만큼도 첨가할 수도 없고 털끝만큼도 감손(減損)할 수도 없음을 통찰하게 됩니다. (리가) 능히 음양오행(陰陽五行)과 만물만사(萬物萬事)의 근본이 되지만, 그렇다고 음양오행과 만물만사의 범위 안에 있는 것도 아니니, 어찌 기(氣)에 섞임이 있을 수 있어서 한가지로 인식하여 일물(一物)이라 볼 수 있겠습니까?"[46]

그는 학문과 도술의 핵심을 '리'라고 하였으며, 투철하게 연구할 것을 강조하였다. 그렇게 함으로써 리가 지극히 허하면서 실하고, 없는 것처럼 하나 지극히 있고, 움직이는 것처럼 하나 움직임이 없고, 고요한 것 같지만 고요하지 않는 '리의 신묘함'을 알 수 있다고 지적하였다. 더불어 리를 지극히 존귀하고 절대적인 것이며, 만사 · 만물의 근본이라 말하였다. 즉 기의 근거이며 주재하는 것으로 상정하고 있다. 하지만 기에 속하거나 섞여 있는 것이 아니라도 주장하였다. 결국 이황은 이것은 리

---

45) 이것을 리기(理氣)의 '불상리(不相離), 불상잡(不相雜)'이라 일컫는다.

46) 『(增補)退溪全書』 卷16, 「答奇明彦」, 46板, "若能窮究衆理, 到得十分透徹, 洞見得此箇物事, 至虛而至實, 至無而至有, 動而無動, 靜而無靜, 潔潔淨淨地, 一毫添不得, 一毫減不得. 能爲陰陽五行萬物萬事之本, 而不囿於陰陽五行萬物萬事之中, 安有雜氣而認爲一體, 看作一物耶?"

와 기의 관계에서 불리성(不離性)보다는 부잡성(不雜性)을 강조하는 입장이다. 즉 리는 형이상자로서 보편적이며 영원한 존재이다. 이에 반해 기는 생극(生克), 순미(順迷), 승강(昇降), 왕복(往復), 내거(來去), 합벽(合壁), 왕쇠(旺衰)의 운동을 통하여 천차만별하게 전개되므로, 불선(不善)으로 타락할 가능성이 항상 존재한다. 그러므로 이황은 리와 기를 구별하고 리를 기보다 우위이며 존귀한 것으로 이해하였다.[47]

리와 기를 구별하고, 리를 기보다 우위에 있음을 주장한 것은 「비리기위일물변증(非理氣爲一物辯證)」에 자세히 실려 있다.

> 이제 상고해 보건대, 만일 리와 기가 과연 일물(一物)이라면 공자께서 어찌하여 형이상자(形而上者)를 도(道)라고 하고, 형이하자(形而下者)를 기(器)라고 하셨는가?[48] 정명도(程明道 : 程顥를 말함)가 '어찌하여 모름지기 이와 같이 말해야 한다'[49]고 하셨는가? 명도는 또한 기(器)를 떠나서 도(道)를 찾을 수 없기 때문에 그러므로 '기(器) 또한 도(道)이다'라고 한 것이지, 기(器)가 바로 도(道)라고 말씀한 것이 아니다. 도를 벗어나 기가 있을 수 없기 때문에 그러므로 도(道) 또한 기(器)라고 한 것이지, 도(道)가 바로 기(器)라고 말씀한 것은 아니다.(道와 器의 구분은 바로 理와 氣의 구분이다, 그러므로 이것을 인용하여 증거로 삼은 것이다) …
>
> 이제 상고해 보건대, 주자가 평소에 리(理)와 기(氣)를 논한 허다한 말씀 중에 모두 '리와 기를 양자를 일물(一物)'이라 말씀한 적이 없으며, 이 편지(「答劉叔文」)[50]에서 곧바로 '리와 기는 결단코 이물(二物)'이라 하셨

47) 한국철학사연구회(1998), pp.165-166 참조.

48) 『주역』「계사전」의 '形而上者謂之道, 形而下者謂之器'를 말한다.

49) 정호의 '形而上爲道, 形而下爲器, 須著如此說, 器亦道, 道亦器'를 말한다.

50) 『朱子大全』 卷46, 「答劉叔文」의 '所謂理與氣, 此決是二物, 但在物上看, 則二物渾淪, 不可分開各在一處. 然不害二物之各爲一物也. 若在理上看, 則雖未有物, 而已有物之理, 然亦但有其理而已, 未嘗實有是物也. 又曰, 須知未有此氣, 先有此性, 氣有不存, 性卻常在. 雖其方在氣中, 然氣自氣性自性, 亦自不相夾雜. 至論其徧體於物, 無處不在, 則又不論氣之精

> 다. 또 말씀하기를 '성(性)은 비록 기(氣) 가운데 들어 있으나, 기(氣)는 기(氣)이고, 성(性)은 성(性)이어서 또한 스스로 협잡하지 않으며, 기(氣)의 정묘한 것을 성(性)이라 하고, 성의 거친 것을 기라 하는 것은 마땅치 않다. 무릇 공자와 주자의 뜻이 이미 저와 같고 정명도와 주자의 말씀이 또 이와 같으니 이것이 화담(花潭) 서경덕(徐敬德)의 학설과 같은지 다른지 모르겠다. 황은 어리석도 고루하여 견문이 막혀있어서 단지 성현의 말씀을 독실하게 믿을 줄만 알아서 본분의 평탄한 말씀에 의거할 뿐이요, 화담처럼 기기묘묘한 곳을 보지는 못하였다. 그러나 일찍이 한 번 화담의 말씀을 가지고 여러 성현들의 말씀과 비교해 보니, 하나도 부합되지 않았다. 매양 생각하기를, 화담이 일생동안 이 일에 온 힘을 쏟아서 스스로 '심오한 이치를 궁구하고 현묘한 이치를 다하였다'고 자부하였으나, 끝내 리(理)자를 이해함이 투철하지 못하였다. 이 때문에 비록 죽을힘을 다하여 기기묘묘함을 설명하였으나 조잡하고 천근한 형기(形器)의 한쪽으로 떨어져 있음을 면치 못하였으니, 애석할 만한 일이다.[51]

이황은 리와 기가 하나의 존재가 아님을 『주역』「계사전」의 언급과 주자의 「답유숙문(答劉叔文)」을 근거로 논증하는 반면, 정호의 '기역도(器亦道) 도역기(道亦器)'을 해명하였다. 더불어 기론을 주장한 화담 서경덕(徐敬德, 1489-1546)[52]을 비판하였다. 서경덕은 만물의 근원과 운동변화를

粗, 而莫不有是理焉. 不當以氣之精者爲性, 性之粗者爲氣也'을 말한다.

51) 『(增補)退溪全書』 卷41, 「非理氣爲一物辯證」, 21-22板, 今按若理氣果是一物, 孔子何必以形而上下分道器? 明道何必曰須著如此說乎? 明道又以其不可離器而索道, 故曰器亦道, 非謂器卽是道也. 以其不能外道而有器, 故曰道亦器, 非謂道卽是器也(道器之分, 卽理氣之分,, 故引以爲證) … 今按朱子平日論理氣許多說話, 皆未嘗有二者爲一物之云. 至於此書, 則直謂之理氣決是二物. 又曰, 性雖方在氣中, 然氣自氣性自性, 亦自不相夾雜, 不當以氣之精者爲性, 性之粗者爲氣. 夫以孔周之旨旣如彼, 程朱之說又如此, 不知此與花潭說, 同耶異耶. 滉愚陋滯見, 但知篤信聖賢, 依本分平鋪說話, 不能覰到花潭奇乎奇妙乎妙處. 然嘗試以花潭說, 揆諸聖賢說, 無一符合處. 每謂花潭一生用力於此事, 自謂窮深極妙, 而終見得理字不透. 所以雖拚死力談奇說妙, 未免落在形器粗淺一邊了. 爲可惜也.

52) 조선 전기의 학자로, 자는 가구(可久), 호는 복재(復齋)・화담(花潭), 시호는 문강(文康)이다. 기일원론(氣一元論)을 주장하였다. 저서로 「원리기(原理氣)」, 「리기설(理氣

기(氣)로써 설명하였는데, 기를 능동적·불멸적 존재로 보았다. 이황은 이에 대해 공자·주자 등의 학설과 부합되지 않으며, 리를 제대로 이해하지 못하였다고 비판하였다.

리와 기를 명백히 구별하고, '리존설(理尊說)', '리(理) 우위설'을 강조한 것은 사단칠정논쟁(四端七情論爭)에서도 잘 나타난다. 4장에서 자세히 논의하겠지만, '사단(四端)과 칠정(七情)의 관계를 어떻게 파악할 것인가'에 대한 기대승과 논쟁에서, 이황은 사단과 칠정을 리와 기로 분속시키는 한편 리기호발설(理氣互發說)을 주장하였다—이 때 중요한 것은 리발(理發)인데, '사단은 리가 발한 것'이라는 주장이다. 더불어 이후 리동(理動), 이도(理到)를 또한 언급하였는데, 모두 리의 능동성을 강조한 것이다. 여기에는 보편적이며 순선(純善)한 리를 능동적 존재로 상정시켜, 생극(生克), 순미(順迷), 승강(昇降), 왕복(往復), 내거(來去), 합벽(合壁), 왕쇠(旺衰) 및 불선으로 타락할 가능성이 존재하는 기를 제어하고 주재(主宰)하려는 생각이 담겨져 있다. 이것은 리(理)를 이론적·주지적(主知的) 영역으로만 이해하려는 것이 아닌 가치적·실천적 영역도 동시에 포괄하려는 퇴계의 입장이 담겨져 있다고 말할 수 있다.

3. 리(理)의 체인 : 거경(居敬)과 진적역구(眞積力久)

이황의 글을 자세히 살펴보면, 리에 대해서 단순히 이론적 탐구에만 그친 것이 아니라, 그것을 어떻게 체득할 수 있는가, 어떻게 내재화할

說)」, 「태허설(太虛說)」, 「귀신사생론(鬼神死生論)」 등이 있다.

수 있는가에 힘썼다는 것을 확인할 수 있다. 이황은 율곡(栗谷) 이이(李珥, 1536-1584)[53]에게 다음과 같이 말하였다.

> 오직 이 리를 알기가 어려운 것이 아니라 행하는 것이 어려운 것이며, 행하기가 어려운 것이 아니라 능히 참되게 쌓고 오래도록 힘써 나아가는 것이 더욱 어렵습니다. 이것이 노쇠하고 옹졸한 저 같은 사람이 깊이 두려워하는 것이니, 또한 그대 같은 사람도 두려워하지 않을 수 없는 것입니다.[54]

위의 인용문은 율곡 이이에게 보낸 편지에 실린 내용이다. 여기서 이황은 이이에게 강조한 것은 단순히 '리에 대한 앎'에 그치는 것이 아니라, 그 리를 어떻게 체득하고 현실에서 구현할 수 있는가에 있었다. 리를 끊임없이 이해하고 실천하는 것, 이것이 참으로 리를 체득하는 것임을 이황은 말하고 있다.

그렇다면 어떻게 리(理)를 체득할 수 있는가? 우선 리에 대한 이황의 이해부터 검토해 본다. 그는 결코 리를 우리의 삶과 동떨어진 초월적인 무엇으로 이해하지 않았다. 우리의 일상생활에 리가 가득 차 있음을 아래와 같이 설명하였다. 다음은 남언경(南彦經, 1528-1594)[55]에게 보낸 편

53) 조선 전기의 성리학자로, 본관은 덕수(德水), 자는 숙헌(叔獻), 호는 율곡(栗谷)·석담(石潭)·우재(愚齋), 시호는 문성(文成)이다. 이황과 더불어 조선시대 대표적 철학자이다. 우계(牛溪) 성혼(成渾)과 더불어 인심도심논쟁(人心道心論爭)을 하였는데, 이 때, 이황의 리기호발설(理氣互發說)을 비판하고 기발리승일도설(氣發理乘一途說)을 주장하였다. 주요 저작으로는 『성학집요(聖學輯要)』(1575)를 편찬하였다. 『격몽요결(擊蒙要訣)』(1577), 「인심도심도설(人心道心圖說)」(1582) 등이 있다.

54) 『(增補)退溪全書』, 卷14, 「答李叔獻(珥○戊午)」, 24板, "惟此理非知難而行難. 非行難而能眞積力久爲尤難, 此衰拙所深懼, 而亦不能不爲高明懼也."

55) 조선 전기의 유학자로 본관은 의령(宜寧), 자는 시보(時甫), 호는 동강(東岡)이다. 서경덕(徐敬德)의 문인이다.

지이다.

> 대개 이 리(理)는 일상생활에 가득 차 있습니다. 단지 움직이거나 가만 있거나 말하거나 침묵하는 동안이나, 떳떳한 윤리 및 응접하는 즈음 및 평실·명백한 곳과 미세한 구석구석까지 언제 어디서나 그렇지 않음이 없습니다. 드러나면 눈앞에 있고, 묘한 데 들어가서는 조짐이 없습니다. 그런데 초학자들이 이것을 버리고 무턱대고 고원(高遠)하고 심대(深大)한 데 종사하여 지름길로 가서 얻고자 하니, 이것은 자공(子貢)도 하지 못하였던 것인데 우리가 할 수 있겠습니까? 그 때문에 공연히 추구하고 찾는 수고만 하고 실행하는 곳에는 아득하여 근거할 만한 실상이 없는 것입니다. 연평(延平) 이동(李侗)이 말하기를, "이 도리는 전적으로 일상생활에서 익숙히 하는 데 있다" 하였으니, 그 말씀이 의미가 있습니다.[56)]

이황이 말하는 리는 인간세상과 동떨어진 혹은 초월적인 존재가 아닌, 현실 즉 일상에 혼연히 가득 차 있는 존재인 것이다. 움직이거나 가만히 있을 때도, 미세한 구석구석에까지 언제 어디서나 있는 것이다. 그러면 이러한 리를 어떻게 알 것인가? 그는 결단코 이론적·추상적으로 알고, 고매하게 초탈하여 얻을 수 있는 것이 아니라고 말하였다. 연평(延平) 이동(李侗, 1093-1163)[57)]의 언급을 인용하면서, 결국 리는 일상에서 절실하게 깨닫고 몸소 실천·체험해야 참으로 알고 얻을 수 있다고 지적하였다.

그렇다면 어떻게 일상에서 깨닫고 몸소 실천함으로, 참으로 알고 체

---

56) 『(增補)退溪全書』, 卷14, 「答南時甫」, 10板, "蓋此理洋洋於日用者, 只在作止語嘿之間, 彝倫應接之際. 平實明白, 細微曲折, 無時無處無不然, 顯在目前, 而妙入無朕. 初學舍此, 而遽從事於高深遠大, 欲徑捷而得之, 此子貢所不能, 而吾輩能之哉? 所以徒有推求尋覓之勞, 而於行處, 茫茫然無可據之實矣. 延平曰, 此道理全在日用處熟, 旨哉, 言乎!

57) 중국 남송시대의 성리학자로, 자는 원중(愿中), 호는 연평(延平)이다. 이정(二程)의 재전제자(再傳弟子)인 나종원(羅從彦)에게 배웠으며, 주자의 스승이다.

득할 수 있는가? 즉 그 방법은 무엇인가? 다음과 같이 이황은 말하였다.

> 대개 사람이 학문을 하는 데는 일이 있고 없고, 뜻이 있고 없음을 막론하고 오직 마땅히 경(敬)을 위주로 하여 마음이 발동할 때나 고요할 때에 법도를 잃지 않게 되면, 그 생각이 아직 싹트기 전에는 마음 자체가 허명(虛明)하여 근본이 깊고도 순수하며, 그 생각이 이미 발동함에 이르러서 의리가 환히 드러나면, 물욕(物欲)이 물러나고 모든 시끄러움이 차츰 감소하게 되니, 이렇게 여러 번 쌓고 쌓아서 성숙하기에 이른다면 이것이 바로 요법이 되는 것입니다. … 마음이 고요할 때는 천리의 본연을 함양하고, 마음이 발동할 때는 인욕이 싹트는 기미에서 끊어야 하는 것이니, 이와 같이 참되게 쌓고 오래도록 힘써서, 마음이 고요할 때는 마음이 고요할 때 허명하고 마음이 발동할 때는 곧게 되어 일상생활 간에 비록 생각이 백번 일어나고 백번 사라진다 하더라도 마음은 본래 그대로이기 때문에 한잡(閒雜)한 사려 따위는 자연히 나의 근심거리가 될 수 없을 것입니다.[58]

경(敬)은 퇴계 철학에 있어서 학문의 처음과 끝을 이루는 요법이다. 경(敬)이란 '삼가고 조심하는 마음가짐'을 의미하는데, 이 때 전일(專一)한 지향성(志向性)을 가게 된다. 성리학에서 경(敬)이란 마음의 상태, 의지의 상태와 관계되는 공부법이다. 올바른 인간, 정신수양을 하기 위해서는 도덕 지식의 배양에만 그치는 것이 아니라, 의식 및 심리 활동을 어떻게 규제하여 마음의 안녕과 평정을 유지시켜 나갈 것인가가 중요하게 대두됐다. 그리고 그 방법으로 거경(居敬)[59] 즉 경(敬) 공부가 제출된 것이다.

---

58) 『(增補)退溪全書』, 卷28, 「答金惇敍(丁巳)」, 17-20板, “大抵人之爲學, 勿論有事無事, 有意無意, 惟當敬以爲主, 而動靜不失, 則當其思慮未萌也, 心體虛明, 本領深純, 及其思慮已發也, 義理昭著, 物欲退聽, 紛擾之患漸減, 分數積而至於有成, 此爲要法. … 靜而涵天理之本然, 動而決人欲於幾微, 如是眞積力久, 至於純熟, 則靜虛動直, 日用之間, 雖百起百滅, 心固自若, 而閒雜思慮, 自不能爲吾患.

"한 몸을 주재하는 것은 마음이고, 한 마음을 주재하는 것은 경이다(心者, 一身之主宰, 敬者, 一心之主宰)"라는 말이 있다. 동양에서는 무엇을 어떻게 할 것인가는 내가 결정하는 것인데, 그 결정하는 곳을 '마음(心)'으로 이해하였다. 그렇다면 마음이 혼란스러우면 어떻게 되는가? 『대학』에서 "마음이 있지 않으면 보아도 보이지 않으며, 들어도 들리지 않으며, 먹어도 그 맛을 알지 못한다"[60]고 하였다. 마음이 안정되지 않으면, 보는 것, 듣는 것 등의 내 몸이 하는 것을 검속(檢束)할 수 없게 된다. 이 때문에 마음을 안정시키고 평정을 유지시킬 수 있는 공부법이 요구된다. 정이(程頤)는 다음과 같이 말하였다.

> 배우는 사람은 심려(心慮)가 어지러워져서 평안하고 가라앉히지 못하는 것을 근심하는데, 이것은 천하 공통의 병통이다.[61]

> 배우는 사람이 먼저 힘써야 하는 것은 진실로 심지(心志)에 있다. … 사람의 마음은 만물을 만나 교감(交感)하지 않을 수 없으며 또한 사려하지 않기가 어렵다. 만약 이것을 면하려는 오직 마음에 주인이 있어야 한다. 무엇을 주인으로 삼을 것인가? 경(敬)일 뿐이다. … 이른바 경(敬)이란 것은 '한 곳에 집중하는 것(主一)'을 말한다. 이른바 '하나(一)'라는 것은 '다른 곳으로 가지 않게 하는 것(無敵)'을 말한다. … 다만 이것을 간직하여 오랫동안 함양(涵養)을 하면 자연히 천리가 밝아질 것이다.[62]

---

59) 거경(居敬)이란 '경에 처하다'라는 뜻으로, 성리학 관련 저서에서 자주 쓰는 표현이다. 출전은 『논어』「옹야(雍也)」의 "仲弓曰, 居敬而行簡, 以臨其民, 不亦可乎"이다. 현대적으로 풀면 '경 공부'라고 할 수 있다.

60) 『大學章句』, 7章, "心不在焉, 視而不見, 聽而不聞, 食而不知其味."

61) 『河南程氏遺書』 卷15, 「伊川先生語一」, "學者患心慮紛亂, 不能寧靜, 此則天下公病."

62) 『河南程氏遺書』 卷15, 「伊川先生語一」, "學者先務, 固在心志 … 人心不能不交感萬物, 亦難爲使之不思慮. 若欲免此, 唯是心有主, 如何爲主, 敬而已矣. … 所謂敬者, 主一爲敬, 所謂一者, 無敵之謂一. … 但存此, 涵養久之, 自然天理明."

'마음의 혼란스러움'을 안정시키는 것은 모든 학자들이 원하는 것이라 정이(程頤)가 말하였다. 이를 위해 그는 경(敬) 공부를 말하였는데, 경(敬)이란 '의식(마음)을 한 곳에 집중하여 다른 곳으로 가지 않게 만드는 것'으로 설명하였다. 한 곳으로 집중함으로써 다른 생각이나 잡념이 사라지게 된다. 그리고 마음(의식)이 외재적 환경에 이끌리지 않을 수가 있으며, 마음(의식)을 가라앉힐 수가 있게 된다. 그래서 정이는 "경하면 스스로 텅비고 고요하다"[63]고 말하였다.

그리고 주자 또한 경에 대해 다음과 같이 설명하였다.

> 경(敬)자는 마음이 아직 발동하지 않았을 때나 발동하였을 때 모두 관통한다. 다만 아직 마음이 발동하지 않았을 때에 혼연히 섞여 있는 것이 경의 본체이니, 마음이 발동하지 않았을 때를 알고 바로 경공부에 착수하라는 것이 아니다. 이미 마음이 외부와 교감하여 발동하였을 때, 일에 따라서 성찰하게 되면서 경의 쓰임이 행해지는 것이다. 그러나 경의 본체가 평소에 세워지지 않았다면, 그 경의 쓰임 또한 저절로 시행되지 않는다. 그러므로 경(敬)과 의(義)는 두 개로 나누어진 일이 아니다.[64] 반드시 일이 있으면 기필하지 않고 잊지도 않고 조장하지 말아야 한다. 그렇게 되면 내 마음이 발동하지 않았을 때나 발동하였을 때 우뚝이 관통하게 되어 경이 세워지고 의가 행해지게 되니, 나아감에 천리의 올바름이 아닌 것이 없게 된다.[65]

주자 역시 경(敬) 공부를 강조하였다. 위의 인용문에서 주자는 마음(의

---

63) 『河南程氏遺書』 卷15, 「伊川先生語一」, "敬則自虛靜."

64) 『周易』 「坤卦」의 "君子敬以直內, 義以方外"에서 內外로 敬義를 나눈 것을 말한다.

65) 『朱子大全』 卷43, 「答林擇之」, "敬字貫通動靜, 但未發時渾然是敬之體, 非是知其未發, 方下敬底工夫. 其發則隨事省察, 而敬之用行焉. 然非體素立, 則其用亦無自而施也. 故敬義非兩截事, 必有事焉而勿正勿忘勿助長, 則此心卓然貫通動靜, 敬立義行, 無適而非天理之正矣."

식)이 발동하였을 때뿐만 아니라, 아직 발동하지 않은 상태 즉 고요한 상태에서도 경의 중요성을 말하였다. 이때는 비록 마음이 발동하지 않았기에 경 공부를 따로 하지 않지만, 평소에 함양하여 경의 본체가 세워져야 함을 역설하였다. 그리고 이는 앞서 이황이 언급한 "경(敬)을 위주로 하여 마음이 발동할 때나 고요할 때에 법도를 잃지 않게 되면 … 마음이 고요할 때는 천리의 본연을 함양하고, 마음이 발동할 때는 인욕이 싹트는 기미에서 끊어야 하는 것이다"와 의미가 다르지 않다.

한편 이황은 거경(居敬)과 더불어 진적역구(眞積力久)를 말하고 있다. 진적역구는 거경(居敬) 즉 경 공부에 있어서 필수적 과정으로 이해하였다.

> 마음을 텅 비게 하여 리(理)를 살피되 먼저 자신의 견해에 집착하지 말아야하고 점차적으로 쌓여감으로써 순수하게 익도록 하며 한 때나 한 달로서 효험을 따지지 말 것이며, 얻지 않고서는 그만둘 수 없다는 자세로서 평생의 사업으로 삼아야 할 것입니다. 그 리가 자세히 이해되고 경(敬)이 전일해지는 경지에 이르게 되는 것은 모두 학문이 깊이 나아간 뒤에라야 저절로 얻을 수 있을 뿐입니다. … 그러므로 궁리(窮理)하는 것은 실천에서 체험해야 비로소 참으로 아는 것이 되고, 경(敬)을 주로 하여 두 가지나 세 가지로 분산되지 않아야만 비로소 실제로 얻게 되는 것입니다.[66]

> 다만 묵묵히 노력을 더하여 앞을 향하여 그치질 않고 쌓고 익히기를 오래도록 하여 순일하고 익숙한 데에 이를 수 있다면, 저절로 마음과 리가 하나가 되어서 때로는 붙잡고 때로는 잃어버리는 병통이 없게 될 것입니다. 정자(程子)가 말하기를 '학문은 익힘이 귀중한데 익힘은 전일할

66) 『(增補)退溪全書』, 卷14, 「答李叔獻(珥○戊午)」, 19板, 虛心觀理, 勿先執定於己見, 積漸純熟, 未可責效於時月. 弗得弗措, 直以爲終身事業. 其理至於融會, 敬至於專一, 皆深造之餘自得之耳. … 故窮理而驗於踐履, 始爲眞知, 主敬而能無二三, 方爲實得.

> 때이어야 좋다'고 하였고 또 말하기를 '가지런하고 엄숙하면 마음이 곧 하나가 되고 하나가 되면 자연히 그릇됨이나 치우침의 간여함이 없을 것이다'라고 하였는데 바로 이것을 말하는 것입니다. … 참되게 쌓고 오래 힘써서 얻는 바가 있은 연후에야 '(안자의) 석 달 동안 인을 어기지 않았다'와 '(증자의) 하나로 꿰뚫었다'의 뜻을 가히 의론할 수 있는 것입니다.'[67]

진적역구(眞積力久)란 '참되게 쌓고 오래도록 힘써 나아간다'는 의미이다. 즉 급박하게 구하려 하거나 빠른 효과를 기대하는 것이 아닌, 시일을 두고 오래도록 그러면서도 간단이 없이 끊임없이 행해야 경 공부의 효과를 볼 수 있는데, 그것이 바로 진적역구인 것이다. 위의 인용문에서 '자신의 견해에 집착하지 말아야하고 점차적으로 쌓여감으로써 순수하게 익도록 한다', '한 때나 한 달로서 효험을 따지지 말 것이며, 얻지 않고서는 그만둘 수 없다는 자세로서 평생의 사업으로 삼아야 할 것입니다', '다만 묵묵히 노력을 더하여 앞을 향하여 그치질 않고 쌓고 익히기를 오래도록 하여 순일하고 익숙한 데에 이르다' 등이 모두 진적역구에 해당되는 내용이다.

이황은 리를 현실 즉 일상에 혼연히 가득 차 있는 존재로 이해하고, 경과 진적역구를 통해서 일상에서 깨닫고 체득하려 하였다. 학문이란 단번에 도달하거나 성취할 수 없는 것이다. 더욱이 '리자난지(理字難知; '리'자를 알기 어렵다)'라고 하여 알기 어려운 리의 경우에 더욱 그러하다. 이론적・추상적 이해가 아닌 마음으로 진정 깨닫고 몸소 실천함으로써

---

67) 『(增補)退溪全書』, 卷24, 「答鄭子中別紙」, 9板, "但能默默加工, 向前不已, 積習久久, 至於純熟, 則自然心與理一, 而無隨捉隨失之病矣. 程子曰, 學貴於習, 習能專一時方好. 又曰, 整齊嚴肅則心便一, 一則自無非僻之干者, 正謂此也. … 至於眞積力久而有得焉, 然後三月不違仁, 及一以貫之之旨, 可得而議."

리를 참으로 알고 체득하는 것을 이황은 학문의 목표로 삼은 것이다.

이러한 이황의 학문에 대해서 류승국 선생은 다음과 같이 평가하였다.

> 퇴계철학에 있어서 리기론, 사칠론, 인심도심설 등도 순수이론체계만 아니라, 그 근저에 있어서 인간과 사회가 보다 높은 이상을 향해 승화하여 가는 성숙의 이론이다. 퇴계의 리기설에서 리의 개념은 무형・무질(無形・無質-晦齋說) 또는 무형・무위(無形・無爲-栗谷說)의 리만이 아니라 천리로서의 실리(實理)를 이름이요, 체용이 겸비한 리를 이름이다. 퇴계는 『자성록(自省錄)』에서 성(誠)이란 리의 실(實)이라고 하였다. 무성(無聲)・무취(無臭)・무방체(無方體, 氣有生死, 理無生死-『自省錄』)한 리지체(理之體)도 있고, 리지지신지용(理之至神至用)이란 한 리지용(理之用)도 있으므로 리의 존재 방식이 다양함을 알 수 있다. … 퇴계에 있어서는 진리의 근원인 태극(太極)을 인간에 내재화시켜 '인심지태극(人心之太極)' 즉 인극(人極)을 체인, 체득함으로써 천인지제(天人之際)와 인물지제(人物之際)를 만나게 한다. 그러므로 퇴계의 철학은 주체의 철학이라 할 수 있다. 『성학십도』의 전오도(前五圖)는 천도에 근본해서 인륜을 밝힌 것이요, 후오도(後五圖)는 인간심성에 근원하여 일용상행(日用常行)을 힘쓴다고 한 것이 그것이다. 이 같이 퇴계의 학은 천도(天道)가 내재한 인간자아를 심화하여 도학(道學) 내지 성학(聖學)으로 지향한다.68)

'진리에 대한 개념 탐구를 순수한 이론적 범주에서 벗어나 그것을 인간에 내재화시켜 인간 자신의 주체성 성찰과 실천의 문제로 심화하여 성학(聖學)으로 발전시켰다'고 평가하였다. 즉 퇴계 이황의 철학은 '리자난지(理字難知)'에 대해서 '어떻게 알 수 있는가'의 문제에 그치지 않고, '주체적 성찰과 실천의 문제'로 까지 심화시켜 학문의 목표를 추구하였

---

68) 柳承國(1998), pp.220-221.

던 것이다.

4. 사단칠정논쟁(四端七情論爭)과 리발설(理發說)

사단칠정논쟁(四端七情論爭)이란 사단(四端)과 칠정(七情)이 어떻게 마음에서 표출되며, 그 관계가 무엇인가에 대해서 철학적으로 논쟁한 것이다. 앞서 2장에서 간략히 언급하였듯이, 이황의 '리와 기를 명백히 구별'하고, '리존설(理尊說)', '리(理) 우위설'을 강조한 입장이 잘 드러난 논쟁이기도 하다. 한편 사단칠정논쟁은 성리학의 한국적 전개에서 중요한 철학사적 의미를 갖는다. 즉 고려 말에 수용된 성리학은 주자 이후의 남송·원을 거친 성리학이며, 이때의 특징은 심성론 중심이었다. 심성론 중심의 성리학의 한국적 전개에서 사단칠정논쟁은 사단·칠정 등 심성론과 관련된 제 개념의 검토였을 뿐만 아니라, 리기론으로 어떻게 해명할 수 있는지 고민하였던 논쟁이기 때문이다.

(1) 심성론(心性論)과 사단(四端)·칠정(七情)의 의미

심성론(心性論)이란 인간의 마음·본성에 관한 이론·논의를 말한다. 이에 관해서 동서양에서는 꽤 오래전부터 논의해왔다. 중국에서도 고대부터 인간의 본성에 대해 논의하였음을 『논어』를 통해 확인할 수 있다. 그리고 맹자(孟子)와 순자(荀子)에 의해서 인성에 대한 심층적 논의가 진행되었다. 전국시대 중엽에 활동하였던 맹자는 인간의 본성이란 '선한 것도 아니고 악한 것도 아니다'라는 고자(告子)의 주장에 대해서, '인간의 본성은 선하다'는 주장을 폈다. 그 격렬한 논쟁은 『맹자(孟子)』「고자(告子)」편에 자세히 실려 있다. 이때에 맹자는 성선설(性善說)의 근거를 여러 가지로 제시하였는데, 그 중에 하나가 바로 사단(四端 : 惻隱之心·羞惡之心·辭讓之心·是非之心)이다. 그는 사단을 근거로 하여 모든 인간에게 선천적으로 본성(仁義禮智)이 선하며, 단지 외부적 요인에 의해서 선함이 억제되거나 미약해진다고 주장하였다. 후에 이러한 입장은 송대의 성리학자들에게 계승되었다. 이와 반대로 전국시대 말기에 활동하였던 순자는 맹자의 성선설을 비판하고 성악설(性惡說)을 주장하였다. 그는 타고난 그대로의 성은 악하며 선은 인위적 노력(僞)에 의해 이루어진다고 주장하였다.[69] 그의 사상은 이후 한대에 많은 영향을 미쳤다. 전한(前漢)시대의 동중서(董仲舒)는 "본연 그대로의 소질을 성(性)이라 하니 성은 교화(敎化)가 아니면 이루어질 수 없고, 인간의 욕망을 정(情)이라 하니 정은 제도(制度)가 아니면 절제할 수 없다"[70]라고 하여, 인간의 본성에 대해서 교화와 제도 같은 인위적 교정이 필요하다는 입장을 취하였다. 이것은 순자의 주장을 일정 정도 수용한 것으로 판단한다. 당대(唐代)의 한유(韓愈, 768-824)[71]는 인간의 성을 상(上)·중(中)·하(下)의 세 등급으로 나눈 성삼품설(性三品說)을 주장하였고, 상의 성품은 선하고, 중의 성품은 상과 하의 성품으로 이동할 가능성이 있고, 하의 성품은 악하다고 설명하였다.[72] 이것은 맹자와 순자와 다른 견해이었다. 이후 송대에 이르러 맹자

---

69) 『荀子』「性惡」, "人之性惡, 其善者僞也."

70) 『董子文集』「賢良策三」, "質樸之謂性, 性非敎化不成. 人欲之謂情, 情非制度不節."

71) 중국 당대의 유학자로, 자는 퇴지(退之)이며 당시에 한창려(韓昌黎), 창려선생(昌黎先生)을 불리었다. 당송팔대가(唐宋八大家) 중 한 사람이다.

72) 『昌黎集』 卷11, 「原性」, "性之品有上中下三. 上焉者善焉而已矣. 中焉者可導而上下也, 下焉者惡焉而已矣."

의 성선설이 다시 주목받았다. 정이는 '성즉리(性卽理 : 性이 곧 理라는 의미)'를 주장하고 인간의 본성이 천리임을 명확히 하는 한편, 인간의 성은 선함을 주장하였다.[73] 그리고 이것은 주자에게도 계승되었다.[74]

앞서 성리학에서는 세계를 리와 기의 개념으로 설명한다고 하였다. 인간 또한 리기로 설명하고 체계화하는 것이 성리학의 특징이다. 주자는 다음과 같이 언급하였다.

> 그러므로 사람과 만물이 생성될 때에는 반드시 이 리를 받은 다음에 성(性)이 있게 되고, 이 기를 받은 다음에 형체가 있게 된다.[75]

위의 인용문은 2장에서 리와 기를 설명하면서 인용되었던 부분이기도 하다. 인간의 육체 즉 형체를 가지고 있는데 이것은 기로부터 온 것이다. 그리고 인간에게 리(理)가 부여되었는데, 그것을 바로 성(性)인 것이다. 그리고 리가 순선(純善)하므로 성도 선하지 않음이 없는 것이다. 이것은 앞서 언급한 정이의 '성즉리(性卽理)'와 관계된다.

그러면 마음(心)은 무엇인가? 주자는 다음과 같이 언급하였다.

> 성이란 바로 마음이 가지고 있는 리(理)이고, 마음이란 바로 리가 모여 있는 곳이다.[76]

---

73) 『河南程氏遺書』 卷22上, 「伊川先生語八上」, "性卽理也. 所謂理性是也. 天下之理, 原其所自, 未有不善."

74) 『朱子語類』 卷5, 「性理二 · 性情心意等名義」, 性無不善

75) 『朱子大全』 卷58, 「答黃道夫書」, "天地之間, 有理有氣. 理也者, 形而上之道也, 生物之本也. 氣也者, 形而下之器也, 生物之具也. 是以人物之生, 必稟此理, 然後有性, 必稟此氣, 然後有形."

76) 『朱子語類』 卷5, 「性理二 · 性情心意等名義」, "性便是心之所有之理, 心便是理之所會之地."

마음이란 기(氣)의 순수하고 밝음이다.[77]

묻기를 '마음이 움직입니까, 성이 움직입니까? 답하기를, 움직이는 곳은 마음이고, 움직이게 하는 기저(基底)는 성이다.[78]

묻기를, 지각(知覺)은 마음의 영령함으로 진실로 이와 같은데, 기가 하는 것입니까? 답하기를, 오로지 기라 한다고 할 수 없다. 먼저 지각하는 리가 있어야 한다. 리가 지각하지 않지만, 기가 모여 형체를 이루어 리와 기가 합해지면 능히 지각을 할 수 있다.[79]

위의 네 인용문을 통해서 보면, 마음은 리 즉 성을 갖추고 있는 공간이며, 인간의 지각작용을 하는 곳이다. 결국 인간의 육체적 활동을 하는 곳은 마음인 것이다. 그렇기 때문이 주자는 마음을 리가 아닌 '기'로 표현한 것이고, 마음의 영령함을 표현하기 위해서 정상(精爽) 즉 '순수하고 밝음이다'이라고 말한 것이다. 하지만 마지막 인용문의 언급처럼 지각활동은 그렇게 하는 원리인 성이 있어야 가능함을 인식해야 한다.

마지막으로 이제 정(情)에 대해 살펴보자. 과연 정이란 무엇인가?

무엇을 인간의 정(情)이라 하는가? 희(喜)・노(怒)・애(哀)・구(懼)・애(愛)・오(惡)・욕(欲)의 7가지는 배우지 않아도 능한 것이다.[80]

위의 인용문은 『예기(禮記)』「예운(禮運)」에 나오는 글이다. 정(情)이란

77) 『朱子語類』 卷5, 「性理二・性情心意等名義」, "心者, 氣之精爽."

78) 『朱子語類』 卷5, 「性理二・性情心意等名義」, "問心之動, 性之動? 曰, 動處是心, 動底是性."

79) 『朱子語類』 卷5, 「性理二・性情心意等名義」, "問知覺是心之靈固如此, 抑氣之爲邪? 曰不專是氣, 是先有知覺之理. 理未知覺, 氣聚成形, 理與氣合, 便能知覺."

80) 『禮記正義』「禮運」, "何謂人情? 喜怒哀懼愛惡欲, 七者弗學而能"

무엇인가? 인간의 감정을 말한다. 예컨대 기쁨(喜)·성냄(怒)·슬픔(哀)·두려움(懼)·사랑(愛)·미움(惡)·욕구(欲)가 여기에 해당한다. 이것이 바로 칠정(七情)인데, 점차적으로 칠정은 인간이 가지는 전반적 감정을 통칭하여 개념으로 의미가 확대되었다.

주자는 정(情)을 성·마음과 관련시켜 다음과 같이 설명하였다.

> 희(喜)·노(怒)·애(哀)·락(樂)은 정(情)이고, 그것이 아직 발동하지 않은 것은 성(性)이다.[81]

> 외물에 교감(交感)하는 것은 마음이다. 그 마음이 외물에 교감하여 발동하는 것이 정(情)이다. 정(情)은 성(性)에 근거하고 마음에서 주재된다. 마음이 주재하면 그 발동한 것이 중절(中節)하지 않음이 없다. 왜 인욕(人欲)이 있는 것인가? 오직 마음이 주재하지 못하고 정이 스스로 발동하게 되면, 이 때문에 인욕으로 흐르게 되고 항상 그 올바름을 얻지 못하게 된다.[82]

> 측은(惻隱)·수오(羞惡)·사양(辭讓)·시비(是非)는 정(情)이고 인(仁)·의(義)·예(禮)·지(智)는 성(性)이다. 마음은 성과 정을 통섭(統攝)하는 것이다.[83]

외물에 교감하여 마음이 발동하여 나온 것이 기쁨, 슬픔 같은 정이 된다. 그리고 이 정은 마음의 이치인 성(性)에 근거한 것으로 주자는 설

81) 『中庸章句』 1章 '喜怒哀樂之未發, 謂之中, 發而皆中節, 謂之和. 中也者, 天下之大本也, 和也者, 天下之達道也'【註】, "喜怒哀樂, 情也, 其未發則性也."

82) 『朱子大全』 卷32, 「問張敬夫」, "喜謂感於物者心也, 其動者情也. 情根乎性而宰乎心, 心爲之宰, 則其動也無不中節矣. 何人欲之有? 惟心不宰而情自動, 是以流於人欲而每不得其正也.

83) 『朱子語類』 卷53, 「孟子三·尊賢使能章」, "惻隱羞惡辭讓是非情也. 仁義禮智性也. 心統情性者也."

명하였다. 한편 『맹자』에서 언급된 측은지심(惻隱之心)·수오지심(羞惡之心)·사양지심(辭讓之心)·시비지심(是非之心)도 주자는 정이라고 규정하였다. 따라서 유가 경전에서 언급된 측은지심·수오지심·사양지심·시비지심, 희·노·애·구·애·오·욕, 희·노·애·락은 모두 정(情)에 해당한다. 모두 성에 근본하고 마음이 외물에 교감하여 발동한 정이라 할 수 있다. 그러나 사단과 칠정은 같은 정이라고 하지만, 그 맥락이 동일하지 않는다. 왜냐하면 측은지심·수오지심·사양지심·시비지심 즉 사단(四端)은 맹자가 성선설(性善說)의 근거를 제시하기 위해 내세운 인간의 순선무악한 감정이기 때문이다. 맹자의 언급은 다음과 같다.

> 이른바 인간은 누구나 불인인지심(不忍人之心 : 다른 사람을 차마 해치지 못하는 마음)을 가지고 있다고 말한 것은 지금 어떤 사람이 갑자기 어린 아이가 장차 우물에 빠지려는 것을 보았을 때에 모두 깜짝 놀라고 측은해 하는 마음을 갖게 될 것이다. 이것은 어린 아이의 부모와 교분을 맺으려고 해서도 아니고, 향당(鄕黨)과 붕우에게 명예를 얻기 위해서도 아니고, 구해주지 않았다는 오명을 싫어해서 그러한 것도 아니다. 이것으로 말미암아 보건대, 측은지심(惻隱之心)이 없으면 인간이 아니고, 수오지심(羞惡之心)이 없으면 인간이 아니고, 사양지심(辭讓之心)이 없으면 인간이 아니고, 시비지심(是非之心)이 없으면 인간이 아니다. 측인지심은 인(仁)의 단서이고, 수오지심은 의(義)의 단서이고, 사양지심은 예(禮)의 단서이고, 시비지심은 지(智)의 단서이다. 인간이 사단(四端)을 가지고 있는 것은 마치 사지(四肢)를 가지고 있는 것과 같다.[84]

84) 『孟子集註』「公孫丑上」, 孟子曰 … 所以謂人皆有不忍人之心者, 今人乍見孺子將入於井, 皆有怵惕惻隱之心. 非所以內交於孺子之父母也, 非所以要譽於鄕黨朋友也, 非惡其聲而然也. 由是觀之, 無惻隱之心, 非人也, 無羞惡之心, 非人也, 無辭讓之心, 非人也, 無是非之心, 非仁也. 惻隱之心, 仁之端也, 羞惡之心, 義之端也, 辭讓之心, 禮之端也, 是非之心, 智之端也. 人之有是四端也, 猶其有四體也.

이에 반해 '칠정(七情) 즉 희(喜)·노(怒)·애(哀)·구(懼)·애(愛)·오(惡)·욕(欲)'이나 '희(喜)·노(怒)·애(哀)·락(樂)'은 일반적 감정을 통칭하는 것이다. 즉 선한 감정과 악한 감정을 모두 지칭하기 때문이다. 그래서 『중용』에서 다음과 같이 언급된 것이다.

> 희(喜)·노(怒)·애(哀)·락(樂)이 … 발동하여 절도(節度)에 맞는 것을 화(和)라고 한다. 중(中)은 천하의 대본(大本)이고 화(和)는 천하의 달도(達道)이다.[85)]

희·노·애·락과 같은 일반적 감정은 그대로가 순선한 감정이 될 수가 없다. 어떠한 상황에 맞게, 그 적절함을 가져야만 올바른 감정, 선한 감정으로 될 수 있는 것이다. 그래서 주자는 마음의 주재, 통섭을 언급한 것이다(각주 82번의 주자의 언급). 마음은 외물에 교감하였을 때, 마음의 이치, 본체로서의 성을 올바로 발현되도록 정이 중절되도록 하는 역할을 해야 하기 때문이다.[86)] 이처럼 사단과 칠정은 모두 정으로 분류되지만, 그 가치가 다름을 명확히 알 수 있다.

사단칠정논쟁에서는 이러한 사단과 칠정의 차이점을 어떻게 리기론 혹은 리기의 관계로 해명할 것인가가 주요 쟁점으로 부각되었다. 이황은 순선(純善)한 사단과 유선유악(有善有惡)한 칠정의 차이점을 리·기로 구분하려는 입장에 서있다. 즉 사단을 리의 발현으로 이해하였다. 그런데 이렇게 이해하게 되면, '리 혹은 성은 스스로 발동할 수 없다'는 성

---

85) 『中庸章句』 1章, "喜怒哀樂之未發, … 發而皆中節, 謂之和. 中也者, 天下之大本也, 和也者, 天下之達道也."

86) 성리학에서는 마음이 발동하였을 때만을 대상으로 삼지 않는다. 앞서 경공부에서 언급하였듯이 아직 발동하지 않았을 때 즉 고요할 때 또한 공부의 대상이 된다.

리학의 전제와 모순되게 된다. 성리학에서는 기 혹은 마음이 발동하여 사단 및 칠정이 될 뿐이기 때문이다.

(2) 사단칠정논쟁의 발단과 「천명도설(天命圖說)」

사단칠정논쟁은 추만(秋巒) 정지운(鄭之雲, 1509-1561)[87]이 제작한 <천명도(天命圖)>에 이황이 문제제기하고 토론·논의하면서 '새롭게 수정·보완된 「천명도설(天命圖說)」[88]에서 비롯되었다. 이황이 53세 되던 해(1553년), 충무위(忠武衛) 상호군(上護軍)[89]에 임명되어 서울에서 생활할 때였다. 그는 당시 같은 마을에 살고 있던 정지운이 동생 정지림(鄭之霖)을 가르치기 위해 성리학에 기초하여 우주의 원리와 인간의 도리를 간단한 그

---

87) 조선 중기의 성리학자로, 본관은 경주. 자는 정이(靜而), 호는 추만(秋巒)이다.

88) 「천명도설(天命圖說)」은 일반적으로 <천명도>와 이를 설명한 「도설(圖說)」로 이루어졌다고 생각하지만, 정지운의 서(序), 이황의 후서(後序)가 추가되어야 완비되었다고 할 수 있다. 현재, 이황의 「천명도설후서」와 <천명구도>, <천명신도>는 『(增補)退溪全書』 卷41 「天命圖說後序(附圖)」에 있다. 그리고 「도설」은 『(增補)退溪全書』 續集 卷8 「天命圖說」에 실려 있다. 정지운의 서는 『(증보)퇴계전서』에는 없고, 『고봉집』 「兩先生四七理氣往復書 下篇」 卷2, 「鄭樞密天命圖說序」에 있다. 한편 정지운의 문집인 『樞密實記』에는 이와 관련된 내용이 '천명도해(天命圖解)'라는 것으로 되어 있다. 여기에는 정지운의 「天命圖解序」, 「추만정선생천명도」, 「천명도설」, 김인후의 「하서김선생천명도」, 이황의 「퇴계이선생천명도」, 정지운의 「천명도해」, 이황의 「천명도설후서」로 되어 있다. 그리고 참고할 것이 이식(李植, 1584-1647)이 간행한 『천명도설』이다. 여기에는 <천명구도>, <천명신도>. 정지운의 「천명도설서」, 「천명도설」, 이황의 「천명도설후서」, 이식(李植)의 「천명도설발(天命圖說跋)」로 이루어졌다. 이식은 임진왜란·병자호란으로 거의 소실되었던 '천명도설'에 관련된 내용을 다시 복구하여 간행하였다고 하였다.

89) 충무위(忠武衛)는 오위(五衛) 중 후위後衛)에 해당한다. 오위란 조선시대 중앙군사조직으로 중위(中衛)인 의흥위(義興衛), 좌위(左衛)인 용양위(龍驤衛), 우위(右衛)인 호분위(虎賁衛), 전위(前衛)인 충좌위(忠佐衛), 후위(後衛)인 충무위(忠武衛) 다섯을 말한다. 상호군(上護軍)은 소속 관원으로 정삼품(正三品) 당하관(堂下官)이다.

림과 글로 정리하여 만든 <천명도>를 우연히 보게 되었다. 「천명도설(天命圖說) 후서(後序)」에 의하면, 이황은 조카 교(寯)에 의해 <천명도>를 보게 되었다. 그런데 <천명도>에 잘못된 부분이 많았다. 그래서 이황은 <천명도>를 제작한 사람을 수소문하게 되었고, 드디어 정지운임을 알게 되었다. 이황은 정지운에게 본래 도안을 보여달라고 하였는데, 그가 가져온 것은 조카 교를 통해서 본 <천명도>와 달랐다. 그래서 그 연유를 묻게 되었다. 「천명도설 후서」에서 정지운은 다음과 같이 대답하였다.

> 지난날 모재(慕齋) 김안국(金安國, 1478-1543)와 사재(思齋) 김정국(金正國, 1485-1541) 두 선생님 문하에서 공부할 때, 그 이론의 일단을 들었습니다. 물러 나와 아우 아무개와 함께 그 뜻의 귀추를 연구해보았는데 그 성리(性理)가 미묘하여 준거해 밝힐 도리가 없어 근심하였습니다. 이에 시험 삼아서 주자의 말씀을 취하고 여러 학설을 참조해 도안을 하나 작성하여, 모재 선생님께 올리고 의심나는 부분을 문의하였습니다. 모재 선생님께서는 도안이 잘못되고 망령된 것이라 물리치지 않으시고 책상 위에 두시고 여러 날 집중해 생각하였습니다. 제가 잘못된 곳을 지적해 주실 것을 청하자, '오랜 공부를 쌓지 않고는 가벼이 말할 수 없다'라고 하셨습니다. … 그런데 뜻하지 않게 당시 같은 문하의 여러 제자들이 그것을 베껴서 사우(士友)들에게 전하였습니다. 그 후 제가 스스로 잘못된 부분을 깨닫고 고친 곳이 많습니다. 그런 연유로 전후의 도안에 차이가 생긴 것이며, 아직 정본이 없습니다. 저는 부끄럽고 두렵습니다. 원컨대 바로 잡아 가르쳐주시면 아주 다행이라 생각합니다.[90]

90) 『(增補)退溪全書』 卷41, 「天命圖說後敍(附圖)」, 1-2板, "靜而曰, 向者學於慕齋思齋兩先生門下, 聞其緖論. 退而與舍弟某講求旨歸, 顧患其性理微妙, 無所准明. 試取朱子之說, 參以諸說, 作爲一圖, 捧而質疑於慕齋先生. 先生不以謬妄斥之, 置之案上, 凝思累日. 請其誤處, 則曰非積功未可輕議. … 不意彼時同門諸生, 因以謄本, 傳之士友間. 厥後吾自覺其非而改之者亦多, 所以有前後之異, 而尙未有定本焉. 之雲竊自愧懼. 願有以訂正而辱敎之, 幸

정지운은 <천명도>가 제작된 연유·경과와 여러 <천명도>가 있었던 까닭을 밝히고, 이황한테 잘못된 부분을 고쳐달라고 부탁하였다. 이에 이황은 『태극도설(太極圖說)』에 기반하여 <천명도>의 잘못된 부분을 지적하고 고치도록 하였다.

> 내가 마침내 『태극도설(太極圖說)』을 가지고 와 증거로 삼고 잘못된 부분을 지적하여, '아무 곳의 오류는 고치지 않을 수 없으며, 아무 곳의 쓸데없는 말은 없앨 수밖에 없고 아무 곳의 부족한 부분은 보완하지 않을 수 없습니다. 어떠합니까?' 이에 정지운은 내가 말하는 즉시 기꺼이 수긍하고, 어기거나 인색해하는 기색이 없었으며, 다만 내 말에 온당치 않은 부분이 있으면 반드시 힘껏 논변하고 따져서 지극히 마땅하게 귀결되어야 그만두었다. … 그 후 몇 달이 지나고 정지운이 수정한 <천명도>와 '부설(附說)'을 가지고 와서 보여주었다. 나는 다시 서로 참고하고 교정하여 하나의 도안을 완성하였다. 비록 더 이상 오류가 없는지 알 수 없었지만 우리의 견해로는 할 수 있는 것을 거의 다 한 듯하였다. 이에 자리의 오른쪽에 걸어놓고 아침저녁으로 마음을 가라앉히고 깊이 완미하고 궁구하면서 이 도안을 통해 스스로 깨우쳐 마음이 계발되어 조금이나마 진전이 있기를 바랐다.[91]

이황은 정지운과 서로 의견을 교환하면서 <천명도>와 도설의 잘못된 부분을 수정·보완하였는데, 새롭게 수정·보완된 「천명도설」는 1554년[92]에 완성되었다. 그런데 그 후 새롭게 수정·보완된 「천명도설」

甚."

91) 『(增補)退溪全書』 卷41, 「天命圖說後敍(附圖)」, 2板, "滉遂引證太極圖及說而指點曰, 某誤不可不改, 某剩不可不去, 某欠不可不補, 何如? 靜而皆言下領肯, 無咈吝之色. 惟滉言有未當者, 則必極力辨難, 要歸之至當而後已焉. … 旣數月, 靜而以所改圖及其附說來示, 滉復相與參校整完. 雖未知其果爲無謬與否, 而自吾輩所見, 殆竭其所可及者矣. 於是, 揭諸座右, 朝夕潛心玩繹, 庶幾因圖自牖, 啓發其衷而有少進益也.

92) 이황의 「천명도설후서」가 쓰인 시기는 가정 계축년(1553) 12월이다(嘉靖癸丑臘平, 淸

은 널리 유포되어 학자들에게 전해졌던 것으로 보인다. 이 사실은 1559년 1월에 이황이 기대승에게 보낸 편지에서 확인된다. 그런데 새롭게 수정·보완된 「천명도설」 중에서 사단·칠정 부분에 대해 기대승이 문제점을 제기하였다. 다음은 이황이 기대승에게 보낸 편지(1559.1)이다.

> 또 사우들이 통해서 공이 논한 사단(四端)·칠정(七情)에 대한 설을 전해 들었는데, 내 생각도 이에 대해 온당치 못함을 문제로 여기고 있던 터에 공의 비판을 받고서 치밀하지 못함을 그릇됨을 절감하게 되었습니다. 그래서 즉 '사단의 발함은 순수한 리이기 때문에 선하지 않음이 없고, 칠정의 발함은 기와 겸하고 있기 때문에 선과 악이 있다'라고 고쳤는데, 이와 같이 말을 한다면 병통이 없을는지 모르겠습니다.93)

이 편지의 핵심은 기존의 사단·칠정 부분을 '사단의 발함은 순수한 리이기 때문에 선하지 않음이 없고, 칠정의 발함은 기와 겸하고 있기 때문에 선과 악이 있다(四端之發純理故無不善, 七情之發兼氣故有善惡)'이라 고친 내용이다. 그러나 기대승은 이황에게 사단·칠정에 대해 편지(1559.3)를 보내서 이 부분을 다시 비판하였다.

> 그런데 지금 만약 '사단은 리(理)에서 발하기에 선하지 않음이 없고, 칠

涼山人, 謹書). 이 때문에 많은 학자들은 새롭게 수정·보완된 「천명도설(天命圖說)」을 1553년에 완성된 것으로 판단한다. 그런데 정지운의 「천명도설서」는 갑인년(1554) 1월 1일에 지어졌다. 「천명도설」을 정지운의 단독 저작 및 이황의 단독 저작으로 보지 않고 이황·정지운의 합작으로 이해하고, 「천명도설서」, <천명도>, 「도설」, 「천명도설후서」로 이루어진 것으로 본다면, 정지운의 서문이 지어진 시기인 1554년 1월에 비로소 완성되었다는 것이 좀 더 엄밀할 것이다. 다만 「천명도설」의 <천명도>는 '1553년에 완성되었다'고 해야 한다.

93) 『(增補)退溪全書』 卷16, 「與奇明彦(大升○己未)」, 1板, "又因士友間, 傳聞所論四端七情之說, 鄙意於此, 亦嘗自病其下語之未穩, 逮得砭駁, 益知疎繆. 卽改之云, 四端之發, 純理故無不善, 七情之發, 兼氣故有善惡, 未知如此下語無病否."

> 정은 기(氣)에서 발하기에 선악이 있다'라고 한다면, 이것은 리와 기가 갈라져서 두 개의 것(二物)으로 되는 것이고, 칠정은 성(性)에서 나오지 않고 사단은 기(氣)를 타지 않는 것이 됩니다. 이는 어의(語意)에 병통이 없을 수 없어 후학(後學)인 저에게 의심이 없을 수 없습니다. 그렇다고 또 '사단이 발하는 것은 순리(純理)이기 때문에 선하지 않음이 없고, 칠정이 발하는 것은 겸기(兼氣)이기 때문에 선악이 있다'는 말로 고친다면 비록 전설(前說)보다는 약간 나은 듯하지만, 저의 생각에는 역시 온당치 않은 듯합니다. … 기미년(1559) 3월[94]

기대승은 '사단은 리에서 발하고, 칠정은 기에서 발한다'고 하면 사단과 칠정을 리와 기로 분속시켜 이해하는 것이라고 비판한다. 더불어 이황이 새롭게 수정한 "사단이 발하는 것은 순리이기 때문에 선하지 않음이 없고, 칠정이 발하는 것은 기와 겸하고 있기 때문에 선악이 있다" 또한 약간의 차이가 있지만, 역시 온당치 않다고 지적하였다. 이렇게 기대승의 재반박에 의해서 8년 동안의 기나긴 사단칠정논쟁(1559-1566)이 시작되었다.

그런데 현대 많은 학자들은 '새롭게 수정・보완된 「천명도설」 중 <천명도>'의 사단・칠정에 대한 내용이 다음과 같이 수정된 것으로 이해한다.

① 정지운의 <천명도> : 「천명도설후서(天命圖說後敍)」의 <천명구도(天命舊圖)> : 사단은 리에서 발한 것이고, 칠정은 기에서 발한 것

94) 『高峯集』「兩先生四七理氣往復書 上篇」卷1, 「高峯上退溪四端七情說」, 1-2板, "今若以謂四端發於理而無不善, 七情發於氣而有善惡, 則是理與氣判而爲兩物也. 是七情不出於性, 而四端不乘於氣也. 此語意之不能無病, 而後學之不能無疑也. 若又以四端之發純理, 故無不善, 七情之發兼氣, 故有善惡者而改之, 則雖似稍勝於前說, 而愚意亦恐未安. … 己未三月"

이다(四端發於理, 七情發於氣)

② 「천명도설」(1554)의 <천명도(1553)> : 「천명도설후서(天命圖說後敍)」의 <천명신도(天命新圖)> : 사단은 리가 발한 것이고, 칠정은 기가 발한 것이다(四端理之發, 七情氣之發)

③ 기대승의 비판 이후 1559년에 수정된 <천명도> : '사단의 발함은 순수한 리이기 때문에 선하지 않음이 없고, 칠정의 발함은 기와 겸하고 있기 때문에 선과 악이 있다(四端之發, 純理故無不善, 七情之發兼氣, 故有善惡)'

그러나 ①→②→③의 순서로 이해하게 되면, 기대승이 '기미년(1559) 3월에 보낸 편지'의 내용이 이상하게 된다. 즉 기대승이 처음에 언급한 내용은 '사단은 리에서 발하기에 선하지 않음이 없고, 칠정은 기에서 발하기에 선악이 있다(四端發於理而無不善, 七情發於氣而有善惡)'이기 때문이다. 이것은 ② <천명도(1553)>의 '사단은 리가 발한 것이고, 칠정은 기가 발한 것이다(四端理之發, 七情氣之發)'와 의미는 비슷하지만, 문구는 상당히 차이난다. 차라리 ① 정지운의 <천명도>의 '사단은 리에서 발한 것이고, 칠정은 기에서 발한 것이다(四端發於理, 七情發於氣)'가 더 비슷하다. ①의 문구에 각각 '무불선(無不善)과 유선악(有善惡)을 첨가하면, 기대승이 처음 언급한 내용이 되기 때문이다.

그런데 기대승이 이황에게 두 번째로 보낸 편지(「高峯答退溪論四端七情書」)의 마지막 부분(이황의 四端七情說에서 子思의 말을 인용한 것에 대해)을 보면, 흥미로운 내용이 나온다.

제가 '사단은 리에서 발하기에 선하지 않음이 없고, 칠정은 기에서 발

> 하기에 선과 악이 있다'고 하셨다고 한 것은, 제가 일찍이 <천명도(天命圖)>를 보았으나 자세히 기억할 수 없어 다만 대의(大意)에 의거하면 이와 같다고 여기고 사단칠정설을 기록하였던 것입니다. 그런데 지금 다시 <천명도>를 검토해 보니, 다만 ㉮'사단은 리에서 발하고, 칠정은 기에서 발한다'는 두 구절만이 있고, 무불선(無不善)과 유선악(有善惡)이란 말은 없었습니다. 이것은 글을 보는데 거칠고 소략한 병통으로서 이른바 '다른 사람의 말뜻을 극진히 살피지 않는다'는 것입니다. 그 병통 또한 작지 않으니 매우 부끄럽고 송구합니다.[95]

「고봉답퇴계론사단칠정서(高峯答退溪論四端七情書)」는 기대승이 사단칠정에 대해 본격적으로 논의한 두 번째 편지에 해당하는 글이다. 이 글 마지막 부분에서 기대승은 지난 3월에 보낸 편지에서 오류 부분을 언급하였는데, 바로 처음 <천명도>에서 문제제기를 하였던 부분이다. 여기서 그는 '사단은 리에서 발하기에 선하지 않음이 없고, 칠정은 기에서 발하기에 선과 악이 있다'가 아니라, '사단은 리에서 발하고, 칠정은 기에서 발한다'고 맞다는 것이다. 이로써 이황과 정지운에 의해 '새롭게 수정·보완된 「천명도설」 중 <천명도>'의 사단칠정 내용은 '사단은 리에서 발하고, 칠정은 기에서 발한다(四端發於理, 七情發於氣)'가 된다.

이것은 이황의 편지에서도 확인할 수 있다. 기대승이 위의 편지를 이황에게 보내고 이황이 답변한 편지에서 기대승의 의견과 동일한 언급을 하기 때문이다.

---

95) 『高峯集』「兩先生四七理氣往復書 上篇」, 卷1, 「高峯答退溪論四端七情書·四端七情說子思曰云云」, 28板, "但其謂四端發於理而無不善, 七情發於氣而有善惡, 大升曾見天命道, 不能詳細記傳, 只據大意爲如是, 而著之於說. 今而再檢之, 則只有四端發於理, 七情發於氣二句, 而無不善有善惡等語, 則無之. 此是看書麤疎之病, 所謂不能盡乎人言之意者. 其病亦不少, 深可愧悚.

그런데 작년에 정지운이 <천명도>를 만들면서, ㉯'사단은 리에서 발하고, 칠정은 기에서 발한다'는 내용이 있었습니다. 제 생각 또한 아마도 분별이 너무 심하고 혹 논쟁의 단서를 불러일으킬까 두려웠습니다. 그러므로 순선(純善)·겸기(兼氣) 등의 말로 개정하였습니다.[96]

이황은 정지운과 만든 <천명도>(1553)에 '사단은 리에서 발하고, 칠정은 기에서 발한다'라는 내용이 있었고, 처음 기대승의 보낸 편지 즉 「기대승에게 드림(與奇明彦) 대승○기미년(大升○己未)」에서처럼 수정하였다고 언급하였다. 결국 사단칠정논쟁의 발단이 된 「천명도설(天命圖說)」의 부분은 '사단은 리가 발한 것이고, 칠정은 기가 발한 것이다(四端理之發, 七情氣之發)'이 아니라, '사단은 리에서 발한 것이고, 칠정은 기에서 발한 것이다(四端發於理, 七情發於氣)'가 맞다.[97]

그렇다면 왜 현대의 많은 학자들이 사단칠정논쟁의 발단이 된 「천명도설(天命圖說)」의 <천명도>의 내용을 '사단은 리가 발한 것이고, 칠정은 기가 발한 것이다(四端理之發, 七情氣之發)'로 여기게 된 것인가? 그것은 『(증보)퇴계전서』 「천명도설후서(天命圖說後敍)」에 삽입된 <천명구도(天命舊圖)>와 <천명신도(天命新圖)> 때문인 것으로 판단된다. 「천명도설후서」에서 이황은 정지운이 <천명도>를 제작한 연유, 그리고 이황이 문제점을 지적하고, 토론·논의하여 만든 과정을 기술하였기에, 자연스럽게 <천명구도>를 이황이 수정을 가하기 전의 정지운의 <천명도>이고, <천명신도>를 이황이 문제점을 지적하고 정지운과 함께 만든 <천명도>로 이해한 것이다. 그러나 『퇴계전서』 속집 권8의 「천명도설(天命圖

96) 『(增補)退溪全書』 卷16, 「答奇明彦(論四端七情第二書)」 '改本', 19板, 往年鄭生之作圖也, 有四端發於理, 七情發於氣之說. 愚意亦恐其分別太甚, 或致爭端, 故改下純善兼氣等語.
97) 이에 대한 자세한 내용·고증은 김용헌(1996)의 논문을 참고하기 바란다.

說)」을 보면, 이러한 관점과 다른 흥미로운 월천(月川) 조목(趙穆, 1524-1606)[98]의 언급이 있다.

> 오른쪽의 「천명도설」은 계축년(1553) 간에 선생님이 서울에 계실 때 정지운과 함께 서로 참작하여 완성한 것으로, 그 정묘한 곳은 모두 선생님께서 드러낸 것이다. 을묘년(1555) 봄에 남쪽의 고향으로 돌아와 정밀하게 생각하여 고친 곳이 매우 많았다. 그러므로 초본과 다른 곳이 매우 많았다. 삼가 개정본을 오른쪽과 같이 베낀다. … 무오년(1558) 봄에 조목(趙穆)이 쓴다.[99]

조목의 언급을 살펴보면, 1554년에 완성된 <천명도>(1553) 및 도설 등은 1555년부터 수정되었고, 이 개정본을 『퇴계전서』에 실었다는 것이다. 그리고 이것은 1558년 이전에 완성된 것이라는 것이다. 결국 『퇴계전서』에 실린 <천명도>와 「도설」은 개정본(1555-1558)으로, 1553년의 것과 다르며, 기대승이 보고 문제제기를 한 <천명도>와 같지 않을 가능성이 매우 높게 된다. 이 때문에 단순히 「천명도설후서(天命圖說後敍)」의 <천명구도(天命舊圖)>와 <천명신도(天命新圖)>를 1553년 수정 전후의 <천명도>로 판단하고, 이에 의거하여 사단칠정논쟁을 일으키게 된 발단을 '사단은 리가 발한 것이고, 칠정은 기가 발한 것이다(四端理之發, 七情氣之發)'이라고 결론짓는 것은 매우 위험하고 성급한 판단이다.

---

98) 조선 중기 성리학자로, 본관은 횡성(橫城). 자는 사경(士敬), 호는 월천(月川)・동고산인(東皐散人)・부용산인(芙蓉山人)이다. 이황의 제자이다.

99) 『(增補)退溪全書』 續集 卷8 『天命圖說(圖與序見文集)』, 20-21板, "右圖說, 癸丑年間, 先生在都下, 與鄭公參訂完就, 而其精妙處, 悉自先生發之也. 乙卯春, 南歸而精思修改處頗多, 故與初本甚有同異. 謹因改本, 傳寫如右. … 戊午春, 趙穆士敬書.

『퇴계전서』「천명도설후서」의 〈천명구도(天命舊圖)〉

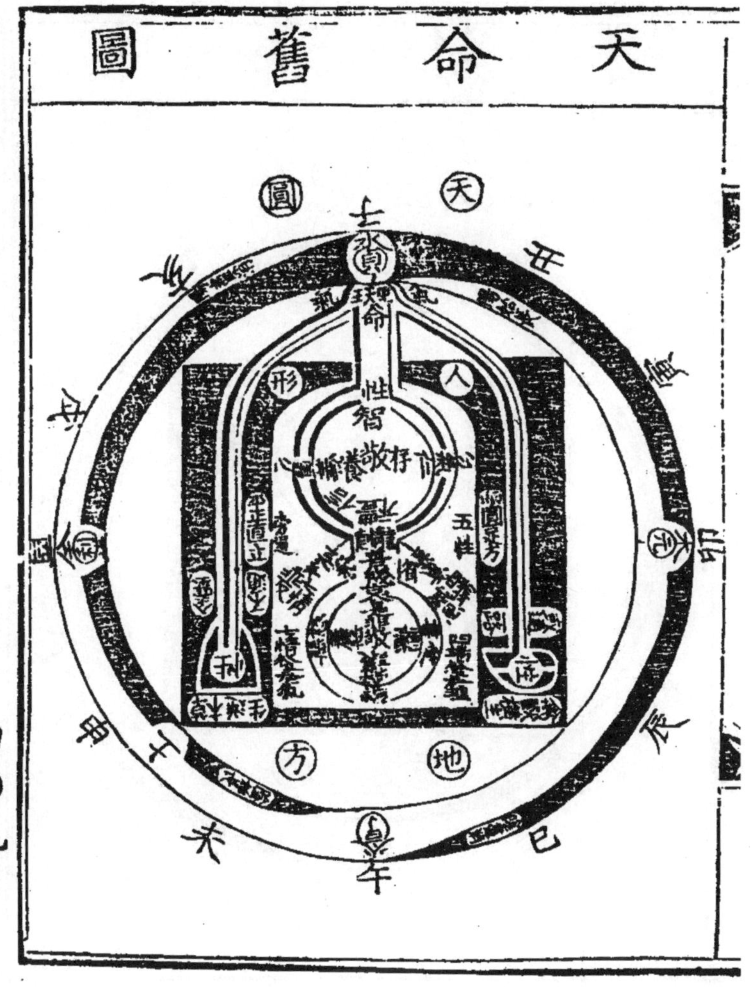

『퇴계전서』「천명도설후서」의 〈천명신도(天命新圖)〉

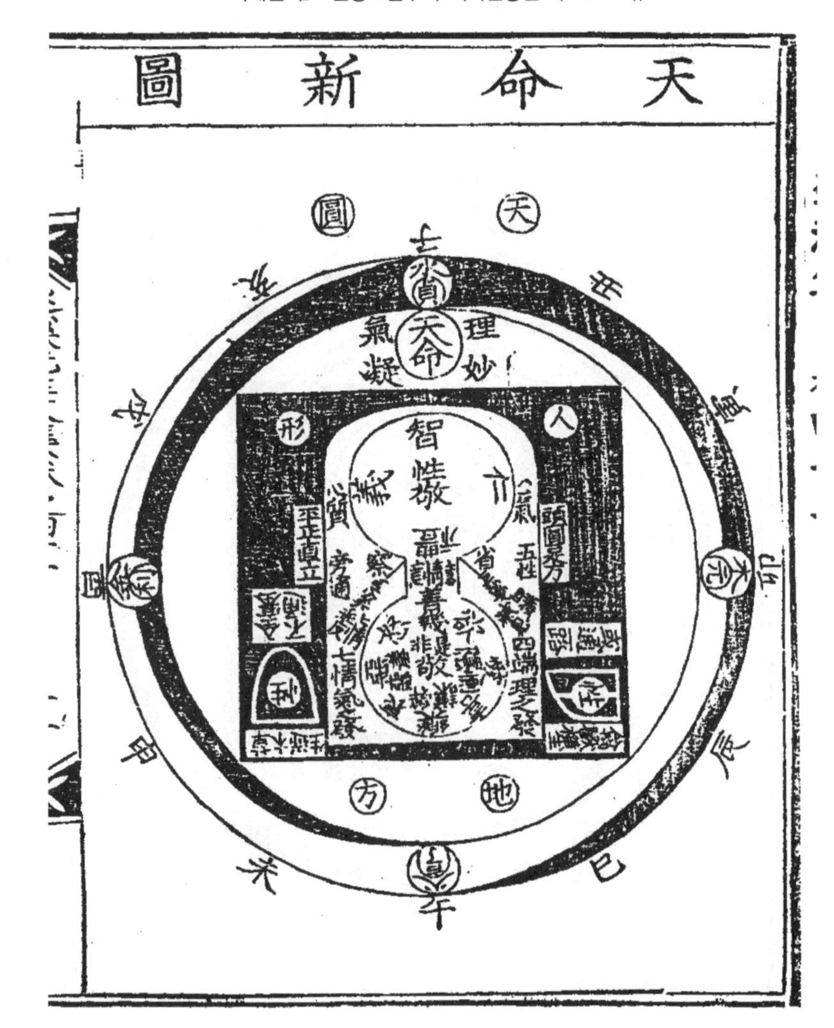

『추만실기』의 〈추만 정지운의 천명도(天命圖)〉

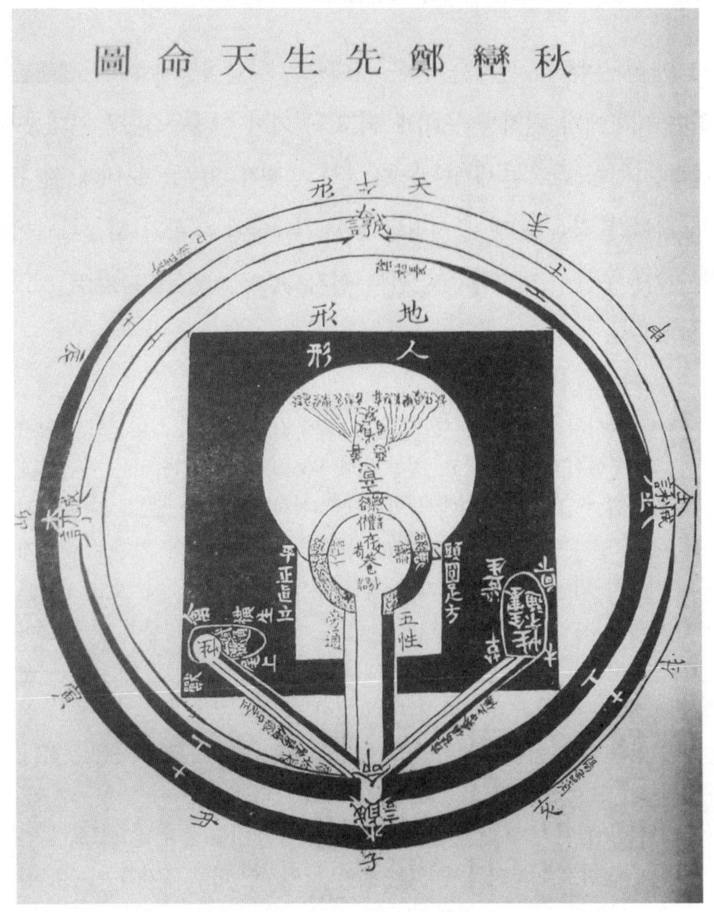

* 위의 그림은 『추만실기(秋巒實記)』에 실린 정지운의 <천명도(天命圖)>(1543)이다. 이 그림과 「천명도설」에 실린 <천명구도>와 <천명신도>와 비교해 보면, 확연한 차이가 있음을 확인할 수 있다. 무엇보다도 상하가 바뀌었음을 알 수 있다. 정지운의 <천명도(天命圖)>은 가장 위가 오(午)로 되어 있고, 지(地)로 되어 있는 반면, 『퇴계전서』 「천명도설후서」의 <천명구도>와 <천명신도>는 가장 위가 자(子)로 되어 있고, 천(天)으로 되어 있다. 이렇게 서로 구도가 바뀐 것은 이황이 정지운의 <천명도(天命圖)>의 문제점을 비판하고 새롭게 수정할 때, 「태극도설」을 근거로 하였기 때문이다. 이를 통해 『퇴계전서』 「천명도설후서」의 <천명구도>가 순수하게 정지운이 혼자서 제작한 <천명도>가 아님은 확실하다.

(3) 논쟁의 과정과 이황의 입장

1559년에 이황의 편지를 받은 기대승은 사단칠정에 대한 견해를 정리하여 이황에게 편지를 보내게 되고, 이어서 이황은 다시 기대승에서 답변하는 방식으로 편지(사단칠정을 논한 첫 번째 편지)를 보내게 된다. 이렇게 하여 본격적 논쟁이 시작되었다. 기대승과 이황의 입장과 논점이 무엇인가? 우선 기대승의 '첫 번째 편지(「高峯上退溪論四端七情說」, 1559.3)'를 살펴본다.

> 다만 자사와 맹자가 입각하여 말한 것이 같지 않기에 그러므로 사단과 칠정의 구별이 있을 뿐이고, 칠정 밖에 다시 사단이 있는 것은 아닙니다. 지금 만일 "사단은 리(理)에서 발하므로 선하지 않음이 없고, 칠정은 기(氣)에서 발하므로 선악이 있다"고 한다면, 이것은 리와 기가 뚜렷하게 두 가지가 되는 것이니, 그러면 칠정은 성(性)에서 나오지 않고 사단은 기(氣)를 타지 않는 것이 됩니다. 이것은 어의(語意)에 병통이 없지 않아 후학(後學)의 의심이 없을 수 없습니다. 만일에 "사단이 발하는 것은 순리(純理)이므로 선이 아님이 없고, 칠정이 발하는 것은 기를 겸하므로 선악이 있다"라고 이를 고친다면, 비록 전설(前說)보다는 조금 나은 듯하나, 저의 의견으로는 역시 온당하지 않은 듯합니다.
>
> 대개 성(性)이 발하는 순간에는 기(氣)가 용사(用事)하지 않으므로 본연의 선이 곧바로 이루어질 수 있는 것이니, 이것이 바로 맹자가 이른바 사단이란 것입니다. 이는 본래 순수한 천리(天理)가 발하는 것이지만 그렇다고 칠정 밖에서 나오는 것이 아니라 바로 칠정 가운데서 발하여 절도에 맞는 묘맥(苗脈)인 것입니다. 그렇다면 사단과 칠정을 상대로 들어서 같이 말하여 순리(純理)라느니 기를 겸하였다느니 해서야 되겠습니까? 인심(人心)·도심(道心)을 논하게 되면 혹 이렇게 말할 수 있겠지만 사단·칠정에 대하여는 이렇게 말할 수 없을 듯하니, 칠정을 오로지 인심(人心)으로만 볼 수 없기 때문입니다.
>
> 무릇 리(理)는 기(氣)의 주재(主宰)이고 기는 리의 재료(材料)이므로 두

> 가지가 본래 분별되어 있기는 하지만 사물에 있어서는 혼합되어 나눌 수 가 없습니다. 다만 리는 약하고 기는 강하며, 리는 조짐이 없고 기는 자취가 있기 때문에 유행(流行)하고 발현(發見)할 때에 과불급(過不及)의 차이가 없을 수 없는 것이니, 이것이 칠정이 발함에 선하기도 하고 악하기도 하여 성의 본체가 혹 온전하지 못하게 되는 이유인 것입니다. 그러나 그 선함은 바로 천명(天命)의 본연(本然)이고 악함은 바로 기품(氣稟)의 과불급이니, 이른바 사단・칠정이란 애초부터 두 가지 뜻이 있는 것이 아닙니다.[100]

기대승의 주요 입장과 논점은 다음과 같다. ① 사단과 칠정의 구별은 자사와 맹자가 말하고자 하는 의도의 차이에서 생긴 것이지, 원래 칠정 외에 사단이 있는 것이 아니다. ② 만약 '사단은 리에서 발하여 선만 있고, 칠정은 기에서 발하여 선도 있다'고 말하면 이것은 리와 기를 두 개의 것으로 나누는 것이 된다. '사단이 발하는 것은 순리이므로 선이 아님이 없고, 칠정이 발하는 것은 기를 겸하므로 선악이 있다'는 것 또한 동일한 논리 속에 있는 것이다. ③ 사단과 칠정을 구분하고 상대(相對)로 들어서 같이 말하는 것은 옳지 않다. ④ 리는 조짐이 없으나 기를 주재

---

100) 『高峯集』「兩先生四七理氣往復書 上篇」卷1, 「高峯上退溪四端七情說」, 1-2板, "但子思孟子所就以言之者不同, 故有四端七情之別耳, 非七情之外復有四端也. 今若以謂四端發於理而無不善, 七情發於氣而有善惡, 則是理與氣判而爲兩物也. 是七情不出於性, 而四端不乘於氣也, 此語意之不能無病, 而後學之不能無疑也. 若又以四端之發純理故無不善, 七情之發兼氣故有善惡者而改之, 則雖似稍勝於前說, 而愚意亦恐未安. 蓋性之乍發, 氣不用事, 本然之善, 得以直遂者, 正孟子所謂四端者也. 此固純是天理所發, 然非能出於七情之外也, 乃七情中發而中節者之苗脈也. 然則以四端七情對擧互言, 而謂之純理兼氣, 可乎? 論人心道心, 則或可如此說, 若四端七情, 則恐不得如此說, 蓋七情不可專以人心觀也. 夫理, 氣之主宰也. 氣, 理之材料也, 二者固有分矣, 而其在事物也, 則固混淪而不可分開. 但理弱氣强, 理無眹而氣有跡, 故其流行發見之際, 不能無過不及之差. 此所以七情之發, 或善或惡, 而性之本體, 或有所不能全也. 然其善者, 乃天命之本然, 惡者, 乃氣稟之過不及也, 則所謂四端七情者, 初非有二義也."

하고, 기는 리의 재료이고 자취가 있다. 이처럼 구분됨이 있지만, 사물에 나타날 때는 뒤섞여 있어 구분할 수 없다. 요컨대 기대승은 사단과 칠정은 모두 정이며, 칠정은 전반적 감정이기에 선한 정을 의미하는 사단은 칠정 밖에 따로 존재하는 것이 아님을 주장하고, 이황의 주장은 사단과 칠정을 구분하고 상대로 들어서 말하는 것이며, 리와 기는 사물에서 구분하여 존재하지 않는다고 비판하였다.

이에 대해 이황은 자신의 주장에 다소 무리가 있음을 인정하면서도 나름 타당함이 있음을 주장하는 동시에 기대승의 주장을 반박하게 된다. 다음은 이황이 「기대승에게 답한 사단칠정을 논한 첫 번째 편지(答奇明彦論四端七情第一書)」(1559)'이다.

> 지금 공(기대승)의 변설을 보건대, 잘못된 곳을 지적하여 깨우쳐 줌이 자세하니 깨닫는 바가 더욱 깊습니다. 그런데도 오히려 의혹이 없지 않으므로 시험 삼아 말하여 올바름을 얻으려 합니다. 무릇 사단도 정이고 칠정도 정이니 똑같은 정인데 어찌하여 사단과 칠정의 이명(異名)이 있는 것입니까? 이것은 바로 공의 편지에서 이른바 '나아가 말한 것(所就以言之者)이 같지 않다'는 것입니다. … 측은·수오·사양·시비가 어디로부터 발동한 것입니까? 인·의·예·지의 성(性)에서 발동한 것입니다. 희·노·애·구·애·오·욕은 어디로부터 발동한 것입니까? 외물이 사람의 형기(形氣)에 접촉하여 마음이 움직여 환경에 따라 나오는 것입니다. 그런데 사단이 발하는 것은 맹자가 이미 마음이라고 하였으니 그렇다면 마음은 진실로 리와 기가 합한 것입니다. 그런데 지적하여 말한 것은 리로 주로 한 것은 어째서입니까? 인·의·예·지의 성이 순수하게 속에 있고 이 네 가지는 그 단서가 되기 때문입니다. 칠정이 발하는 것을 주자는 본래 당연한 법칙이 있다고 하였으니 그렇다면 칠정에 리가 없는 것이 아닌데도 나아가 말한 바가 기에 있는 것은 어째서입니까? 외물이 옴에 쉽게 감응되어 먼저 움직이는 것이 형기만한 것이 없는데, 칠정은

바로 그 묘맥이기 때문입니다. … 이것으로 보면 사단·칠정이 비록 모두 리와 기에서 벗어난 것은 아니지만, 그 소종래(所從來)로 인하여 각각 주장하는 것과 중요하게 여기는 것을 가리켜 말한다면, 어떤 것을 리라 하고, 어떤 것을 기라 한들 무엇이 불가하겠습니까?

보내주신 편지의 뜻을 자세히 살펴보건대, '리와 기가 서로 따르고 떨어지지 않는다'는 것을 깊이 알고서 그 설을 극력하게 주장하였습니다. 그래서 '리가 없는 기가 없고, 기가 없는 리가 없다'고 하여 사단과 칠정에 다른 뜻이 있는 것이 아니라고 하였습니다. 그런데 이 말은 옳은 듯하지만 성현이 말씀한 뜻으로 헤아려 보면 합당하지 않는 것이 있는 듯합니다.… 옛날 공자께서는 계선(繼善)·성성(成性)에 대한 논술이 있었고, 주렴계는 무극이태극설(無極太極說)이 있었는데, 이것은 모두 리와 기가 서로 따르는데 리만 떼어 내어 말한 것이고, 공자께서 말씀하신 상근(相近)·상원(相遠)의 성과 맹자가 언급한 이목구비(耳目口鼻)의 성(性)은 모두 리와 기가 서로 이루어진 가운데 한쪽만을 가리켜 기만을 말한 것이니, 이 네 가지가 어찌 같은 것 속에 다름이 있음을 아는 것이 아니겠습니까? … 지금 공의 변론은 이와 달리, 합치기를 기뻐하고 분리하기를 미워하며, 하나로 뭉뚱그리기를 좋아하고 분석하기를 싫어하여 사단·칠정의 소종래는 따지지도 않고 일률적으로 리와 기를 겸하고 선악이 있다고 여겨 깊이 분별하여 말하는 것은 불가하다고 하였습니다. … 근세에 나흠순(羅欽順)이 리와 기를 두 가지 것이 아니라는 설을 주장하고 심지어 주자의 설을 그르다고까지 하였는데, 저는 학문이 천박하여 그 뜻을 깨닫지 못하였거니와 공의 편지를 뜻이 역시 이와 흡사하리라고는 생각하지 못하였습니다.

… 근래에 『주자어류(朱子語類)』를 보건대, 맹자의 사단을 논한 마지막 조목에 바로 이 일을 논하였는데, 그 설에 '사단의 리의 발동이고 칠정은 기의 발동이다(四端是理之發 七情是氣之發)'라고 하였습니다. 감히 자신을 믿지 말고 스승을 믿으라고 옛 사람이 말하지 않았습니까? 주자는 내가 스승으로 여기는 바이고, 또 천하고금이 종사하는 분입니다. 주자의 이 말씀을 보고서야 비로소 제 소견이 크게 잘못되지 않았다는 것을 믿게 되었고, 당초 정지운의 설 역시 병통이 없으니 고칠 필요가 없을 듯하

였습니다. 모르겠습니만, 공은 어떻게 생각하십니까?[101]

이황의 주요 입장과 논점은 다음과 같다. ① 사단과 칠정은 모두 정이지만, '나아가 말한 것(所就以言之者)'이 다르기 때문에 다른 명칭이 생겼다. 그리고 나아가 말한 것이 다르기에, 사단과 칠정을 구별하지 않을 수 없다. ② 사단과 칠정은 모두 리와 기를 떠나 있는 것은 아니지만, 소종래(所從來)를 따라 각각 중요하게 여기는 것을 가리켜 말한다면 어떤 것은 리이고, 어떤 것은 기라고 말할 수 있다. ③ 리와 기를 합쳐서 보는 것은 예전의 성현의 본뜻과 합치되지 않으며, 이러한 사유는 주자의 비판한 나흠순(羅欽順, 1465-1547)[102]의 입장과 같은 것이 아닌가? ④ 최

---

101) 『(增補)退溪全書』 卷16, 「答奇明彦 (論四端七情第一書)」, 8-12板, "今者, 蒙示辯說, 摘抉差謬, 開曉諄悉, 警益深矣. 然猶有所不能無惑者, 請試言之而取正焉. 夫四端情也, 七情亦情也, 均是情也, 何以有四七之異名耶? 來喩所謂所就以言之者不同, 是也. … 惻隱羞惡辭讓是非。何從而發乎。發於仁義禮智之性焉爾。喜怒哀懼愛惡欲。何從而發乎。外物觸其形而動於中。緣境而出焉爾。四端之發。孟子旣謂之心。則心固理氣之合也。然而所指而言者。則主於理。何也。仁義禮智之性粹然在中。而四者其端緖也。七情之發。朱子謂本有當然之則。則非無理也。然而所指而言者。則在乎氣。何也。外物之來。易感而先動者莫如形氣。而七者其苗脈也. … 由是觀之, 二者雖曰皆不外乎理氣, 而因其所從來, 各指其所主與所重而言之, 則謂之某爲理, 某爲氣, 何不可之有? 竊詳來喩之意, 深有見於理氣之相循不離, 而主張其說甚力. 故以爲未有無理之氣, 亦未有無氣之理, 而謂四端七情非有異義. 此雖近是, 而揆以聖賢之旨, 恐有所未合也. … 昔者, 孔子有繼善成性之論, 周子有無極太極之說, 此皆就理氣相循之中, 剔撥而獨言理也. 孔子言相近相遠之性, 孟子言耳目口鼻之性, 此皆就理氣相成之中, 偏指而獨言氣也. 斯四者豈非就同中而知其有異乎? … 今之所辯則異於是, 喜同而惡離, 樂渾全而厭剖析, 不究四端七情之所從來, 槪以爲兼理氣有善惡, 深以分別言之爲不可. … 近世羅整菴倡爲理氣非異物之說, 至以朱子說爲非, 是滉尋常未達其指, 不謂來喩之意亦似之也. … 近因看朱子語類, 論孟子四端處末一條正論此事. 其說云, 四端是理之發, 七情是氣之發. 古人不云乎? 不敢自信而信其師. 朱子, 吾所師也, 亦天下古今之所宗師也,, 得是, 然後方信愚見不至於大謬, 而當初鄭說, 亦自爲無病, 似不須改也, 乃敢粗述其區區以請敎焉, 不審於意云何?"

102) 명대(明代)의 성리학자로, 자는 윤승(允升), 호는 정암(整庵)이다. 그는 리기(理氣)를 이원적(二元的)으로 이해하는 것을 비판하고 일원론(理氣一元論)을 주장했으며, 당시에 왕양명(王陽明, 1472-1529)의 심학을 비판하였다.

근에 『주자어류』를 보니, '사단의 리의 발동이고 칠정은 기의 발동이다(四端是理之發 七情是氣之發)'이 있었다. 이것을 근거로 이황과 정지운의 <천명도>의 사단칠정 내용은 그릇된 것이 없다. 요컨대 이황은 기대승의 주장을 일면 긍정하지만, 사단과 칠정을 그 가리켜 말한 것이 다르므로 양자를 구별하지 않을 수 없으며, 따라서 사단과 칠정을 리와 기가 각각 발동한 것으로 볼 수 있고, 이것은 주자의 『주자어류』에서 언급한 것이라고 반박하였다.

사단칠정에 대한 기대승의 비판과 이황의 반박에 관한 편지는 이후 여러 편이 있는데, 위에서 논의한 문제 및 내용들을 크게 벗어나지 않는다. 요컨대 이황의 기본적 입장은 사단과 칠정을 각각 리와 기로 구분하는 것이다. 그는 인간의 다양한 심리 현상 중에 사단은 순선무악한 감정이기에 순선한 리로부터 나온 것으로 이해한 것이며, 선하기도 악하기도 한 칠정은 유선유악(有善有惡)한 기로부터 나온 것으로 이해한 것이다. 이황은 기대승과의 논쟁 당시 주요하게 생각한 것은 순선한 사단의 이론적 근거를 확립하는 것이었다.[103] 그리고 이것을 리기론적으로 해명하면서 사단=리발이라 한 것이다. 퇴계는 다음과 같이 말하였다.

또 사단도 절도에 맞지 않는 것이 있다는 그대의 주장은 비록은 매우

---

103) 최영진(2007, p.81)은 다음과 같이 설명했다. "적어도 고봉과의 논변 당시에 퇴계에게 리(理) 자체가 능동적으로 발한다는 의식이 명료했던 것 같지는 않다. 그 당시 퇴계에게 중요한 것은 리가 아니라 사단(四端)이었다. 사단의 순수선성(純粹善性)의 이론적 근거를 확립하는 일이 퇴계의 과제였다. 리발설(理發說)은 리의 속성을 설명하기 위한 것이 아니라 사단의 형이상학적 근거를 확립하기 위해 제시된 명제였다. 사단과 칠정의 질적인 구분을 짓기 위해 리기(理氣)로 나누어 말한 것이며, 그 근본을 리와 기로 각각 배속시킨 것이다. 즉 사단의 순수선의 논거를 절대선인 리(理)=성(性)에 정초시키기 위해 사단(四端)을 리발(理發)로 규정한 것이다."

> 새로운 것 같지만 역시 맹자의 본뜻이 아닙니다. … 사람들이 수오해서는 안 될 것을 수오하고, 시비해서는 안 될 것을 시비하는 것은 모두 어두운 기질이 그렇게 하는 것인데, 이것을 가리켜 경솔하게 말하여, 순수한 천리에서 발하는 사단을 어지럽힌다고 한단 말입니까?[104]

기대승이 사단부중절(四端不中節)에 대해 언급하였는데, 이것은 기의 제약 때문에 그런 것이며, 이를 통해 사단이 리에 근본하여 나온 것을 부정할 수 없다고 강력히 반발하였다. 이러한 언급을 통해 사단칠정논쟁에서 이황이 주요하게 생각한 것이 '사단의 이론적 근거 확립'임을 분명히 알 수 있다.

(4) 논쟁의 평가와 의의

고려 말에 중국으로부터 수용된 조선 초기의 성리학은 엄밀한 입장에서 보면, 그 학문적 체계나 내용을 완비되었다고 할 수 없다. 또한 정치적 측면에 치중된 부분도 있다. 이러한 흐름이 이언적과 서경덕에 이르러 점차 해소되었지만, 아직까지 리기론과 심성론에 대한 심층적 이해가 가능하였다고 말하기에는 무리이다. 이황과 기대승의 사단·칠정에 대해서 논쟁한 것은 이러한 측면에서 철학적 의의를 지닌다고 평가할 수 있다. 사단칠정논쟁은 기존의 심성론에 대한 재검토와 이와 관련하여 리기론에 대한 심층적 이해가 이루어졌기 때문이다.

사단칠정논쟁에서 이황과 기대승의 입장은 몇 가지로 비교된다. 기대

104) 『(增補)退溪全書』 卷16, 「答奇明彦 (論四端七情第二書)」, 41板, "且四端亦有不中節之論, 雖甚新, 然亦非孟子本旨也. … 夫人羞惡其所不當羞惡, 是非其所不當是非, 皆其氣昏使然, 何可指此儱說, 以亂於四端粹然天理之發乎?"

승은 리기론적 차원에서 심성론을 이해하려 하였다. 그가 비록 이황에 비하여 학문적 성숙도 등이 떨어졌지만, '세계는 '기'로 이루어졌으며, 운동하고 변화하는 근거, 원리는 '리'라는 성리학의 전제'에 충실하였고 인간의 마음을 규정하였기 때문이다. 이에 반해서 이황은 심성론적 입장에서 리기론을 모색하였다고 평가할 수 있다. 리기론이라는 존재론적 입장이 아니라 심성론이라는 인간의 마음과 선악을 이해하려는 관점이기 때문이다. 그래서 일면 그의 리발설(理發說)이 성리학의 이념・원칙에서 상당히 벗어난 것으로 이해할 수도 있다.

일반적으로 사단칠정논쟁에서 보여준 이황의 주장 등을 이해하는데, 크게 두 가지 견해가 있다. 하나는 '이황의 철학이 성리학 자체의 결함을 채워 발전시켰다'는 주장이다. 다른 하나는 '이황의 철학이 성리학을 계승하고 있지만, 성리학의 구도를 벗어나는 부분이 존재한다'라는 입장이다. 분명히 이황은 '리발'을 주장하였기에 성리학을 벗어나서 독창적 이론을 성립시켰다는 견해는 일정 정도 인정받고 있다.

그러나 주자 이후의 남송・원의 심성론 중심의 성리학적 맥락에서 본다면,[105] 성리학의 기본 목표와 흐름에 기대승보다 이황이 더 가깝다고 할 수 있다. 주자가 세계를 리와 기로 설명하였고 이것을 인간에도 적용시켰지만, 그 의도는 인간의 성(性)이 초월적이고 절대적인 의미를 갖는 천(천리)라고 규정하고 성선(性善)의 형이상적 기반을 성립시켰기 때문이

105) '사단(四端)과 칠정(七情)을 각각 리(理)와 기(氣)가 발(發)한 것'이라는 사유는 주자(朱子)의 대표적 문인인 황간(黃榦, 1152-1221), 진순(陳淳, 1159-1223)과 원대(元代) 성리학자인 허겸(許謙, 1269-1337), 정복심(程復心, 1279-1368)에게서 공통적으로 찾아볼 수 있다.(김현수(2008), pp.121-123 참조) 그리고 조선 전기의 권근(權近, 1352-1409)의 『입학도설(入學圖說)』과 유숭조(柳崇祖, 1452-1512)의 『성리연원촬요(性理淵源撮要)』에서도 동일한 사유를 찾아볼 수 있다.(최영진(2007), pp.65-66 참조)

다. 인간 및 각각의 사물에 내재하는 법칙성이 리이며, 이것에 기초하여 존재하고 선할 수 있기 때문이다. 결국 이황은 인간에게 내재적 리를 어떻게 올바로 발현시킬 수 있는지, 사단은 어떻게 발현되는지, 그 기반이 무엇인지를 기대승과의 사단칠정논쟁에서 보여주기 때문이다. 단순히 도식적인 측면에서 이황을 평가할 것이 아니라, 성리학의 맥락에서 살펴보면, 이황의 철학 및 리발의 주장은 심성론 중심의 성리학에서 리기론적 측면과 접하게 되고, 이황은 이것을 심화시켜 재해석하고 발전시켜 나갔다고 평가할 수 있다.

참고문헌

『說文解字』
『周易』
『荀子』
『董子文集』
『昌黎集』
『禮記正義』
『張子全書』
『河南程氏遺書』(『二程集』, 漢京文化事業有限公司, 1983)
『朱子大全』
『朱子語類』
『大學章句』
『中庸章句』
『孟子集註』
『中庸章句』
『(增補)退溪全書』
『高峯集』

김석근 외 옮김(2003), 『중국사상문화사전』, 미조구찌 유조(溝口雄三) 외 편, 서울 : 민족문화문고.
김용헌(1996), 「고봉 기대승의 사칠논변과 천명도」, 『전통과 현대』 8호, 고봉학술원, pp.137-164.
김현수(2008), 「남계 박세채의 四端理發 七情氣發 이해」, 『동양고전연구』 30집, pp.115-132.
동국대 동양사연구실 옮김(2001), 『중국의 예치 시스템』, 미조구찌 유조(溝口雄三) 외 지음, 서울 : 청계.
柳承國(1988), 『韓國思想과 現代』, 동방학술연구원.

柳承國(1998), 『東洋哲學硏究』, 동방학술연구원.
정인재 옮김(1993), 『중국철학사(송명편)』, 勞思光 지음, 서울 : 탐구당.
조성을 옮김(1986), 『중국사상사』, 가나야 오사무(金谷 治) 외 지음, 서울 : 이론과 실천.
최영진(2007), 『퇴계 이황』, 파주 : (주)살림출판사.
한국철학사연구회(1998), 『한국철학사상사』, 파주 : 한울아카데미.

율곡 이이의 철학

1. 율곡의 리기론
2. 율곡의 심성론

율곡 이이의 철학

유원기*

율곡 이이(栗谷 李珥, 1536-1584)는 퇴계 이황(退溪 李滉, 1501-1570)과 더불어 16세기를 대표하는 성리학자임은 물론이고, 사실상 대한민국 철학사에서 가장 활발하게 논의되는 철학자들이다.

율곡의 생애와 관련하여 많은 일들이 있었겠지만, 우리는 특히 두 가지 사건을 기억할 필요가 있다.[1] 첫 번째 사건은 율곡이 19세의 나이로 금강산에 입산하여 1년간 불교를 공부하고 불교 수행을 했던 일이다. 그는 불교 이론에 상당히 심취했던 것으로 알려져 있으며, 성리학을 제외한 다른 모든 이단적인 학문에 적대적이었던 당시의 시대적 분위기 하에서 이러한 그의 이력은 평생 동안 그를 비난하려는 적대자들의 강력한 무기로 사용되었다. 그가 입산했던 이유는 16세가 되던 해에 모친

---

* 계명대학교 철학윤리학과 교수

1) 비교 : 황의동(2007), pp.31-35.

인 신사임당이 별세했고, 그로 인해 그가 삶과 죽음에 대해 심각한 고민을 하게 되었기 때문이라고 말해진다. 그리고 그가 불교에 심취했던 이유는 아마도 모친의 별세가 주된 이유겠지만, 불교에 대해 호의적인 태도를 지녔던 부친의 영향도 있었다고도 말해진다.

한편, 두 번째 사건은 율곡이 23세가 되던 해에 고향인 안동에 머물던 58세의 퇴계를 방문하여 대화를 나누며 가르침을 받았던 일이다. 퇴계는 이 만남을 통해 율곡의 탁월함을 깨닫고는 감탄을 그지 못했다고 말해진다. 이 두 가지 사건은 율곡의 성리학적 이론에 불교적인 요소가 많이 스며들어 있을 가능성이 있으며, 또한 그가 단순히 중국의 주자학적인 영향을 수용하는 데서 그치지 않고 독창적인 그 자신만의 이론을 개진했을 가능성도 있다는 사실을 함축한다. 사실 많은 학자들은 율곡에 대해 이 두 가지 가능성을 모두 허용하고 있다.[2] 아래에서 필자는 리기론과 심성론을 중심으로 하여, 율곡의 독창적인 견해가 정확히 무엇인가를 보이기 위해 노력할 것이다.[3]

1. 율곡의 리기론

해방 이후 많은 학자들이 율곡을 연구해왔고, 퇴계에 대한 연구물보

---

2) 참조: 류승국(2005, 특히 pp.7-12)은 율곡이 불교뿐만 아니라 도가와 양명학에도 학문적 조예가 깊었다고 말한다.

3) <1. 율곡의 리기론>과 <2. 율곡의 심성론>의 두 부분으로 구성되는 이 글은 필자가 각각 「율곡 리기론의 서양철학적 조명」(2015, 『율곡학연구』 제31집, pp.67-92)과 「율곡의 심성론에 대한 새로운 분석」(2011, 『양명학』 제28집, pp.301-328)이란 제목으로 발표했던 내용을 전재한 것으로서, 가독성을 높이기 위해 부분적으로 수정 보완하고 몇 개의 각주를 첨가했다.

다는 상대적으로 적은 수이긴 하지만 그에 대한 연구물은 이미 수년 전에 1,000건을 넘어설 정도로 많은 양적 성장을 보였다.[4] 특정한 학자에 대한 많은 연구가 수행되었다는 사실이 즉각적으로 그를 위대한 학자로 만드는 것은 아니다. 하지만 과거에 많은 사람들이 지구중심설을 지지했다는 사실이 그것을 참된 이론으로 만드는 토대가 아니었듯이, 양적 성장이 반드시 질적 성장을 함축하지는 않기 때문이다.[5]

철학적 탐구를 두 단계로 구분한다면, 요약과 정리 등을 통해 이론 자체를 이해하는 방법과 그 이론의 타당성을 평가하는 방법이 있을 것이다. 다시 말해서, 익숙하지 않은 연구 분야에 대한 초기 단계의 연구에서는 전자의 방법이 필요하고, 연구기반이 어느 정도 축적된 뒤에는 후자의 방법이 필요하다는 것이다. 필자는 국내의 성리학 연구가 아직도 요약과 정리에 치중하고 있다는 점에 주목하여, 국내의 연구가 아직 초기 단계에 머물러 있다고 평가했던 바 있다.[6] 하지만 국내에서는 여전히 과거 학자들의 이론을 요약하고 정리하는 형태의 연구에 천착하는 반면에, 그들의 이론에 대한 타당성을 평가하려는 시도를 거의 하지 않고 있으며, 그 후로 십여 년이란 세월이 지났음에도 국내 연구의 상황은 크게 달라지지 않았다.[7]

---

4) 해방 이후 2016년 7월 현재까지 퇴계와 율곡에 대한 연구 성과를 양적으로 비교해보면, (퇴계-율곡順) 석사학위논문은 259-294편, 박사학위논문은 84-49편, 일반논문은 2,283-1,381편으로, 조사 결과에 대한 다소의 오차 범위를 인정하더라도 퇴계와 율곡에 대한 연구물이 총 4,000여 건에 달한다(비교 : 유원기, 2013, pp.134-136).

5) 황의동(2002a, p.266)은 "율곡학은 세계적인 학문으로 평가받을 충분한 가치"가 있지만, "국제적 소개와 연구수준은 양과 질 모두에서 유치한 단계에 있다. 특히 이는 퇴계학과 비교해 볼 때 더욱 그렇다"고 지적하는 한편, 장숙필(2004, p.496)은 유사한 연구가 많다는 문제점을 지적한다. 아래 각주 7 참조.

6) 유원기(2006), p.224.

7) 참고 : 황의동(2002a, pp.265-266)은 "세계화시대에 있어 율곡학은 경쟁력 있는 국학

무엇보다도 성리학 이론이 미래에도 존속하기 위해서는 새로운 연구 방법과 분석방법을 통해 지속적으로 검토되어야 한다. 이런 맥락에서, 성리학 연구 방법론과 다르다고 알려진 서양철학의 방법론을 성리학에 적용해야 한다는 제안도 간혹 있었고, 또한 그것들을 실제로 비교하는 비교철학적 논의도 있었지만, 서양철학의 방법론과 개념들을 성리학적 이론에 실질적으로 적용한 경우는 많지 않았다.[8] 이런 점에 주목하여, 여기에서 우리는 몇 가지 서양철학의 개념과 이론을 도입하고, "개념 명료화"와 "타당성 평가"라는 방법론을 채택함으로써, 율곡의 리기론을 검토한다. 우리는 먼저 리와 기 개념의 성격을 명확하게 규명하고, 그 개념이 사용되는 리기지묘설(理氣之妙說), 리통기국설(理通氣局說), 기발리승일도설(氣發理乘一途說)으로 이어지는 율곡의 견해를 추적함으로써, 특히 그의 견해가 리기이원론인가 리기일원론인가, 또는 다른 어떤 이론인가, 그리고 그렇게 보는 이유는 무엇인가를 명확히 제시한다.[9] 결론

의 하나임이 분명하다"고 주장하면서, 율곡학 연구의 발전을 위한 과제들로 (a) 조선시대의 율곡 연구에 대한 체계적이고 종합적인 연구가 필요하고, (b) 율곡 성리학의 독창성이 무엇인가를 명확히 규명하고, (c) 도가, 불교, 양명학, 기학 등이 율곡학에 어떠한 영향을 미쳤는가를 종합적으로 연구하고, (d) 율곡학과 서양 철학의 비교 연구가 절실히 필요하고, (e) 율곡학에 대한 현대적 해석 작업을 다양한 학문분야에서 수행하고, (f) 『율곡전서』를 영역하고 배포를 제안한 바 있다. 한편, 장숙필(2004, pp.495-496)은 율곡 연구의 문제점으로 (a) 연구자의 텍스트에 대한 이해부족, (b) 편향적이고 부분적인 연구태도, (c) 유사한 연구의 반복현상을 지적한다.

8) 동서철학의 단순 비교가 아니라 논리학적 개념들을 실제로 한국철학 논의에 적용하여 분석하는 최초의 시도는 최영진(1981, pp.87-108)의 논문에서 이루어졌던 것으로 보인다.

9) 필자는 다른 곳에서 "개념의 명료화"와 "타당성 평가"가 한국철학의 체계화에 가장 근본적이고도 필수적인 연구방법들이며, 이 방법들은 논리학적 저술에서 흔히 언급되므로 "논리학적"이라고 말해지지만, 서양 논리학을 배우지 않은 일반인도 쉽게 사용할 수 있는 방법들이라는 점에서 사실상 그것들은 "상식적"이라 할 수 있다(유원기, 2013, pp.148-150). 그것들이 과연 근본적인가 또는 상식적인가 등에 대한 반론이 제

부분에서는 서양철학적 개념을 도입하여 한국철학을 해석하는 이유와 장점에 대해 간략히 설명한다.

(1) 리와 기의 성격과 상호관계

성리학에서 가장 중요한 개념이면서도 가장 논란이 많이 되어온 개념이 바로 리와 기라는 두 가지 개념이다. 이 두 가지 개념의 의미가 명확히 드러난다면 그것들의 관계나 역할도 당연히 명확하게 드러날 텐데, 그렇지 않다보니 여전히 혼란만 지속되고 있다. 더구나 성리학 연구자들이 그 개념들을 끊임없이 사용하지만 과연 그들이 그 개념들에 부여하는 외연과 내포가 동일한지도 분명하지 않다. 이제 몇 가지 서양철학적 개념들을 통해 그 의미를 좀 더 명확히 해보자.

기본적으로 성리학의 리와 기는 우주 만물을 설명하기 위한 개념 틀로서, 그것은 각각 비물리적인 요소와 물리적인 요소를 가리킨다.[10] 서양에서는 그리스철학자들이 그런 틀을 사용했는데, 특히 형상과 질료라는 개념을 통해 만물을 설명했던 아리스토텔레스의 질료형상론이 가장

기될 수도 있지만, 이 논문에서 필자가 그 두 가지 방법을 중심으로 한국철학을 검토하겠다는 의도 자체가 문제되지는 않을 것이다.

10) 과거에 "물질적(materialistic)"은 물질만을 가리키고 에너지나 파장(예 : 전자파, 광파) 등은 포함하지 않았기 때문에, 영혼을 비물질적이라고 말할 때 그것이 에너지나 파장일 수도 있다는 여지를 남겨놓았다. 하지만 영혼이 물질이나 에너지 또는 파장일 가능성을 모두 배제하기 위해서는 그것들을 모두 포함하는 새로운 용어가 필요했는데, 그것이 바로 '물리적(physicalistic)'이라는 단어이다. '물리적'은 물리학의 모든 대상을 포함하며, 따라서 영혼을 비물리적이라고 규정하면 그것이 물질이거나 또는 물질과 어떤 식으로든 관련되어 발생되는 에너지나 파장 등일 가능성이 모두 배제된다. 즉, 이제 영혼은 물질과는 아무런 관계가 없는 어떤 것이 된다는 것이다. 최근에 서양심리철학에서는 "물질적"과 "물리적"이란 단어를 혼용하지만, 그 의미는 "물리적"이다.

유사해 보인다.[11] 하지만 오늘날 서양철학(특히, 논리실증주의)에서는 세계를 설명할 때 관찰과 논리의 영역을 넘어선 비물리적인 것에 대한 논의를 거부하기 때문에 그런 개념 틀이 사용되지 않지만, 심리철학 분야만큼은 특징적으로 비물리라는 용어가 여전히 고려된다. 심리철학의 출발점은 비물리적 영혼과 물리적 육체라는 데카르트의 개념 틀이었지만, 오늘날 교회 밖에서 공공연히 그런 개념 틀을 사용하는 경우는 그리 많지 않을 것이다.[12]

최근에 심리철학에서 사용되는 개념 틀은 영혼과 육체가 아니라 두뇌와 정신의 개념 틀이다. 두뇌-정신은 리-기, 형상-질료, 또는 영혼-육체처럼 우주나 인간을 설명하기 위한 개념 틀이 아니라 다만 인간의 정신작용이 단순히 물리적인 두뇌작용에 불과한가 또는 그 외의 어떤 것인가라는 문제, 즉 정신작용과 두뇌작용이 하나의 동일한 작용인가 아닌가라는 문제이다. 그럼에도 성리학의 리기론을 명확히 분류하고 규명하는데 심리철학적 개념들이 유용하다.

성리학적 논의에서 종종 리기이원론, 리기일원론, 기일원론 등의 용어가 논란이 되는데, 이 용어들의 의미를 데카르트(Descartes) 이후로 서양철학에서 사용되는 심신이원론, 심신이원론 등의 개념을 통해 가능한 명확히 규정하고, 그것을 토대로 율곡의 리기론을 살펴보자. 서양 심리철학의 이론은 전통적으로 심신이원론(dualism)과 심신일원론(monism)으로 구분되는데, 전자에는 실체이원론, 평행론, 기회원인론, 부수현상론 등이 있고, 후자에는 물질론(materialism)과 관념론(idealism)이 있으며, 다시 물질

11) 질료형상론에 대해서는 유원기(2009a), pp.152-153 참조.

12) Swinburne(1997)과 Keith(2010)를 비롯한 소수의 학자들만이 여전히 인간이 물리적인 요소와 비물리적인 요소로 구성된다는 견해를 갖고 있다.

론에는 행동론, 기능론, 속성이원론, 중추상태이론 등이 있다.[13]

심신이원론은 영혼과 육체를 구분하는 데카르트의 실체이원론이 대표적인데, 이 이론은 영혼과 육체가 서로 공유하는 공통된 속성을 전혀 갖지 않는 두 가지 실체라고 주장한다. 영혼은 비물질적이고 육체는 물질적이라고 말해지므로 그것들은 서로 공유하는 속성들이 전혀 없으며, 또한 그것들은 서로의 존재를 전제하지 않는 별개의 실체들이므로 각각 독립적으로 존재 가능하다. 즉, 논리적으로는 영혼이 없는 육체도 존재할 수 있고, 또한 육체가 없는 영혼도 존재할 수 있다. 데카르트의 이원론은 이처럼 서로 독립적으로 존재할 수 있는 실체들을 전제하는 한편, 이 실체들이 서로에게 영향을 미칠 수 있다는 심신 상호작용론(interaction between mind and body)을 주장한다. 그런데 이 이론은 정의상(by definition) 물질적인 육체가 갖는 속성을 전혀 공유하지 않는 비물질적인 영혼에 '작용'이라는 물질적 속성을 허용하는 모순을 범하고 있다는 점에서 반론이 제기된다.

한편, 심신일원론에 속하는 물질론과 관념론은 과거에 각각 '오직 물질만이 존재한다'는 유물론(唯物論)과 '오직 마음(또는 관념)만이 존재한다'는 유심론(唯心論)으로도 불리기도 했다. 이 가운데 관념론은 버클리(G. Berkely, 1685-1753)의 이론이 대표적이다. 버클리는 사물들이 우리에게 관찰되지 않고는(즉, 지각되지 않고는) 알려질 수 없으며, 우리에게 지각된 것들은 모두 관념들이므로, 이 세상에 존재하는 모든 것들은 관념들이라고 말한다. 즉, 우리에게 지각되지 않고는 아무것도 알려질 수 없으므로 물질적이라고 알려진 것들도 모두 관념들이기 때문에, 그는 물질의

---

13) 그렇다고 해서 모든 행동론이 물질론은 아니다. 이에 대해서는 유원기 옮김(2015), p.93 참조.

존재를 부정하고 이 세상에는 관념들만이 존재한다고 결론 내린다.

반면에 물질론은 우리가 말하는 영혼이나 정신이라는 것이 사실은 모두 물질에 불과하다는 이론으로서, 16세기의 홉스(T. Hobbes, 1588-1679)도 물질론을 지지했으나, 특히 20세기 중반의 스마트(J.J.C. Smart, 1920-2012)와 플레이스(U.T. Place, 1924-2000)가 대표적인 인물이다. 물질론의 장점은 데카르트가 말하는 '비물질적인 영혼의 존재'나 '비물질적인 영혼과 물질적인 육체가 서로 영향을 미친다는 심신상호작용'을 인정할 필요가 없다는 점이다. 모든 것은 물질과 물질의 작용이며, 물질 이외의 것은 전혀 존재하지 않는다. 영미철학계에서 많이 사용되는 환원(reduction)이라는 용어를 통해 심리철학적 이론들을 다시 설명하면, 심신이원론은 서로 환원될 수 없는 두 가지 실체를 인정하는 것이고, 심신일원론의 관념론은 물질적이라 알려졌던 것이 모두 관념으로 환원된다는 입장인 반면에, 물질론은 정신적이라거나 또는 비물질적이라 말해졌던 것이 모두 물질로 환원된다는 입장이다. 서로 환원되지 않으면 이원론이고, 환원되면 일원론이며, 어떤 것으로 환원되느냐에 따라 관념론이나 물질론이라 말해지는 것이다.

성리학에서 리와 기를 논의할 때는 중국 송대의 주희(1130-1200)부터 언급하게 되는데, 리와 기의 특징은 대략 다음과 같다. 리는 작용성(운동성), 형체, 생성, 소멸 등이 없는 반면에, 기는 그런 성질을 모두 갖는다고 말해진다.[14] 주희는 『주자어류』에서 리와 기의 '선후(先後)'를 인정하기도 하고 부정하기도 하므로 그의 정확한 견해가 무엇인가에 대해 많은 논란이 있다.[15] 리와 기의 선후를 허용한다는 것은 리와 기의 독립

---

14) 리와 기의 성격에 대해서는 윤용남(1997), pp.103-107 참조.

적인 존재를 허용한다는 것인데, 대부분의 조선 성리학자들이 그랬던 것처럼 현대철학자들도 특히 기에 의존하지 않는 리, 즉 비물질적인 성격을 갖는 리의 독립적인 존재를 인정하지 않는다. 드러난 것만을 고려한다면, 주희가 단지 비일관적 또는 모순적인 태도를 보이는 것에 틀림없지만, 그의 견해를 일관적으로 이해하고 그를 옹호하려는 많은 학자들은 그가 말하는 '선후'는 시간적인 선후가 아니라 논리적인 선후라고 말함으로써,[16] 그가 현실에서 리와 기의 분리를 주장했던 것은 아니라고 이해한다. 여기에서 그의 진의가 무엇이었는지 논의하진 않겠지만, 리와 기의 선후를 인정하는 것은 그것들의 분리 가능성과 독립적인 존재 가능성을 함축한다는 점을 기억할 필요가 있다. 율곡은 리와 기가 분리될 수 없기 때문에, 그것들의 선후를 인정할 수 없다고 말한다.

> 리는 형이상자요, 기는 형이하자이다. 이 둘은 서로 떨어질 수 없으며, 이미 서로 떨어질 수 없다면, 그 발용은 하나이며, 서로 발용한다고 말할 수 없을 것이다. 만약 서로 발용한다고 말한다면, 이것은 리가 발용할 때 기가 혹 미치지 못하는 바가 있고, 기가 발용할 때 리가 혹 미치지 못하는 바가 있을 것이다. 이와 같다면, 리와 기에는 이합이 있고, 선후가 있으며, 동정의 단초가 있고, 음양의 시작이 있게 되는 것이니, 그 착오가 적지 않을 것이다.[17]

---

15) "『주자어류』 권1, 「理氣上」, 未有天地之先 畢竟也只是理. 有此理 便有此天地; 先有箇天理了 却有氣; 理未嘗離乎氣. 然理形而上者 氣形而下者 自形而上下言 豈無先後; 理與氣本無先後之可言 但推上去時 却如理在先 氣在後相似; 要之 也先有理 등" (유원기, 2006, p.226에서 재인용).

16) 그 표현에 함축된 의미와 해석상의 문제점에 대해서는 유원기(2006), pp.225-232 참조.

17) 유원기(2006), p.235 각주 27에서 재인용. 『율곡전서』 권10, 書2, 「答成浩原」 044_204a, 理形而上者 氣形而下者也. 二者不能相離 既不能相離 則其發用一也 不可謂互有發用也. 若曰互有發用 則是理發用時 氣或有所不及 氣發用時 理或有所不及也. 如是則

여기에서 율곡은 리와 기가 모두 발용하게 되면 그것들의 발용에 서로 시간차가 발생할 수 있다는 이유에서 리의 운동성을 거부하며, 더 나아가 그런 시간차가 발생한다는 것은 리와 기의 분리와 선후를 모두 인정하는 것이 되므로, 리에 대해 운동성을 허용할 수 없다고 주장한다. 위 인용문에서 율곡은 리가 기와 '동시에 발용'하지 못할 것을 염려하고 있으나, 사실 그는 리가 정의상 발용할 수 없는 것이기 때문에 운동성을 부여해서는 안 된다고 주장했어야 했다.

일반적으로 리는 '사물의' 본질, '사물의' 법칙, 또는 '사물의' 원리처럼 '사물'을 전제하는 것이지 '사물'이 없이 홀로 존재할 수 있는 것이 아니라고 말해진다.[18] 또한 일반적으로 리는 어떤 작용이나 운동도 할 수 없는 것으로 말해지며, 따라서 리에 운동성을 허용하는 것은 그것이 일종의 물질임을 함축하는 것이 된다.[19] 왜냐하면 운동성은 물질의 속성이기 때문이다. 퇴계는 기의 발용(發)이나 운동(動)은 물론이고 리의 발용이나 운동도 인정하는 리기호발설(理氣互發說)을 주장하는데, 여기에서 그는 자신이 의도했든 하지 않았든 리를 일종의 물질로 간주하고 있음을 인정할 수밖에 없게 된다.[20] 그런 물질적인 성질을 리에 부여하면서

理氣有離合 有先後 動靜有端 陰陽有始矣 其錯不小矣. 이 글에서 인용한 율곡의 글 출전은 <한국고전종합DB>의 『율곡전서』이며, 044_204a 등의 숫자도 그 자료의 표기 방식을 따른다.

18) 리와 기에 대한 규정은 안재호 옮김(1997), pp.42-43 참조.

19) 아래 밑줄 친 문장에 포함된 리가 기를 '주재(主)'한다는 표현이 단지 은유적인 표현이 아니라 실질적인 어떤 작용을 의미한다면, 그것 또한 리가 물질적임을 함축한다고 봐야 한다. 하지만 율곡은 같은 곳에서 리의 무형과 무위를 지속적으로 강조하고 있으며, 따라서 '주재'를 실질적인 작용으로 이해하지는 않았을 것이다. 『율곡전서』 권10, 書2, 「答成浩原」 044_206d, 理氣元不相離, 似是一物, 而其所以異者, 理無形也, 氣有形也. 理無爲也, 氣有爲也. <u>無形無爲而爲有形有爲之主者, 理也</u>, 有形有爲而爲無形無爲之器者, 氣也. (밑줄은 필자의 강조이다.)

리가 물질이 아니라고 주장하는 것은 단적으로 모순이다.

리와 기의 상호관계에 대해 성리학에서 사용되는 리기이원론, 리기일원론, 기일원론 등의 의미를 명확히 규정해보자. 위에서 보았던 서양철학적 개념으로 해석하면, 심신이원론(특히, 데카르트적 실체이원론)이 영혼과 육체라는 두 가지의 독립적 실체들을 함축하듯이 리기이원론은 기본적으로 리와 기를 서로 의존하지 않고 독립적으로 존재하는 별개의 실체들로 다룬다는 의미이다. 즉, 리나 기가 각각 독립적으로 존재할 수 있으며, 서로의 존재를 전제하지 않는다는 것이다. 또한 리기이원론은 (필수적인 것은 아니지만) 리와 기가 서로 영향을 주거나 받을 수도 있다는 것을 허용한다. 하지만 비물질적이라 규정된 영혼 또는 리가 어떻게 실제로 존재할 수 있고, 또한 어떻게 물질적인 것과 영향을 주고받을 수 있는가라는 문제는 여기에서 무관하다. 그런 문제와는 별도로, 어떤 이론이 기와 공통된 속성을 전혀 갖지 않고 또한 기에서 독립되어 존재할 수 있는 리를 인정한다면, 그 이론은 리기이원론, 특히 실체이원론으로 불릴 수밖에 없다. 이제 율곡의 이론을 중심으로 리기일원론과 기일원론이란 개념을 살펴보자.

(2) 리기지묘설과 리통기국설

율곡은 리와 기의 관계를 "리기지묘(理氣之妙)"의 관계라고 말하고 있다. 일부 학자들은 이 표현에 상당히 많은 의미를 부여한다.

---

20) 여기에서 운동이 능동적이든 피동적이든 상관없이, 그 운동주체가 물질적임을 함축한다.

> 理氣之妙는 율곡철학의 체계이며 근본입장이다. 理氣之妙는 理氣의 묘합적 구조에 대한 표현이지만, 리기의 가치적 조화를 의미한다. 즉 윤리와 경제, 정신과 물질, 이상과 현실, 이론과 실천의 조화를 의미한다. 아울러 理氣之妙는 相補性의 원리를 內函하고 있다. … 理는 氣를 요청하고, 氣는 理를 요청한다. 理氣는 서로를 필요로 한다. 여기에 사랑과 조화 그리고 상생의 의미가 담겨 있다.[21)]

위 인용문에 따르면, 율곡은 "리기지묘"라는 구절을 통해 만물의 상생 또는 상보의 원리를 표현할 뿐만 아니라 인류의 사랑과 윤리는 물론이고 많은 이질적인 것들의 조화를 함축하기도 한다. '리기지묘'라는 한 마디에 많은 철학을 담고 있다는 것이다. 하지만 이런 의미 부여는 다소 과장되어 보인다. 필자가 보기에, 율곡은 문자 그대로 "리와 기의 관계를 한 마디로 적절하게 표현하기는 어렵다"는 말을 하고 있을 뿐이다.[22)] 즉, 그것은 "보기도 어렵고 말하기도 어려운" 진리의 양상을 의미"하며, 따라서 "묘의 개념은 일상적 인식 내지는 언어로써 포착되기 어려운 차원을 의미한다."[23)] 그리고 율곡은 '묘하다(妙)'는 표현을 자주 사용하며, 이런 점을 고려한다면 그것은 단지 그의 언어적 습관으로 볼 수도 있다.[24)]

다른 많은 성리학자들과 마찬가지로, 율곡도 리와 기가 "서로 분리되지도 않고, 서로 뒤섞이지도 않는 관계"에 있다고 보며, 또한 그것은 "하나인 동시에 둘이고, 둘인 동시에 하나"인 관계로 표현된다.[25)] 율곡

---

21) 황의동(2007a), p.289.
22) 『율곡전서』 권10, 書2, 「答成浩原」 044_206d, 理氣之妙。難見亦難說。
23) 최영진(1993), p.277.
24) 『율곡전서』 권10, 書2, 「答成浩原」 044_196a, 太極之妙; 044_206d 理氣不相離之妙.
25) 『율곡전서』 권10, 書2, 「答成浩原」 044_199a, 理氣雖相離不得。而妙合之中; 044_199a,

이 리와 기를 하나라고 말하고 그 가운데 기로 환원을 인정하지 않는다면 그의 이론을 리일원론이나 기일원론으로 부를 수 없다. 반면에, 그는 리가 기로부터 독립된 실체로 인정하지도 않으며, 따라서 그것을 리기이원론으로 부를 수도 없다. 그의 표현처럼, 그런 이론은 일원론도 아니고 이원론도 아닌 형태이다. 하지만 그렇다고 해서, 그의 이론을 "일원론적 이원론(monistic dualism)" 또는 "이원론적 일원론(dualistic monism)"이라고 부를 수는 없다. 실제로 캘튼(Kalton)은 퇴계의 리기론을 그런 명칭으로 특징짓지만,[26] 그것은 용어상의 혼돈만을 초래할 뿐 그 개념들을 리와 기의 상호관계를 이해하는데 아무런 도움이 되지 않는다. 어떤 이론이 이원론이면 이원론이고, 일원론이면 일원론이지, 이것도 저것도 아닌 것이란 있을 수 없다. 보는 관점이나 논점에 따라 달리 말해질 수 있기 때문에, 느슨하게 표현할 때 성리학자들은 리와 기를 하나이기도 하고 둘이기도 하다고 표현하지만, 사실상 이러저러한 관점에서는 하나이고, 그러저러한 관점에서는 둘이라고 표현하는 것이 정확하고도 명확한 표현일 것이다. 예를 들어, "소크라테스는 크지도 않고 작지도 않다."는 느슨한 표현을 사용할 수도 있을 것이다. 하지만 그것은 문자 그대로 느슨한 표현이며, 사실상 그것은 "소크라테스는 플라톤에 비교할 때는 크다."와 "소크라테스는 아리스토텔레스에 비교할 때는 작다."는 식으로 각각의 비교 대상이 있는 것이다.

율곡의 또 다른 이론으로 알려진 리통기국설은 리와 기의 관계에 대해 부가적인 정보를 준다.[27] 잘 알려져 있듯이, 이 이론은 리가 없는 곳

非一物。故一而二。非二物。故二而一也。

26) Kalton(1994), xxxii and xxxv.

27) 참고 : 율곡은 '리통기국'이 자신의 독창적 견해라고 말하지만(『율곡전서』 권10, 書

이 없을 뿐만 아니라 어디서든 동일하지만, 기는 청탁수박(淸濁粹駁), 즉 깨끗하거나 더럽거나 순수하거나 잡박해서 때와 장소에 따라 달라질 수 있다는 주장이다. 여기에서 청탁수박은 사물들이 다양한 모습을 갖고 서로 달라지게 되는 개별화의 원리를 설명하는 것으로서, 사물들의 차이점은 리 때문이 아니라 기 때문이라는 의미이다. 모든 사물들이 리를 보편적으로 공유하지만 물질적 차이로 인해 개별적인 사물들이 서로 달라진다는 이 주장은 고대 그리스 철학자인 플라톤의 이데아론을 연상하게 한다. 플라톤은 현실세계의 개별자들이 이상세계에 존재하는 보편자의 속성을 '나누어 갖는다(分有)'고 생각한다. 플라톤이 말하는 이데아는 말 그대로 보편적이고 비물질적이고, 운동성을 갖지 않기 때문에 변하지 않으며, 또한 가장 완벽한 성질을 갖는 이데아(관념 또는 형상)이다. 현실세계의 개별자들은 형상의 완벽함을 나누어 갖지만, 물질의 한계로 말미암아 그러한 형상의 완벽함은 현실세계에서 완전하게 실현되지 못한다. 여기에서 주목할 점은 플라톤의 이데아가 추상적이고 비물질적인 존재를 가리키는 것이지만, 그것은 단순히 우리 마음속에서만 존재하는 관념이 아니라 이상세계에 실제로 존재하는 실재자이자 실체라는 것이다. 실재자(reality)는 실제로 존재하는 것을 가리키는 반면에, 실체(substance)는 다른 것에 의존하지 않고 독립적으로 존재할 수 있는 것을 가리킨다. 다른 것에 의존하지 않고는 존재하지 못하는 것, 즉 다른 것에 의존함으로써만 존재하는 것도 있을 수 있으며, 따라서 실재자가 반

2, 「答成浩原」 044_210c, 理通氣局四字。 自謂見得.), 최영진(1985, p.10)은 그것이 "기존 朱子學의 形而上學體系인 <理一分殊設>의 해석에 불과하다고" 평가한다. 한편, 이동희(2002, p.195)는 리통기국설이 "리기의 불상리 · 불상잡, 즉 '리기지묘'의 원칙 아래 창출"되었다고 설명한다.

드시 실체는 아니다. 이렇게 본다면, 율곡은 리가 어떤 형태로든 실제로 존재한다는 것을 믿긴 하지만 그것이 기로부터 독립되어 존재할 수 있다고 생각하지 않기 때문에, 그의 리는 실재자이지만 실체는 아닌 어떤 것을 가리키고 있는 것으로 보인다.

중국 명대 나흠순(羅欽順, 1465-1547)의 이른바 리기일물설(理氣一物說)은 리를 언급하긴 하지만 그는 리를 떠난 기를 인정하지 않으며, 리는 다만 기의 질서 있는 운동을 일컫는 것이다.[28] 이런 식의 설명은 일견 율곡의 견해와 유사해 보이기도 하지만, 율곡은 이것을 병통이라 진단하고,[29] 그런 견해를 갖고 있는 것으로 보이는 서경덕(徐敬德, 1489-1546)을 비판한다. 서경덕도 나흠순과 마찬가지로 기를 떠난 리를 인정하지 않으며, 리가 기를 주재한다고 말하기는 하지만 그것은 기에서 독립적으로 존재한다는 의미가 아니라 단지 "기의 용사(用事)," 즉 '기의 기능' 또는 '기의 작용'에 불과하다고 설명하기 때문이다.[30] 율곡은 리기일원론 가운데 기일원론으로 분류될만한 나흠순과 서경덕의 견해를 거부하고 있다는 점을 고려할 때, 그의 견해는 분명히 그들과 다를 것으로 기대된다.

하지만 율곡이 서경덕을 따라 수용하는 "기자이(機自爾)" 개념은 그런 기대감을 좌절시키는 듯이 보인다. 왜냐하면 "기자이"는 기가 동하고 정함이 "기틀이 스스로 그러해서 그런 것이지 다른 어떤 것이 그렇게 시켜서 하는 것이 아니다."라는 의미이기 때문이다.[31] 따라서 기의 운동

---

28) 이동희(1989), pp.4-5.

29) 『율곡전서』 권10, 書2, 「答成浩原」 044_202b, 至如羅整菴以高明超卓之見。亦微有理氣一物之病。

30) 『花潭集』 권2, 「雜著」 024_306c, 氣外無理。理者氣之宰也。所謂宰。非自外來而宰之。指其氣之用事。能不失所以然之正者而謂之宰。理不先於氣。氣無始。理固無始。

과 정지가 무엇으로 인한 것이냐는 질문에, “저절로 그렇다!” 또는 “원래 그렇다!”고 답변할 수밖에 없다. 이것은 정해진 규칙에 따라 기계적으로 작동하는 것을 의미한다. 즉, 기의 동정은 기 자체에 내재하는 “운동의 자기법칙”에 의한 것으로 이해되며,[32] 따라서 결국 리의 역할이 무의미해지고 리의 존재마저 불필요해지게 된다. 더욱이 율곡은 “음이 정하고 양이 동함은 기틀이 스스로 그러한 것이지만 음이 정하고 양이 동함의 소이는 리이다.”[33]라고 말함으로써, 저절로 그렇다는 ‘자이(自爾)’와 다른 어떤 것에 의해 그렇다는 ‘소이(所以)’를 동시에 사용하고 있는데, 이것은 운동의 외적 원인을 부정하는 동시에 외적 원인을 인정하는 모순된 태도로 보인다. 이와 관련하여, 최영진은 일반적으로 ‘자이(自爾)’와 ‘소이(所以)’가 모순 관계로 이해되지만, 율곡에게는 “리의 개념이 주자학의 그것과 다르게 규정”되기 때문에, 그것들은 모순 관계가 아니라고 지적한다. 더 나아가 그는 “율곡의 리가 <기지주재(氣之主宰)> <추뉴근저(樞紐根柢)> 등 정통 주자학의 견해를 보지(保持)한 가운데, 그것이 기 운동의 규제자라고 하는 통제성을 부정하고 음양동정(陰陽動靜)을 자기원인적(自己原因的) 사태(事態)로 설정함으로써, 리기개념의 변용을 시도하는 것이라고 해석”해야 한다고 말한다.[34] 이것은 리의 통제성은 부정하면서도 리의 존재 자체를 부정하지 않으며, 그렇다고 해서 리를 단지 기의

31) 『율곡전서』 권10, 書2, 「答成浩原」 044_211b, 陰靜陽動。機自爾也。非有使之者也。

32) 김종문(2002), p.212.

33) 『율곡전서』 권10, 書2, 「答成浩原」 044_211b 陰靜陽動。其機自爾。而其所以陰靜陽動者。理也。

34) 최영진(1985), p.12. 비교 : 황의동(1988b, p.147)은 “… 율곡에 있어서의 리의 주재를 기의 ‘위(爲)’나 ‘발(發)’과 같은 의미로 보아서는 안 된다.”고 말함으로써, 그것을 실질적인 운동이나 작용의 의미로 이해하지 말 것을 조언한다.

법칙이나 원리 등으로 취급하여 불필요한 것으로 만들지도 않는다는 의미로 이해된다.[35] 이해영은 "화담에 있어서 리는 형이하자이지만, 율곡에 있어서 리는 분명히 형이상자"[36]라고 표현하는데, 이 표현은 율곡의 리를 또 다시 일종의 실체인 듯이 말하는 것으로 보여 부적절하며, 오히려 그들의 차이점은 앞에서 소개했던 '환원' 개념으로 더 잘 설명될 수 있다.

위에서 우리는 심신일원론이 관념론과 물질론을 포함하며, 그 가운데 물질의 존재가 부정되고 관념의 존재만이 인정되면 관념론이고, 관념이나 정신 또는 비물질이 부정되고 물질만이 인정되면 물질론이라고 말했다. 이런 선상의 용어 사용법을 따른다면, 우리는 리기일원론에 리일원론과 기일원론이 포함되며, 기라고 생각했던 것이 알고 보니 모두 리로 환원된다고 말하면서 리의 존재만을 인정하면 리일원론이고, 리라고 생각했던 것이 알고 보니 모두 '기로 환원된다'(또는 '기를 통해 설명된다')는 이론은 기일원론이라고 말해야 한다.

하지만 화담의 리기론에서는 기로부터 독립되어 존재하는 리, 즉 리의 실체성이 인정되지 않고, 리는 단지 기의 법칙이나 원리를 가리키므

35) 한편, 이해영(1984, p.56)은 "無爲하지만 樞紐根柢로서 理는 엄연히 독자적 영역을 확보하고 있다."고 말하는데, 추뉴근저에 대해 황의동(2002b, p.145)은 다음과 같이 설명한다. "율곡은 리가 기에 대한 주재 기능을 갖는다고 보아서 기의 추뉴근저(樞紐根柢)라는 말로 리를 표현하고 있다. 추뉴란 문의 지도리를 의미하는데, 그 자신은 움직이지 않으면서 문의 열고 닫음을 좌우하는 것이다. 근저란 나무의 뿌리를 의미하는 말로서, 뿌리는 땅 속에 잠재해 있으면서 지상에 돌출한 나뭇가지와 잎을 좌우한다. 따라서 추뉴근저란 그 자신은 변하지 않으면서 변화를 주재하고 좌우하는 것이다. 리와 기의 추뉴근저라 함은 기의 원인으로서의 리라는 의미를 나타내는 것이 아니라, 그 기능과 역할에 있어서의 우위적 관점을 표현한 것이다. 이는 달리 말하면 기의 기능과 역할에 대한 리의 영향력 내지 리의 주도력을 인정하는 것이다."

36) 이해영(1984), p.56.

로, 기를 통해 모두 설명될 수 있다(즉, 기로 환원된다).” 따라서 그의 이론은 리기일원론, 특히 기일원론이다. 반면에, 율곡은 리를 떠난 기 또는 기를 떠난 리를 인정하지 않고, 리와 기의 상호작용도 인정하지 않으며, 리와 기로 구성된 하나의 실체만을 인정한다는 점에서 리기일원론이다. 그럼에도 불구하고 그는 기로 환원되지 않는 리를 인정하고 있으며, 따라서 그를 기일원론자로 분류할 수는 없다. 이처럼 율곡의 리기론을 파악하는데 ‘환원’이란 용어가 유용한데, 그 이유는 리가 정확히 무엇을 의미하고 무엇을 가리키는지 알지 못할지라도, 그가 기로 환원되지 않는 리를 주장한다는 사실만으로 그의 리기론이 기일원론이 아니라고 판단할 수 있기 때문이다.

(3) 기발리승일도설

율곡은 리와 기의 성격과 상호관계를 다음과 같이 규정한다.

> 리와 기는 원래 서로 떨어지지 않아 한 물건 같음에도 다른 까닭은 리가 형상이 없고 기는 형상이 있으며, 리는 작용이 없고 기는 작용이 있기 때문이다. 형상도 없고 작용도 없으면서 형상도 있고 작용도 있는 것의 주재가 되는 것은 리이고, 형상도 있고 작위도 있으면서 형상도 없고 작위도 없는 것의 그릇이 되는 것은 기이다. 리는 형상이 없고 기는 형상이 있으므로 리는 통하고 기는 국한되며, 리는 작용이 없고 기는 작용이 있으므로 기가 발용하면 리가 타는 것이다.[37]

37) 『율곡전서』 권10, 書2, 「答成浩原」 044_210d-211a 理氣元不相離, 似是一物, 而其所以異者. 理無形也, 氣有形也, 理無爲也, 氣有爲也. 無形無爲而爲有形有爲之主者, 理也. 有形有爲而爲無形無爲之器者, 氣也. 理無形而氣有形, 故理通而氣局. 理無爲而氣有爲, 故氣發而理乘. 비교 : 『율곡전서』 권12, 書4, 「答安應休」 044_250b, “… 형상도 있고 작

리는 형상도 없고 작위도 없는 반면에, 기는 형상도 있고 작위도 있다는 진술은 상당히 중요한 의미를 갖는다. 리는 스스로 운동하거나 작용할 수 없으므로 항상 기에 의존할 수밖에 없다. 즉, 기는 일종의 그릇(器)과 같아서 리를 담고 있으며, 기가 운동하면 리도 운동하는 듯이 보이지만, 사실상 그것은 기의 운동일 뿐이고 리는 어떤 경우에도 운동하지 않는다. 율곡의 '기발리승일도설(氣發理乘一途說)'은 바로 이런 의미를 담고 있다.

잘 알려져 있듯이, 본래 이 이론은 "사단은 리가 발함에 기가 따르고, 칠정은 기가 발함에 리가 탄다(四則理發而氣隨之, 七則氣發而理乘之)."는 퇴계의 명제에 대한 반론으로 제기된다. 이 명제는 리와 기가 모두 발용한다는 이른바 '리기호발설'을 주장하는데, 율곡은 이 명제의 전반부인 "사단은 리가 발함에 기가 따른다."는 문장이 시간적인 선후를 함축한다는 이유에서 거부하는 한편, "칠정은 기가 발함에 리가 탄다."는 후반부는 수용한다. 즉, 이것은 율곡이 그 명제의 후반부가 시간적인 선후를 함축한다고 생각하지 않는다는 것을 의미한다.

> 그렇다면 하나의 동사에는 시간적인 함축성을 부여하지만, 다른 동사에는 부여하지 않는 이러한 설명을 어떻게 이해할 수 있는가? 이것을 해석하는 한 가지 방법은 그가 "따른다(隨)"라는 동사를 동적인 의미로 이해하는 반면에, "탄다(乘)"라는 동사를 정적인 의미로 이해하고 있다고

위도 있으며, 동이 있고 정이 있는 것은 기요. 형상도 없고 작위도 없으며, 동에도 있고 정에도 있는 것은 리다. 리는 비록 형상도 없고 작위도 없으나 기가 리 아니면 근본되는 바가 없다. 그러므로 형상도 없고 작위도 없으면서 형상도 있고 작위도 있는 것의 주재가 되는 것은 리이고, 형상도 있고 작위도 있으면서 형상도 없고 작위도 없는 것의 그릇이 되는 것은 기이다. (有形有爲而有動有靜者。 氣也. 無形無爲而在動在靜者. 理也. 理雖無形無爲. 而氣非理則無所本。 故曰無形無爲而爲有形有爲之主者. 理也. 有形有爲而爲無形無爲之器者. 氣也.)"

> 보는 것이다. 말을 타지 않고 있던 사람이 말에 올라타는 경우, 말에 올라타기 위해서는 그것이 얼마 동안이든 시간의 경과를 분명히 필요로 한다. 하지만 어떤 사람이 이미 말에 올라타 있는 경우에는 굳이 시간의 경과가 필요하지 않다. 즉, 이이는 "탄다(乘)"가 동작이 아니라 "이미 올라타 있다"는 상태를 함축하는 동사로 보고 있다는 것이다.[38]

이 해석은 율곡이 퇴계의 명제를 모두 부정하지 않고, 절반만 부정하는 이유를 밝히기 위한 시도이다. 이 해석은 기가 리를 담는 일종의 그릇이라는 율곡의 견해를 통해 이해할 수 있다. 즉, 리는 그릇 안에 이미 담겨 있는 것이며, 외부에 있다가 기가 운동을 시작하면서 그릇 안으로 들어가는 것이 아니다. 그와 마찬가지로 예를 들어 말을 '올라탄다(乘)'고 할 때, 말의 밑에서부터 안장에 올라탐을 의미하는 것이 아니라 안장 위에 이미 올라타 있음을 의미한다는 것이다. 율곡이 퇴계의 명제 전반부는 거부하면서, 후반부를 승인하는 다른 이유를 설명하기 어렵다. 이미 보았듯이, 율곡은 리의 운동성을 여러 차례 부정하고 있으며, 또한 리와 기의 관계가 시간적 선후 관계가 아니라는 점도 분명히 밝힌다.[39] '기발리승일도설'은 퇴계의 명제 전반부는 틀리고, 후반부만 옳다는 의미를 함축한다. 리가 이미 기에 올라타 있다고 해석하지 않고는 운동할 수 없는 리가 운동하는 듯이 보이는 경우를 설명할 수 없다는 것이다. 여기에서도 율곡은 리에 어떤 형태의 운동성을 부여하기를 거부한다.

잘 알듯이, 성리학에서 리와 기의 개념은 가장 핵심적이면서도 가장

---

38) 유원기(2011), pp.83-84.

39) 유원기(2006), p.237 각주 31. 『율곡전서』 권10, 書2, 「答成浩原」 044_211c, "이른바 기가 발하니 리가 탄다는 것은 기가 리에 앞선다는 것이 아니다. 기는 작용이 있고 리는 작용이 없으므로 이렇게 말하지 않을 수 없다. (所謂氣發理乘者, 非氣先於理也. 氣有爲而理無爲, 則其言不得不爾也.)"

난해한 개념이다. 우리가 과거의 자료를 읽으면서 어려움을 겪는 이유는 작성자들이 부주의하고 불명료하게 내용을 기술했기 때문일 수도 있지만, 그보다는 오히려 당시에 너무도 당연한 내용이었기에 자세히 설명하지 않았던 것을 오늘날 우리가 제대로 이해하지 못하는 것일 가능성도 전혀 배제할 수 없다. 그 이유가 무엇이든, 율곡이 생각했던 리 개념이 무엇인지를 정확히 파악하는 어려움에도 불구하고 최소한 그의 논지가 일관적임은 알 수 있었다. 율곡은 리가 형체도 없고 작용도 없는 일종의 법칙이자 원리라고 하면서도, 그것에 운동성이나 작용성을 부여하는 것에 반론을 제기했을 뿐만 아니라,[40] 그것의 실체성을 명시적으로 거부함으로써 사실상 리기이원론을 강력히 반대함으로써, 오늘날 비논리적이라고 간주될만한 설명들을 제거하려 애썼던 인물로 평가할 수 있다. 더구나 그는 리의 실체성을 거부하면서도 그것을 완전히 기로 환원시키는 것에 반대함으로써, 어떤 방식으로든 리가 존재할 여지는 확보해 두었다는 점에서 상당히 독창적이고도 합리적이었다.[41]

하지만 이러한 율곡의 이론이 과연 옳은가의 문제는 별개의 문제이다. (1) 리는 비물질이고 기는 물질적이라는 식으로 리와 기가 서로 다른 성격을 갖는 실체들이며, 또한 (2) 그 리가 기로부터 독립되어 존재할 수 있다고 주장하는 이론은 두 가지 종류의 독립적인 실체들을 인정

---

40) 율곡의 리기론은 최소한 '부수현상론'은 아니라고 결론 내릴 수 있다. 왜냐하면 그는 리와 기의 인과관계를 인정하지 않는 반면에, 부수현상론은 육체적 사건이 정신적 사건에 대해 일방적인 인과관계를 갖는다고 주장하기 때문이다(유원기, 2006, p.237).

41) 이런 점에서, 우리는 율곡철학이 "현실적 · 구체적 사실에 근거하여(경험성) 그 所以然의 까닭을 추구함(논리성)에 있어서 그 논리적 모순 또는 비약을 배제하고 그 본원성을 체계적으로 드러내려는 철학 사상"이라는 류승국(2005, p.14)의 평가에 동의할 수 있다.

한다는 점에서 이원론이다. 또한 (3) 비물질적인 리가 운동성과 작용성을 가지며, 물질적인 기에 영향을 줄 수 있다고 주장하는 이론도 이원론이다. 하지만 데카르트의 경우에 그렇듯이, 이런 주장은 운동성이 물질의 속성이지 비물질의 속성이 아니라는 점에서 범주적 오류를 범한다는 비판이 제기된다. (4) 리와 기가 시간적으로 선후를 갖는다는 주장도 이원론이다. 우리는 율곡이 (1)-(4)를 거부한다는 점에서 그를 이원론자가 아닌 일원론자라고 결론내릴 수 있다. 그가 그럼에도 불구하고 리의 실재성을 주장한다고 해서 달라지는 것은 아무것도 없으며, 그는 여전히 일원론자이다.[42]

이제 그의 이론은 서양심리철학의 다양한 물질론 가운데 하나인 속성이원론의 일종으로 분류될 수 있을 것이다. 율곡의 리기론이 리적인 속성들과 기적인 속성들을 분명히 구분하면서도 리의 실체성을 인정하지 않으므로, 그것을 하나의 실체가 서로 환원되지 않는 정신적 속성들과 물질적 속성들을 갖는다고 주장하는 속성이원론의 일종으로 볼 수 있다는 것이다. 하나의 실체만을 인정하면서도 정신적 속성과 육체적 속성이라는 두 가지 종류의 속성들을 인정하는 속성 이원론은 이른바 스피노자의 양면이론(double aspect theory)을 통해 설명될 수 있다. 잘 알려져 있듯이, 양면이론은 동전의 한쪽에는 사람이 그려져 있고 다른 한쪽에는 숫자가 쓰여 있지만 그것들은 두 개의 서로 다른 실재들이 아니라 동일한 하나의 실재가 지닌 두 가지 속성이라는 이론이다. 달리 말해서, 그

42) 비교 : 윤사순(1992, p.15)은 "리의 실재성을 전제로 리가 '기의 주재자'며 '기생(氣生)의 소이연자(所以然者)'로서 '리기선후(理先氣後)'라든지 '리귀기천(理貴氣賤)'이라 하면 이른바 주리설(主理說)이 된다. 그리고 이와 반대로 리의 실재성을 부인하고 리가 단지 항존하는 기의 '조리'에 불과한 것으로서 '유기후유리(有氣後有理)'라 하면 이른바 주기설(主氣說)이 된다."고 말한다.

것은 정신적 사건과 신체적 사건은 동일한 하나의 실재에 속한 두 가지 속성이지만, 그 실재 자체는 본질적으로 정신적인 것도 아니고 물리적인 것도 아니라는 이론이다. 이처럼 정신적 사건과 신체적 사건은 동전의 어떤 쪽을 바라보느냐에 따라 달리 보이는 것에 불과하며, 결코 두 가지 서로 다른 실재들을 지칭하는 것이 아니다. 하지만 그런 속성들은 하나의 동전에 대한 두 가지 서로 다른 속성만을 말할 뿐이고 그것들의 상호관계에 대해서는 말하지 않으므로, 그런 식의 이해가 성리학적 이론의 전개에 어떤 도움이 될 것인가에 대해서는 분명치 않다.[43)]

지금까지 필자는 서양철학의 심리철학적 용어와 개념을 통해 율곡의 리기론을 이해하려 시도했다. 그런 노력이 결정적인 해결책을 가져오진 못할지라도, 그의 이론이 지닌 특성을 명확하게 분류하고 드러내는 점에서는 어느 정도 성공했다고 평가할 수 있을 것이다. 한국철학(조선 성리학)을 제대로 파악하거나 보완할 수 있는 방법론을 탐색하고 적용하는 과제는 지속적으로 수행되어야 하며, 그런 과정에서 본의를 오해하거나 손상시키는 경우가 발생하지 않도록 가능한 조심스럽게 진행해야 한다. 하지만 연구 과정이나 결과에서 어떤 문제점이 발견된다고 해서 그 자체가 심각한 문제는 아니다. 미진한 부분들은 앞으로 지속적인 논의와 검토를 통해 보완되어야 하며, 그것은 학문세계에서 당연히 수행되어야 할 것이다. 문제점을 지적하고 반론을 제기하면서 지속적으로 보완하는 과정에서 학문적 발전이 이루어지기 때문이다.

이런 맥락에서, 일부 성리학 연구자들은 율곡철학을 세계화하거나 또는 미래에도 존속될만한 철학으로 만들려면 현대철학이나 서양철학을

---

43) 지면 관계상, 여기서는 이런 해석의 가능성이 있다는 사실만을 언급하는 선에서 그친다.

통한 검토와 평가가 필요하다고 주장한다.[44] 하지만 정확히 무엇을 어떻게 하라는 것인지는 분명하지 않다. 이론과 이론의 단순 비교는 그것들의 같거나 다름은 보여주지만 어떤 이론이 반드시 존속되어야 하는 이유를 보여주지는 못하며, 따라서 성리학 연구자들이 제안하는 검토와 평가는 분명히 단순한 비교 이상의 어떤 것을 의미할 것이다.[45]

전통의 가치는 그것이 조상들의 사상이나 생활방식을 보여주는 유산이라는 점에서 발견될 수도 있고, 그것이 현대에도 유효하다는 점에서 부여될 수도 있을 것이다. 그러나 예를 들어 과거에 제국주의를 추구했던 몇몇 나라들의 예에서 쉽게 볼 수 있듯이 모든 전통이 보존할만한 소중한 것은 아니며, 그와 마찬가지로 오늘날 유용성이 있다는 말해지는 전통이라고 해서 반드시 탐구되고 보존될만한 가치를 지니는 것은 아니다. 어떤 이론이 보존될만한 가치를 지닌다고 할 때, 그것은 그 이론이 진리성이나 타당성을 갖는다는 것을 의미한다. 즉, "2+2=3"이라는 수학적 명제나 "태양은 지구 둘레를 돌고 있다"는 천동설이 무의미한 반면에, "2+2=4"라는 수학적 명제나 "지구는 태양 둘레를 돌고 있다"는 지동설이 유의미한 것은 후자가 참된 명제들이기 때문이다.[46]

우리가 잘 알듯이, 진리성은 명제를 판단하는 것이고, 타당성은 일련

44) 특히, 황의동(2002a), pp.265-266; 이동희(2003), pp.7-9와 p.25 참조. 박종홍(1982), p.19; 윤사순(1993), p.7; 이동준(1997), p.600 등도 한국철학에 대한 서양철학적 검토의 필요성을 언급한다.

45) 비교 : 황의동(2002a, p.266)은 "율곡학의 세계화라는 측면에서 서양 철학과의 접목은 매우 중요한 과제다. … 율곡철학에서는 서양 철학과 비교할 만한 요소가 많다고 생각된다. 따라서 율곡학과 서양철학의 비교 연구는 절실히 요구된다."고 말하는데, 그저 단순 비교도 필요하다는 것인지, 아니면 어떤 식으로 비교를 하고, 또한 그런 뒤에 어떻게 하겠다는 것인지에 대해서는 언급하지 않는다.

46) 비교 : 최영진(1981, pp.88-89)도 "… 유학이 하나의 사상체계인 이상 보편타당성을 잃어버린다면 사상체계로서 성립할 수가 없"다는데 동의한다.

의 명제들로 구성된 논증을 판단하는 것이다. 모든 명제들이 항상 참이나 거짓으로 판정되는 것은 아니며, 진리성이 불분명한 그런 명제들이 논증에서 흔히 사용되는 경우에도 우리는 논증의 적절함과 부적절함, 즉 타당성과 부당성을 판단할 수 있다. 즉, 논증에 사용된 전제와 결론이 참인지 거짓인지를 알지 못하면서도 논증의 타당성과 부당성을 판단할 수 있다는 것이다. 따라서 우리는 논증의 타당성이 전제나 결론의 진리성과 무관하다고 말한다. 논증은 전제와 결론이라 불리는 일련의 명제들로 이루어지고, 전제들로부터 결론이 적절하게 도출되는가를 고찰하는 것이 타당성의 평가이다.

타당한 논증은 전제들이 참일 때 결론도 반드시 참인 논증을 말한다. 이것은 전제들이 반드시 참이어야 한다고 주장하는 것이 아니라 그것들이 참이라면 결론도 반드시 참이어야 한다고 조건적으로 주장할 뿐이다. 이러한 논증의 구조를 파악하고 그것의 타당성을 평가하기 위해서는 당연히 논증의 전제와 결론에서 사용되는 개념들의 명료화가 선행되어야 한다. 따라서 율곡철학을 세계화하겠다는 주장은 기본적으로 그것의 진리성을 규명하고, 개념 명료화를 통한 타당성 평가를 하겠다는 것으로 이해해도 좋을 것이다.[47)]

한편, 동양철학에 대한 서양철학의 적용을 반대하는 연구자도 있다. 예를 들어, 윤용남은 성리학이 "서양철학처럼 抽象과 捨象을 통한 개념화를 시도하지 않으므로" 서양철학적 관점에서 그것을 이해하려는 시도는 적절하지 않다고 주장한다.[48)] 한편, 풍우란과 모트, 그리고 류승국

47) 비교 : 윤용남(1999, pp.121-122)은 어떤 철학이 체계적이고 정합적인 구조를 갖는다면 그것에서 현대적 가치를 찾을 수 있을 것이라고 말한다.

48) 윤용남(2005), pp.285-286.

등은 동서양철학의 차이점을 '형식화된 논리학'의 부재에서 찾지만, 동양철학에 대한 서양철학적 검토 자체를 반대하지는 않는다.[49] 하지만 동서양철학의 이런 차이점을 인정한다 할지라도, 그것들이 상호 발전을 위한 접근이나 교류를 하지 말아야 한다는 결론은 결코 나오지 않는다. 수학에 대한 동서양의 개념이 다르고 계산방법이 다르다고 해서 "2+2"의 답이 다른 것은 아니다. 다시 말해서, 동서양의 많은 것들이 서로 다르다 할지라도, 동서양의 진리가 다르거나 동서양의 타당성이 다르지는 않다. 최소한 이런 점에 동의한다면, 우리가 서양철학적 방법론을 이용하여 한국철학을 분석하는 것이 잘못이 아니라는 점에도 동의해야 할 것이다.[50]

황의동은 "율곡 철학이 죽은 철학이 아니라 21세기 현실에서 살아 숨쉬는 철학이 되어야 한다."[51]고 말하지만, 그런 철학이 된다는 것은 당위가 아니라 희망이다. 조상의 유물을 보존하겠다는 의무감을 갖는 것과 그것이 보존할 가치가 있는가를 판단하는 것은 별개의 문제다. 부모가 자기 자식을 무조건적으로 옹호하듯이, 우리의 전통이라고 해서 무조건 보호하고 옹호하는 것은 오히려 발전할 기회를 놓치는 것일 수도

---

49) Fung(1952), pp.1-3; 모트(1994), pp.126-129; 류승국(2008), p.303 참조. 특히, Fung은 죽음에 임박해서도 중국철학이 서양철학의 위상에 버금가기를 희망했다고 한다(Yoo, 2013, p.180 각주 6). 그는 중국인이 논리학을 발전시킬 역량이 없었던 것이 아니라 다만 논리학적 도구의 필요성을 느끼지 못했기 때문이라고 변론한다.

50) 이런 태도에 대해, 김영건(2001, p.341)은 "서양철학과 구분되는 동양철학의 독특성을 주장하면서 마치 그 독특성 때문에 동양철학의 모든 것이 정당화되는 것처럼 가정하는 것은 열등감에서 나온 자기기만에 지나지 않는다."고 비판하지만, 열등감이나 자기기만보다는 오히려 일종의 학문적 폐쇄성으로 볼 수도 있을 것이다. 동서양철학 상호간의 무관심이나 배타성은 영미철학과 대륙철학이 서로 교류하지 않고 불편한 관계를 유지하는 것과 유사해 보인다(Charlton, 1991, pp.2-4).

51) 황의동(2003), p.17; 황의동(2002b), p.188.

있다. 서양철학을 통해 동양철학의 부당성이 입증되고 결국 동양철학의 존립 가치가 없어질지도 모른다는 두려움에서 서양철학의 진단을 회피하는 것은 환자가 암에 걸렸을지도 모른다는 두려움으로 인해 의사의 정확한 진단을 꺼리는 것과 같다. 언제까지 추측과 걱정으로 인해 수없이 많은 밤을 뜬눈으로 지새우기보다는 직접 부딪쳐서 결과를 보는 것이 바람직할 것이다. 진단을 받는 것까지 방해하거나 회피하지 말고, 일단 진단을 받은 뒤에 그에 적절한 조치를 취하는 것이 가장 현명한 태도일 것이다.

2. 율곡의 심성론

성리학에서 심성론은 (1) 마음의 존재론적 위상을 주로 리와 기라는 개념을 통해 논의하며, (2) 마음의 영역에 국한되지 않고 본성의 영역까지 폭넓게 다루고, (3) 마음과 감정은 물론이고 본성의 상태 또는 작용에 대해서도 선과 악이라는 도덕적인 가치를 부여하는 특징들을 갖고 있는 것으로 이해된다. 이 특징들은 무엇보다도 '심통성정론(心統性情論)'에 대한 논의에서 쉽게 찾아진다. 성리학의 대표적인 심성론적 개념들은 심(心)·성(性)·정(情)이라는 유(類, genus) 개념들, 그리고 '도심과 인심'·'본연지성과 기질지성'·'사단과 칠정'이라는 그것들의 이분법적인 종(種, species) 개념들로 구분된다. 그런데 이러한 유개념들이나 종개념들을 분리시켜 개별적으로 논의한 경우는 많이 있으나, 유개념들에 대한 성격이나 상호 관계에 대한 규정이 종개념들에도 일관적으로 적용되는가에 대한 논의는 거의 없다. 이 글은 율곡을 중심으로 하여, '심통성정'의

심・성・정에 대한 규정이 그것들의 종개념들에 일관적으로 적용되는가, 그리고 그것들은 이분법적 종개념들 가운데 어떤 것을 각각 지칭하는가를 검토한다.

아래에서는 먼저 율곡이 동의하는 주희의 일반적인 진술들에서 드러난 심・성・정의 기본적인 존재론적 성격과 그것들의 상호 관계를 살핀다. 그런 뒤에, 우리는 '심통성정'의 '통(統)'을 '겸(兼)'이라는 의미와 '주(主)'라는 의미로 해석하는 데서 야기되는 문제점을 검토하고, 그 해석들이 모순 관계에 있음을 밝힌다. 다음으로 우리는 심・성・정을 각각 '도심과 인심'・'본연지성과 기질지성'・'사단과 칠정'이라는 한 쌍의 종개념으로 구분하면서, 특히 성과 정의 종개념들이 심의 종개념들과는 다른 기준을 갖는다고 율곡이 주장하는 이유와 그 내용을 검토한다. 그런 뒤에 우리는 사단과 칠정에 대비시켜 제시한 도심과 인심에 대한 율곡의 규정과 주장 가운데, 특히 인심의 선함과 악함을 인정하면서 인심과 칠정의 동일성을 부정할 수는 없음을 지적하고, 그 갈등을 해소시키기 위한 대안을 제시한다. 이 논의를 통해, 우리는 심・성・정의 유개념과 종개념에 대한 다양한 규정과 상호 연관성을 보다 명확히 이해하게 될 것이다.

(1) 심(心)의 존재론적 이중성

율곡의 후기 이론이 담겨 있다고 말해지는 <인심도심도설>의 시작 부분에서 그는 심・성・정에 대해 이렇게 말한다.

> 천리가 사람에게 부여된 것을 성이라 말하며, 성과 기가 합하여 한 몸

> 의 주재가 된 것을 심이라 말하며, 심이 사물에 감응하여 밖으로 발한 것을 정이라고 말한다. 성은 심의 체요, 정은 심의 용이다. 심은 발하기 이전과 이미 발한 것을 모두 포함하는 이름이므로, 심이 성과 정을 통괄한다고 말한다.[52)]

위 인용문은 몇 가지 주장들을 담고 있다. 첫째, 성이란 사람에게 부여된 천리를 일컫는 말이다. 둘째, 심은 리와 기로 구성된 몸을 주재한다. 셋째, 심이 발하기 이전의 상태가 성이며, 사물에 감응하여 발한 것이 정이다. 넷째, 성은 심의 본체이고 정은 심의 작용이며, 심은 이러한 성과 정을 통괄(統)한다. 이것들은 심·성·정에 대한 율곡의 핵심적인 견해들이며, 이제 이 견해들이 함축하는 구체적인 내용을 살펴보자.

주희는 "심의 리는 태극이고, 심의 동정은 음양이다."[53)]라고 말한다. 이것은 심이 리(태극)와 기(음양)라는 것이다.[54)] 이와는 달리, 그는 다른 곳에서 "성은 태극과 같고, 심은 음양과 같다."[55)]라고 말함으로써, 성을 리로 간주하고[56)] 심을 그와 대비되는 기로 간주하는 듯이 보인다. 2개

---

52) 『율곡전서』로 표기된 것을 제외한 퇴계·고봉·율곡·우계와 관련된 자료의 쪽 번호는 "한국유학 삼대논쟁자료 수집·정리 및 역주단 사단칠정논쟁 연구팀, 『퇴계·고봉, 율곡·우계 : 사단칠정논변』, 2008, 파주 : 한국학술정보."에 따른다. <인심도심도설> pp.510-511, "天理之賦於人者, 謂之性, 合性與氣而爲主宰於一身者, 謂之心, 心應事物而發於外者, 謂之情。性是心之體, 情是心之用。心是未發已發之摠名, 故曰 心統性情"; <율곡 5서> p.468, "性者理氣之合也。蓋理在氣中, 然後爲性, 若不在形質之中, 則當謂之理, 不當謂之性也。但就形質中, 單指其理而言之," 비교 : 『주자어류』 5 : 59, "在天爲命, 稟於人爲性, 旣發爲情. 此其脈理甚實, 仍更分明易曉."

53) 『주자어류』 5 : 21, "心之理是太極, 心之動靜是陰陽。"

54) 『주자어류』 5 : 20, "蓋太極是理, 形而上者, 陰陽是氣, 形而下者。然理無形, 而氣卻有跡. 氣旣有動靜, 則所載之理亦安得謂之無動靜."

55) 『주자어류』 5 : 43, "性猶太極也, 心猶陰陽也。" 배종호(1978, p.20)는 성과 심의 대비는 주희의 중화구설에서 보이는 견해라고 말한다. 주희의 중화구설과 신설 등에 대한 논의는 유원기(2009b), pp.258-262 참조.

의 수소와 1개의 산소가 물을 구성하는 구성요소이듯이, 성리학의 일반적인 리기론에 따르면 '리'와 '기'는 심을 구성하는 존재론적 구성요소를 가리킨다. 하지만 주희는 심이 '리와 기'라고 말하는 동시에 그것이 기라고 말하는 비일관적인 태도를 보이는 것이다. 만약 그가 서로 다른 종류의 두 가지 심들의 존재를 인정하고 그것들을 '리와 기로 구성된 심'과 '기만으로 구성된 심'을 말한다면 전혀 문제가 되지 않는다.[57] 하지만 "모든 a는 b와 c로 구성된다."는 진술과 "모든 a는 b로 구성된다."는 진술이 동시에 참일 수는 없기 때문에, 그가 하나의 심만을 인정하는 것이라면, 두 진술들 가운데 하나는 배제되어야 한다.

하지만 학자들은 주희가 두 가지 종류의 심을 염두에 두었으리라는 점은 전혀 고려하지 않고, 그가 "심은 기의 정수이다."[58]와 같은 말로 심을 기로 간주하고 있다고 말한다.

> 朱熹가 말하는 心은 무형・무위하고 형적이 없는 형이상자인 理가 아니라, 구체적인 활동성인 氣라는 점이다. 즉 朱熹는 心을 氣라고 규정함으로써, 心의 空寂性(懸空)을 벗어났다고 말할 수 있다. 그런데 그 心은 단순한 氣로 구성되어 있는 것이 아니라 氣의 精爽이다. 그렇다면 '精爽'이란 무슨 뜻인가? 이는 心이 신체와 다른 사물보다 탁월한 어떤 것임을 나타낸다. 곧 心은 氣의 '精髓'(↔粗駁)이기 때문에 천하의 理를 온전히 구비하고 밝게(爽=明↔昧) 조명할 수 있다는 것을 말한다.[59]

56) 『주자어류』 5 : 6, "性卽理也. 在心喚做性, 在事喚做理"; 『주자어류』 5 : 70, "伊川性卽理也, 橫渠心統性情二句, 顚撲不破."

57) 여기에서 말하는 두 가지 心은 뒤에서 언급 및 논의되는 '도심'과 '인심'이 아니라 性이나 情에 대비되는 心의 두 가지 유개념을 의미한다.

58) 『주자어류』 5 : 28, "心者, 氣之精爽。"

59) 임헌규(1999), pp.171-172.

임헌규의 이 글은 심의 기능에 대해 설명하고 있는데, '밝게 조명'한다는 것은 心이 가장 순수한 기로 이루어져 있기 때문에 외부세계를 제대로 지각할 수 있음을 의미한다.[60] 하지만 일반적으로, 지각과 동일시되는 심은 지각의 능력과 작용을 모두 함축하는 것이고,[61] 특히 주희에게 있어서 지각한다는 것은 리를 갖춘 존재가 다른 존재자들의 리를 파악하는 작용이므로, 그의 심은 리와 기의 합이라고 보는 것이 적절할 것이다. 안재호는 이렇게 말한다.

> 비록 지각이 심 자체는 아니지만, 지각하는 심은 또한 단지 기만이 아니라 리와 기가 합한 이후에야 드러나는 작용이다. 그러므로 심이 곧 기라고 말할 수는 없다. 바꿔 말해서, 심은 지각하지만, 이런 지각은 단지 기가 갖는 하나의 특성 혹은 능력[神明]일 뿐이다. 그러므로 심은 오직 형이하에 속하는 것만은 아니며, 단지 기일 뿐이라고 말해서는 안 된다. … 한마디로 규정하기는 어렵지만, 적어도 심이 곧 기라는 의미는 아닌 것이 분명하다.[62]

한편, 황의동은 심을 기로 보는 관점은 주희보다는 오히려 율곡의 특징적인 면모를 보여준다고 지적한다.

> 물론 朱子도 「心者氣之精爽」이라 하여 心을 일종의 純粹氣로 본 것은 사실이지만, 栗谷이 心을 곧 氣라 하여 직접적으로 설명하고 있는 것은 율곡의 특징이 된다. 그런데 栗谷이 心을 氣로 설명하는 것은 다음과 같은

60) 안재호(2004), p.317 각주 4에서 재인용, 『주자문집』 권42, "心猶鏡也, 但無塵垢之蔽, 則本體自明, 物來能照."

61) 『주자어류』 5 : 26, "心是知覺"; 『주자어류』 140 : 106, "有知覺謂之心"; 『주자문집』 권65, "心者人之知覺。" 지각 능력과 작용에 관한 논의는 안재호(2004), p.318; 유원기(2009), pp.262-263 참조.

62) 안재호(2004), p.322. 비교 : 임헌규(1999), pp.174-175.

> 의미로 생각해볼 수 있겠다. 하나는 心을 心之理로서의 性을 담는 그릇 내지 性의 의착처로 보는 데서 心을 곧 氣라고 생각하는 것이다. 즉, 理氣說에 있어서 氣가 理의 의착처로서 이해되듯이, 心之理로서의 性은 心이 아니면 부착할 바가 없는 것이요 心의 知覺작용도 불가능한 것이다.[63]

율곡은 심이 순수한 기이자 성이 의존하는 장소로서 성과 대대 관계에 있다고 생각한다.[64] 하지만 주희와 마찬가지로 그는 여러 곳에서 "심의 체는 성이요 심의 용은 정이며, 성정 이외에 다른 심은 없다."고 인정하며,[65] 또한 "심이 기인가 또는 리인가?"라는 질문에 "알고 깨달을 수 있는 것은 기이고, 알게 되고 깨닫게 되는 것은 리이다."라고 답변한다.[66] 따라서 그가 심에서 리의 역할을 완전히 배제한다고 보기는 어렵다.[67] 우리가 말할 수 있는 것은 주희나 퇴계와 같은 다른 성리학자들보다 그가 심의 능동성을 특히 더 강조하고 있다는 정도이다.[68]

어쨌든 주희가 두 종류의 심을 상정했음을 보여주는 증거는 없으며, 따라서 우리는 그가 한 가지의 심만을 인정한다고 볼 수밖에 없다. 그렇다면 그는 심을 기로 보는가, 아니면 리와 기의 합으로 보는가? 주희의 다른 진술들을 고려할 때, 그의 심은 리와 기의 합으로 볼 수밖에 없다는 결론이 나온다. 이 결론은 미발과 이발 개념에 대한 분석과 심・성・

---

63) 황의동(1988a), p.5. 그는 '심(心)을 기로 파악한다든지 성(性)을 기질지성(氣質之性)으로 보면서 리와 성을 구별'하는 것도 율곡 성리학의 특징이라고 말한다(p.11).

64) <율곡 6서> p.485, "心是氣也"; <율곡 1서> pp.408-409, "心則盛貯性之器也。"

65) 「성학집요」 p.528, "夫心之體是性, 心之用是情, 性情之外, 更無他心。"

66) 『율곡전서』 권31 <어록> 上, "心之知覺, 氣耶理耶。曰, 能知能覺者, 氣也。所以知所以覺者, 理也。" 비교 : 『주자어류』 5 : 27, "所覺者, 心之理也; 能覺者, 氣之靈也."

67) 이종태(1997), pp.464-467 참조. 황의동(1988a, p.26-34)은 "기의 잡박함이 완전히 제거된 '본연지기'는 '본연지리'와 내용상 다를 바가 없다고 말한다."

68) 심(心)의 능동성에 대해서는 이두찬(2003), pp.80-84 참조.

정의 상호 관계에 대해 언급하는 "심통성정"의 분석에서도 잘 드러난다.

(2) '심통성정'의 의미

『중용장구』 1장에서 주희는 성과 정에 대한 몇 가지 분류를 제시한다. 먼저 미발(未發, 아직 발하지 않음) 상태는 '성(性)'이라 불리며, 이발(已發, 이미 발했음) 상태는 '정(情)'이라 불린다. 그리고 미발 상태의 '성'은 변함없이 항상 치우침이 없는 동일하므로 '중(中)'의 상태이며, 이발 상태의 '정'은 절도에 맞는 화(和)의 상태 또는 절도에 맞지 않는 상태가 된다.

> 희로애락은 정이다. 이것이 아직 발하지 않은 것은 성이니 치우침이 없으므로 중이라 하며, 발하여 모두 절도에 맞는 것은 정의 올바름이니 어그러짐이 없으므로 화라고 한다.[69]

한편, 다른 곳에서 주희는 성과 정과 연결시키면서 '심'에 특별한 역할을 부여한다.

> 성은 아직 움직이지 않은 것이고, 정은 이미 움직인 것이며, 심은 이미 움직인 것과 아직 움직이지 않은 것을 통괄한다.[70]

> 심에는 체와 용이 있다. 발하기 이전은 심의 체이고, 이미 발한 것은

---

69) 『중용장구』 1장, "喜怒哀樂 情也。其未發 則性也 無所偏倚故 謂之中 發皆中絶 情之正也 無所乖戾故 謂之和"; 『주자어류』 5 : 75, "故喜怒哀樂未發則謂之中, 發而皆中節則謂之和。"

70) 『주자어류』 5 : 71, "性是未動, 情是已動, 心包得已動未動。蓋心之未動則爲性, 已動則爲情, 所謂心統性情也"; 5 : 93, "性者, 心之理, 情者, 心之動."

> 심의 용이니, 어떻게 고정시켜 말할 수 있겠는가? 대체로 주재하고 운용하는 것은 심이고, 성은 그렇게 할 수 있는 이치이다. 성은 틀림없이 여기 있지만, 주재하고 운용하는 것은 오히려 심에 달려 있다.[71]

> 성은 리로써 말한 것이고, 정은 발하여 작용한 것이며, 심은 성과 정을 관섭하는 것이다. 따라서 정이천이 체를 가리켜 말한 것으로 "적막하여 움직이지 않는다."는 것은 성을 말한 것이고, 용을 가리켜 말한 것으로 "느껴서 바로 통한다."는 것은 정을 말한 것이다.[72]

이제 성은 발하기 이전의 상태이자 움직이기 이전의 상태로서 적막하여 움직이지 않는 심의 본체이며(未發, 未動, 寂然不動, 心之體), 정은 이미 발한 상태이자 이미 움직인 상태로서 느껴서 바로 통하는 심의 작용이라고 말해진다(已發, 已動, 感而遂通, 心之用). 그리고 심은 이 모든 상태들을 '통괄하거나(統)' 또는 '주재하고 운용하거나(主宰運用)' 또는 '관섭하는(管攝)' 역할을 한다는 것이다. 주희의 '심통성정론'에서 가장 어려운 것은 '통(統)'을 어떻게 이해하는가란 문제이다. 이에 대한 몇 가지 설명을 살펴보자.

> (A) 心이 性情을 兼有한다는 것은 또한 心이 性情을 포괄함을 의미한다. 주자는 胡五峯의 性體心用論을 비판하고 心의 體이며, 理인 性을 心

71) 『주자어류』 5 : 62, "心有體用, 未發之前是心之體, 已發之際乃心之用, 如何指定說得。蓋主宰運用底便是心, 性便是會恁地做底理。性則一定在這裏, 到主宰運用卻在心"; 5 : 74, "心統性情. 故言心之體用, 嘗跨過兩頭未發已發處說"; 5 : 56 "性對情言, 心對性情言. 合如此是性, 動處是情, 主宰是心。大抵心與性, 似一而二, 似二而一."

72) 『주자어류』 5 : 73, "性以理言, 情乃發用處, 心卽管攝性情者也. 故程子曰有指體而言者, 寂然不動是也, 此言性也, 有指用而言者, 感而遂通是也, 此言情也."; 5 : 72, "心主宰之謂也. 動靜皆主宰, 非是靜時無所用, 及至動時方有主宰也. … 心統攝性情, 非儱侗與性情爲一物而不分別也."

의 未動으로 보고, 心의 用인 情을 心의 已動으로 보아, 心이 體用, 已動未動(動靜)을 겸유하며 포괄함을 나타낸다. 그리고 朱熹의 心統性情설이 지닌 두 번째 의미는 心이 性情을 주재한다는 것이다. … 이른바 心統性情은 心이 性情에 대해, 統率, 管攝하는 主宰作用을 가지고 있음을 가리킨다. 이러한 心의 性情에 대한 主宰作用은 已發, 未發을 모두 포함한다. 즉, 心이 情을 主宰하기도 하며, 또한 未發의 性을 主宰한다는 것을 의미한다.[73)]

(B) 통(統)자는 심이 성과 정을 포괄하면서 관여하는 다양한 방식을 함축하고 있는데 이것은 간추리면 겸(兼)과 주(主)로 압축된다. 겸은 심이 미발에서 성립되는 성과 이발에서 드러나는 정을 포괄한다는 뜻으로 쓰인다. 반면, 주재한다는 것은 심이 성의 내용을 정으로 드러나게 한다는 뜻이다.[74)]

(C) 朱熹는 心統性情의 統에 대하여 군사를 統率하는 것과 같이 쓰기도 하고, 主宰, 兼, 包, 管攝, 統攝, 具의 뜻으로 사용하기도 했다. … 또 心이란 性情을 管攝하는 것으로서 主宰한다고 여겼다. 이때 心이 性情을 統攝한다는 것은 心과 성정을 분별한다는 것이다. 즉, 心과 性情을 一物이 아니라 二物이라고 본 것이다. 심이 성정을 주재한다는 것은 二物일 때 가능하다. 一物이라면 주재한다고 말할 수 없다. … 다른 한편으로 朱熹는 心이 性情을 兼한다며 統字를 兼이라고 해석하였다. … 心이 性情을 兼한다는 것은 心과 性情을 一物로 보았다고 할 수 있다. 이 때문에 朱熹는 心性을 하나이면서 둘, 둘이면서 하나라고 했던 것이다. 또한 성의 발동

73) 유성선(2002), pp.101-102.

74) 안영상(2009), pp.294-295. 한편, 안재호(2004, pp.326-327)는 심이 '정을 주재하는 경우'와 '성을 주재하는 경우'를 구분하며, 전자에 대해 "심은 중간의 매개자가 되어, 정으로 하여금 성에 따라 발현하도록 한다는 의미이다."라고 말하고, 후자에 대해 "단지 심이 성을 깨달아 성으로 하여금 어떤 간섭도 받지 않고 그 순전한 '중(中)'의 상태를 유지할 수 있도록 하는 작용을 말하는 것일 뿐이다."라고 말한다. 하지만 구체적으로 심이 정의 발현이나 성의 유지를 위해 어떤 역할을 하는지는 분명하지 않다.

을 정이라 했으므로 성과 정을 일물로 보았다.[75)]

대부분의 학자들은 '통(統)'이라는 단어가 주(主)·주재(主宰)·겸(兼)·겸유(兼有)·포(包)·포괄(包括)·포득(包得)·통솔(統率)·관섭(管攝)·통섭(統攝)·구(具) 등의 다양한 의미로 이해되지만, 궁극적으로는 '겸(兼)'과 '주(主)'라는 두 가지 의미로 환원된다는 점에 동의한다. 하지만 이것들의 정확한 의미에 대해서는 여전히 논란의 여지가 있다.

① 겸(兼)으로서의 통(統)

먼저 '통'이 '겸'의 의미를 갖는다는 주장에 대해서는 대략 두 가지 해석이 가능할 것으로 보인다. 첫 번째 해석을 위해, 먼저 H라는 사람이 낮에는 초등학교 교사로서 학생을 가르치다가 저녁에는 대학원에서 강의를 듣는 학생이라고 가정해보자. 이 경우 H는 '교사 겸 학생'이거나 또는 '교사인 동시에 학생'으로서 하나의 동일한 사람을 가리킨다. 이런 비유는 심의 미발과 이발의 경우에도 적용될 수 있을 것으로 보인다. 심의 미발은 성이고 심의 이발은 정이며, 따라서 H를 교사인 동시에 학생이라고 말하듯이, 심을 성인 동시에 정이라고 말하는 것이 가능하다.

이것은 심·성·정을 마치 기독교의 삼위일체(三位一體)처럼 이해하는 방식이다. 즉, 성부와 성자와 성령은 서로 다른 세 종류의 신(神)이 아니라 하나의 동일한 신이 세 가지 다른 모습으로 드러난다는 식으로 이해할 수 있다. 이에 따르면, 심·성·정은 하나의 동일한 현상이나 상태의

75) 이종우(2005), pp.118-119. 아래 각주 79 참조.

세 가지 다른 모습이며, 심은 성이자 정인 형태, 즉 심=성=정으로 이해된다. 하지만 여기에 미발과 이발, 체와 용 등의 표현을 대입하면, 심은 미발의 상태에 있는 동시에 이발의 상태에 있음을 의미하며, 또한 체인 동시에 용임을 의미한다. 이것은 "a는 b이거나 또는 b가 아니다."라는 배중율을 위배하는 것으로 볼 수도 있으나, 시간적인 동시성을 배제한다면 반드시 그렇지는 않다. 즉, 심이 현재는 미발의 상태에 있지만 나중에는 이발의 상태로 진행한다는 것을 인정하면서 이 두 가지 경우가 모두 심이라고 말한다면, 아무런 논리적 모순이 없다. 이 경우는 "심은 성이거나 또는 정이다."로 해석되므로 오히려 배중율을 준수한다. 하지만 '심=성' 또는 '심=정'이지만, 성과 정은 동일시되지 않으므로 '성≠정'이다.

한편, '심통성정'의 '통'이 '겸'을 의미한다는 주장에 대한 두 번째 해석은 '겸'을 포괄내지는 포함의 의미로 해석하는 것이다. 즉, 심=성+정, 즉 심이 성과 정의 합이라는 해석이다. 위에 인용된 (A)와 (B)는 모두 '겸'에 대한 이 두 번째 해석을 지지하는 것으로 보인다. 만약 이 해석이 주희의 견해라면, 결국 심은 미발의 상태와 이발의 상태 또는 성과 정 또는 리와 기를 모두 포괄하는 것이다.[76] 즉, 주희의 심은 단순히 기와 동일시되는 것이 아니라 오히려 리와 기의 합으로 보아야 한다. 이 해석은 (C)에서 말하듯이 "심과 성정을 一物로 보았다."고 표현할 수 있을 것이다. 그러나 이것은 다소 느슨하고 애매한 표현이다. 엄격히 말해서, 이 해석은 심이 일물이고 성과 정이 일물이며, 이것들이 서로 동일시된다는 것이다. 즉, 이것은 '심=성+정=일물'의 구조를 갖는다. 하지

76) 그러나 인용문 (A)는 이 해석을 '포함한다'는 '겸'의 의미가 아니라 '주재한다'는 '主'의 의미로 이해한다.

만 '심=성+정'이라는 이 구조는 성과 정을 각각 심의 부분들로 보는 동시에 서로 다른 별개의 상태(또는 작용)들로 간주하는데, 이 해석은 심성론의 기본 전제인 '성발위정(性發爲情)'[77]의 의미와 상충하므로 받아들이기 어렵다. 왜냐하면 '성발위정'이란 구절은 성이 어떤 식으로든 정으로 환원된다고 말하는 반면에, 성과 정을 심의 부분들로 본다는 것은 그것들이 서로 전혀 다른 상태들임을 인정하는 것이기 때문이다. 사실상 a=b+c인 경우, a는 물론이고 b와 c도 서로 다른 것들을 가리킨다. 따라서 '성+정'이라는 도식은 부적절하며, 위의 첫 번째 해석처럼 성과 정을 동일한 어떤 것의 서로 다른 상태로 해석할 수 있어야 한다.

② 주(主)로서의 통(統)

'통'을 "주재한다'는 의미의 '주(主)'로 해석하는 경우를 살펴보자. 대체로 '주재한다'는 표현은 '지배한다,' '통제한다' 등의 의미로서, 그것은 공통적으로 '다른 사람이나 사물에 영향을 준다'는 의미를 담고 있다. 위 인용문 (C)에서 정확하게 지적하듯이, 이렇게 이해하는 것은 "心과 性情을 一物이 아니라 二物이라고 본 것이다. 심이 성정을 주재한다는 것은 二物일 때 가능하다. 一物이라면 주재한다고 말할 수 없다." 다시 말해서, '지배한다' 또는 '통제한다' 등의 동사들은 "P는 Q를 ~한다."라는 형태의 진술로서 최소한 두 사람들이나 대상들이 주체와 객체의 관계에 있는 경우에 사용할 수 있다는 것이다. 이것은 특히 주체가 객체에 영향을 미치는 관계에 있음을 의미한다. "나는 나의 주인이다."라는 표현은 '나'의 독립성을 강조하기 위해 사용되는 비유적인 표현에 불과하

77) 『성학집요』, <논심성정> pp.526-527.

다. 지배와 피지배라는 개념은 두 대상 사이의 관계, 즉 지배하는 사람(소유자)과 지배되는 대상(소유물) 사이의 관계를 가리키는 것이지 한 사람에게 적용될 수 있는 표현은 아니다. 그러므로 심통성정을 "심은 성과 정을 지배한다."로 이해하는 경우, 심이 성·정과는 별개의 것들이며, 따라서 지배와 피지배 사이의 관계가 두 가지 대상들(二物) 사이의 관계라는 지적은 올바른 지적이다. 그러나 여기에서 심은 지배자의 역할을 하고 성·정은 피지배자의 역할을 하는 것은 분명하게 드러나지만, 성과 정의 관계에 대해서는 분명하지 않다. 하지만 그것들의 관계는 그것들을 규정하는 미발과 이발, 체와 용 등의 개념들을 다시 끌어들여 해석할 수 있을 것이다. 즉, 심은 성의 미발 상태를 유지하거나 또는 정의 이발 상태를 끌어내도록 영향을 준다는 것이다. 여기에서 심은 성이나 정에 개별적으로 영향을 줄 수도 있고, 또는 성과 정에 전체적으로 영향을 줄 수도 있다.[78]

결론적으로, 심통성정의 '통'을 '겸'으로 해석하는 경우에는 (ㄱ) '심=성 또는 심=정'의 관계나 (ㄴ) '심=성+정'의 관계로 도식화할 수 있는 반면에, '주'로 해석하는 경우에는 (ㄷ) '심≠성,' '심≠정,' 또는 '심≠성+정'의 관계로 도식화할 수 있을 것이다. '겸'은 심과 성·정이 정적인 관계를 가지며 또한 서로 동일시된다는 의미를 담고 있는 반면에, '주'는 심이 성정에 어떤 영향을 주는 동적인 관계를 가지며 서로 동일시되지 않는다는 의미를 담고 있다. 하지만 (ㄱ)은 심을 각각 성과 정과 동일시하고 (ㄴ)은 심을 성과 정의 합과 동일시하기 때문에 (ㄱ)과 (ㄴ)은 서

---

78) '심'의 몸 주재에 대한 논의는 안재호(2004), pp.319-320 참조.

로 모순 관계에 있으며, 또한 (ㄷ)은 심이 각각 성과 정은 물론이고 성과 정의 합과도 동일시되지 않는다는 주장을 포함하므로 그것은 (ㄱ)과 (ㄴ)에 모두 모순된다. 모순 관계의 명제들은 동시에 참일 수 없으며, 그것들 가운데 한 가지를 선택하고 다른 한 가지를 버려야 한다. 다시 말해서, 심통성정의 '통'에 대한 '겸'의 두 가지 의미들 가운데 하나를 선택하고, 그런 뒤에 그렇게 선택된 '겸'의 의미와 '주'의 의미 가운데 한 가지를 다시 선택해야 한다. 모순된 두 가지 의미들을 모두 갖는다고 해석할 수는 없기 때문이다. 무엇보다도 우리는 심과 성정을 하나의 동일한 것(一物)으로 볼 것인가 또는 두 가지 서로 다른 것(二物)으로 볼 것인가를 결정해야만 한다.

우리의 논의는 "심이 리와 기로 구성되는가 또는 기만으로 구성되는가?"라는 질문에서 출발하여, 이제 "심은 성정과 동일시되는가 또는 그렇지 않은가?" 또는 "심은 성과 정을 포함하는가 또는 지배하는가?"라는 질문으로 이어진다. 성은 심의 미발이요 본체요 리인 반면에 정은 심의 이발이요 작용이요 기라고 말해진다는 점을 고려한다면, 우리는 심이 성과 정의 합이자 리와 기의 합이라고 결론을 내려야 한다. 반면에, 심이 기만으로 구성된다는 주희의 발언은 비일관적인 것으로 배제해야 한다. 또한 이처럼 심과 성・정이 동일시된다면, 심과 성정을 주체와 객체의 관계로 보는 해석, 즉 심통성정의 '통'이 '주'의 의미를 갖는다는 해석도 배제된다. 지금까지 보았듯이, 주희 체계 내에서의 심은 '리와 기로 구성되는 것'이므로 '성과 정의 합'과 동일시되며, 따라서 '통'의 의미는 주체와 객체의 관계를 함축한다는 '주재한다(主)'의 의미보다는 동일시의 관계로 볼 수 있는 '포함한다(兼)'의 의미로 해석되어야 한다는 결론에 도달한다.[79)]

(3) 심·성·정의 종개념들을 구분하는 기준

율곡은 성리학의 일반적인 분류 방식을 따라 심·성·정을 각각 '도심과 인심,' '본연지성과 기질지성', 그리고 '사단과 칠정'이라는 새로운 세 쌍의 하위 개념들로 구분한다. 심·성·정이 각각 유(類)라면, 도심과 인심, 본연지성과 기질지성, 그리고 사단과 칠정은 그것들의 종(種)으로서, 정의상 유개념이 지닌 본질적인 속성은 종개념에도 공유되리라 기대된다. 다시 말해서, 성과 정의 기본적인 속성이 각각 미발의 상태와 이발의 상태이므로 그것들의 종들도 그런 속성을 공유하리라 기대되며, 이와 마찬가지로 성과 정을 포함(兼)하는 유개념인 심과 마찬가지로 그것의 종들인 도심과 인심도 최소한 미발의 상태와 이발의 상태의 속성을 모두 갖고 있으리라 기대된다. 우리의 기대와 마찬가지로 유와 종은 동일한 속성(들)을 공유하는가, 그리고 만약 그렇지 않다면 어떤 차이점이 있으며 또한 그런 차이점은 어떻게 해소될 수 있는가를 살펴보자.

정은 성이 발한 것으로서 사단과 칠정으로 구분된다. 사단(四端)이란 용어는 "측은지심은 인의 단서이고, 수오지심은 의의 단서이며, 사양지

79) 임헌규(1999, p.186)는 사유상의 경우와 현실의 경우를 구분하면서 "존재론적으로는 심(心)이 성(性)·정(情)을 겸(兼)·포괄(包括)·포득(包得)·구(具)한다는 주장이며, 실존론적(현실적 발현)으로는 심(心)이 성(性)·정(情)을 주(主)·주재(主宰)·통솔(統率)·관섭(管攝)한다는 말이다. … 이 양자는 둘이면서 하나이고, 하나이면서 둘인 妙合의 관계로 천하만물을 구성한다."고 설명한다. 그러나 이런 설명이 성리학에서 흔히 채택되는 설명 방식이긴 하지만, 사유상으로 성·정을 포함한다는 것이 정확히 무슨 의미를 갖는지 이해하기 어렵다. 필자는 이 문제를 더 자세히 다루지는 않을 것이다. 하지만 이미 '통'에 대한 다양한 해석들이 모순을 함축한다는 점을 지적하는 과정에서, 필자는 특히 '통'을 '겸'으로 보는 첫 번째 해석과 관련하여, 심이 성과 정으로 동시에 존재하는 것은 불가능하므로 배중율을 범하지 않으려면 심이 성에서 정으로, 미발에서 이발로 진행한다는 식으로 시간적 차이를 고려하는 설명이 필요하다고 언급했던 바 있다.

심은 예의 단서이고, 시비지심은 지의 단서이다."[80]라는 맹자의 진술에서 비롯된다. 인·의·예·지(또는 인·의·예·지·신)는 바로 인간이 갖는 본성(性)으로서, 측은·수오·사양·시비라는 네 가지 심이 이러한 본성이 있음을 알려주는 단서라는 것이다. 주희는 여기에서 언급된 심을 정으로 이해하는데, 이 네 가지 정이 바로 네 가지 단서이므로 '사단'이라고 불린다. 한편, 칠정은 희·로·애·락(구)·애·오·욕의 일곱 가지 감정을 가리키는데, 이것들은 인간이 갖는 모든 감정을 총칭하는 것으로 말해진다. 이에 대해 율곡은 다음과 같이 말한다.

> 사람의 성에는 인·의·예·지·신의 다섯 가지가 있을 뿐이며, 다섯 가지 이외에 다른 성은 없다. 정에는 희·로·애·구·애·오·욕의 일곱 가지가 있을 뿐이며, 일곱 가지 이외에 다른 정은 없다. 사단은 단지 선한 정의 다른 이름일 뿐이며, 칠정을 말하면 사단이 그 안에 있으니, 인심과 도심에 상대적으로 이름을 붙이는 것과는 같지 않다.[81]

이 글에서 율곡은 사단이 칠정 가운데 선한 정을 가리키는 것이므로 칠정은 사단을 포함하는데, 이러한 사단과 칠정의 관계는 본연지성과 기질지성의 관계와는 동일하지만, 도심과 인심의 관계와는 다르다고 생각한다. 여기에서 율곡은 비교의 기준으로 순리(순수한 리)와 겸기(기를 겸한 리)를 제시한다.

---

80) 『맹자』 <公孫丑上>, "惻隱之心 仁之端也, 羞惡之心 義之端也, 辭讓之心 禮之端也, 是非之心 智之端也."

81) <율곡 2서> p.424, "夫人之性, 有仁義禮智信五者而已, 五者之外, 無他性。情有喜怒哀懼愛惡欲七者而已, 七者之外, 無他情。四端只是善情之別名, 言七情則四端在其中矣, 非若人心道心之相對立名也。"

> 사단과 칠정은 바로 본연지성과 기질지성의 관계와 같다. 본연지성은 기질을 겸한 것이 아니지만, 기질지성은 본연지성을 겸한 것이다. 그러므로 사단은 칠정을 겸할 수 없지만, 칠정은 사단을 겸한다.[82)]

일찍이 퇴계는 순리와 겸기라는 용어를 사단이 오직 선함을 갖는 한편 칠정이 선함과 악함을 모두 갖고 있음을 말하기 위해 사용했으나,[83)] 율곡은 사단·칠정이 본연지성·기질지성에 대해 갖는 동질성과 인심·도심에 대해 갖는 이질성을 표현하기 위해 사용한다.

위에서 보았듯이, 성은 미발, 체, 또는 리 등의 개념을 통해 설명이 되었는데, 성의 종들인 본연지성과 기질지성도 그런 개념들을 통해 설명이 가능한가를 살펴보자.

> 다만 형질 가운데서 리만을 가리켜 말하면 본연지성이니, 본연지성은 기와 섞여서는 안 된다. … 성은 이미 하나인데, 정에 리발과 기발의 다름이 있다고 하면, 성을 안다고 할 수 있겠는가?[84)]

본연지성은 리만을 가리키는 것인 반면에, 기질지성은 기질을 겸한 것, 즉 리와 기를 모두 가리키는 것이다. 그렇지만 본연지성은 기 밖의 리를 가리키는 것이 아니라 기질 내부에 있는 리를 가리키는 것이다. 율곡은 리가 기 내부에 들어왔을 때 성이라고 부른다는 점을 인정한다. 하지만 기를 배제하고 리만을 가리켜 말하면 본연지성이고, 기를 겸한 리

---

82) <율곡 1서> p.406, “四端七情正如本然之性氣質之性, 本然之性, 則不兼氣質而爲言也。氣質之性, 則却兼本然之性。故四端不能兼七情, 七情則兼四端。”

83) <사칠 1서> p.140, “四端之發純理, 故無不善, 七情之發兼氣, 故有善惡.”

84) <율곡 5서> p.468, “但就形質中, 單指其理而言之, 則本然之性也, 本然之性, 不可雜以氣也。性旣一而乃以爲情有理發氣發之殊, 則可謂知性乎。”

를 가리켜 말하면 기질지성이라고 한다. 이처럼 기질지성은 리와 기를 겸하는 반면에 본연지성은 그런 기질지성 가운데 리만을 가리키므로, 기질지성이 본연지성을 포함한다고 말하게 된다는 것이다. 이것은 칠정이 사단을 포함한다고 말할 때와 동일한 설명 방식이다.

사단과 칠정의 관계나 본연지성과 기질지성의 관계는 순리와 겸기를 통해 설명될 수 있는가를 기준으로 삼고, 그것들이 각각 칠정이 사단을 포함하는 '칠정포사단'의 관계와 본연지성이 기질지성을 포함하는 '본연포기질'의 관계를 갖는다고 설명되었다. 하지만 율곡은 도심과 인심은 순리와 겸기가 아니라 주리와 주기를 통해 설명된다고 말한다.

> … 성에 주리와 주기가 있다는 설은 비록 해가 없는 것 같지만 아마도 그 안에 병의 뿌리가 감춰져 있는 것 같다. 본연지성은 오직 리만을 전적으로 말하는 것이지 기에는 미치지 않는다. 기질지성은 기를 겸해서 말하되 리를 그 속에 포함하니, 또한 주리와 주기의 설로 대충 양분할 수가 없다. … 사단을 주리라 하면 옳지만 칠정을 주기라 하면 옳지 않다. 칠정은 리와 기를 포함하여 말하므로 주기가 아니다. 인심과 도심은 주리와 주기의 설로 말할 수 있으나 사단과 칠정은 이 설로 말할 수가 없으니, 사단은 칠정 안에 있고 칠정은 리와 기를 겸하기 때문이다.[85]

'사단과 칠정'과 '본연지성과 기질지성'은 주리와 주기로 말할 수 없는 반면에, 인심과 도심은 말할 수 있다는 것이다. 일반적으로, '주리'와 '주기'라는 표현은 '리를 중심으로 본다'와 '기를 중심으로 본다'는 의미

---

85) <율곡 2서> pp.426-427, "… 性有主理主氣之說, 雖似無害, 恐是病根藏于此中也。本然之性, 則專言理而不及乎氣矣。氣質之性, 則兼言氣而包理在其中, 亦不可以主理主氣之說, 泛然分兩邊也。… 且四端謂之主理, 可也, 七情謂之主氣, 則不可也。七情包理氣而言, 非主氣也。人心道心可作主理主氣之說, 四端七情, 則不可如此說, 以四端在七情中, 而七情兼理氣故也。"

로서, 각각의 경우에 다른 것도 포함되어 있지만 리나 기에 초점을 맞춰 말해보겠다는 의도를 보여준다. 예를 들어, '리를 중심으로 한다'는 표현은 리 이외에 기도 있지만 리에 초점을 맞춰 말한다는 것이다. 그러므로 도심과 인심을 주리와 주기로 나누어 말한다는 것은 그것들을 각각 리나 기로만 이루어진 것이 아님을 함축한다.

인용문에서 보듯이, 여기에서 지적하는 문제의 핵심은 기질지성과 칠정의 경우에서처럼 인심에 대해 리와 기를 겸해 설명한다는 것이 아니라 본연지성과 사단의 경우에서처럼 도심에 대해 오직 리만을 통해 설명한다는 것이다. 리와 기를 겸하는 기질지성과 칠정은 이미 리를 그 안에 포함하고 있으므로 리만을 지칭하는 본연지성과 사단을 각각 포함한다고 말할 수 있는 반면에, 도심과 인심은 '도심포인심'의 관계가 아니라 서로 대조 또는 대비되는 관계라고 말해진다. 이제 도심과 인심에 대한 율곡의 주장들을 몇 가지 더 살피고, 그 근거들이 타당한가를 평가해 보자.

(4) 도심과 인심에 대한 몇 가지 규정과 그 타당성

율곡은 인심과 도심이 사단과 칠정과 마찬가지로 이발의 상태이지만, '정'으로 분류되는 사단과 칠정과는 달리 인심과 도심은 '정과 의'를 겸한 것을 가리킨다고 말한다.[86] '정(情)'은 알거나 깨닫지 못하는 사이에 발생하는 감정이며, '의(意)'는 이러한 정에 대해 계산하고 판단하는 이성적인 성찰이다.[87] 다시 말해서, 사단이든 칠정이든 정은 모두 외부의

86) <율곡 1서> p.405, "蓋人心道心兼情意而言也, 不但指情也。"

사물에 감응함으로써 발생한 감정이며, 인심과 도심은 그런 감정에 대한 이성적인 성찰의 과정을 거친 것이다.

> 대체로 아직 발하지 않은 것은 성이고, 이미 발한 것은 정이며, 발해서 헤아려 생각하는 것은 의이다. 심은 성·정·의를 주재하는 것이며, 아직 발하지 않은 것과 이미 발한 것, 그리고 헤아리는 것은 모두 심이라 말할 수 있다. 발한 것은 기이고, 발하는 까닭은 리이다. 발하여 바른 이치에서 곧게 나오지만 기가 작용하지 않은 것은 도심이고, 칠정의 선한 측면이다. 발하여 기가 이미 작용하는 것은 인심이고, 칠정의 선함과 악함을 합한 것이다. … 자세히 살피느냐 또는 그렇지 못하느냐 하는 것은 모두 의가 하는 것이다.[88]

하나인 심이 다수의 이름을 갖는다는 것은 결국 심이 다양한 상태들로 변화한다는 사실을 함축한다. 율곡은 심이 성(性, 未發)에서 감정(情, 已發)으로 발출되고, 발출된 이 감정을 성찰(意, 已發)하는 일련의 과정을 '성심정의일로(性心情意一路)'라는 말로 표현한다.[89] 결국 '한 가지 길, 즉 일로(一路)'라는 말은 심이 시간의 흐름에 따라 '성→정→의'라는 한

---

87) 『율곡전서』 권32 <어록> 下, "情是不知不覺自發出來, 不敎由自家。… 意則是情之發出因緣計較者。志則是指一處一直趨向者"; <율곡 1서> pp.405-406, "蓋人心道心兼情意而言也, 不但指情也。… 且情是發出恁地, 不及計較, 則又不如人心道心之相爲終始矣." 참고 자료는 노상오(2002), pp.38-41을 볼 것.

88) <율곡 1서> pp.407-408, "大抵未發則性也, 已發則情也, 發而計較商量則意也。心爲性情意之主, 故未發已發及其計較, 皆可謂之心也。發者氣也, 所以發者理也。其發直出於正理而氣不用事則道心也, 七情之善一邊也。發之之際, 氣已用事則人心也, 七情之合善惡也。… 精察與否, 皆是意之所爲。" 율곡은 '심통성정'의 '통(統)' 대신에 '주(主)'라는 동사를 사용하지만 여기에서 심이 '성·정·의'를 '주재(主)'한다고 말함으로써, 주희의 '심통성정'의 문제는 이제 '심통성정의'의 문제로 전환된다. 하지만 '의(意)'라는 요소가 추가되었다고 해서 위에서 보았던 '통'에 대한 해석상의 문제가 더 악화되지는 않는 것으로 보인다.

89) 『율곡전서』 <잡저>, "心之未發爲性, 已發爲情, 發後商量爲意, 此一路也."

가지 방향으로만 진행한다는 것을 의미한다. 하지만 율곡이 인심과 도심을 '정과 의'로 규정한 것은 오히려 논의를 복잡하게 만드는 결과를 가져온다. 왜냐하면 그의 규정에 따르면 위의 '일로'는 '성→정→정·의'가 되고 '정'이 두 번 언급되는 형태가 되어 불필요한 과정이 반복되고 있다. 즉, 인심과 도심을 규정하는 '정·의'에서 '정'의 역할이 불필요해진다. '의(意)'는 정(情)을 이성적 성찰한 것이며, 성찰된 결과물은 성찰 이전의 '정'과는 다른 형태를 갖추고 있을 것이 분명하다. 그러므로 인심과 도심을 '의'로만 규정하는 것이 일로의 구도에 더 적절해 보인다.[90)]

율곡은 심은 본래 하나이지만 형기의 사사로움에 의해 생겨나는가 또는 성명의 올바름에 근원하는가에 따라 인심과 도심이라는 두 이름으로 불린다고 말한다.[91)] 성명의 올바름에 근원하는 도심은 천리(天理)에 따른 것으로서 항상 선한 반면에, 형기의 사사로움에 의해 생겨난 인심은 인욕에 따른 것으로서 선하거나 또는 악하다.[92)] 도심과 인심은 각각 리가 발하고 기가 발하는 것이 아니라 두 가지 모두 기가 발하는 것으로 말해지지만,[93)] 그 기는 리를 전적으로 배제한 기를 가리키는 것이 아니다.

---

90) 비교 : <우계 2서> p.411, "兼情意而爲言者, 正是鄙見差不同者, 而在渾不能說出耳." 분명하진 않지만 우계가 이런 점에 주목했을 수도 있다.

91) <율곡 2서> p.419, "人心道心雖二名, 而其原則只是一心"; 『중용장구』 서문, "心之虛靈知覺一而已矣, 而以爲有人心道心之異者, 則以其或生於形氣之私, 或原於性命之正。"

92) 퇴계는 인심(人心)과 인욕(人欲)을 동일시하고 따라서 인심이 모두 악하다고 생각하나, 율곡은 성인(聖人)도 인심을 가지며 인심 속에는 천리도 있고 인욕도 있으므로 선함도 있고 악함도 있다고 생각한다(<율곡 4서> p.448, p.452, pp.455-456; <인심도심도설> p.513). 인심에 대한 율곡의 견해 변화에 대한 논의는 이종태(1997), pp.476-478.

93) <율곡 6서> p.485, "或原者, 以其理之所重而言也, 或生者, 以其氣之所重而言也, 非當初有理氣二苗脈也。" 비교 : 윤사순(1971), p.31. 그는 퇴계의 '형기(形氣)'와 '성명(性命)'

즉, 율곡은 리의 능동성을 부정하지만 결코 그것의 존재성마저 부정하지는 않는다.

> … 심은 바로 기이니, 혹은 근원하기도 하고 혹은 생기기도 하지만 심의 발함이 아님이 없으니, 어찌 '기의 발함'이 아니겠는가? 심 가운데 있는 리가 바로 성이요, 심이 발하는데 성이 발하지 않는 이치는 없으니, 어찌 리가 탄 것이 아니겠는가? 혹은 근원한다는 것은 그 리의 중한 것을 가지고 말한 것이요, 혹은 생긴다는 것은 기의 중한 것을 가지고 말한 것이지, 애당초 리와 기라는 두 가지 묘맥이 있는 것은 아니다.[94]

마치 리와 기가 개별적인 근원들인 듯이 '두 가지 묘맥'으로 생각해서는 안 된다는 것이다. 율곡은 "발하는 것은 기이며, 발하게 하는 것은 리이다. 기가 아니면 발할 수 없고, 리가 아니면 발할 근거가 없다."[95]는 리기관(理氣觀)을 유지하면서 도심과 인심이 모두 리와 기의 합에서 발하는 것으로 본다. 도심과 인심이 모두 리와 기를 겸한다는 이 규정은 도심이 사사로운 욕심을 따라 인심이 되거나 인심이 올바른 도리에 따라 도심이 될 수 있다는 '상위종시(相爲終始)'의 가능성을 허용한다. 이 설명은 리인 도심이 기인 인심이 되거나 또는 그 반대라고 주장하는 것보다 훨씬 더 설득력이 있다.

한편, 칠정은 사단을 포함하지만 인심은 도심을 포함하지 않는다고

이 "각각 심(心)의 감성적 측면과 리성적 측면을 뜻한다. 이것들은 곧 기와 리의 별칭에 불과하다."고 지적한다.

94) <율곡 6서> pp.485-486, "… 則心是氣也, 或原或生而無非心之發, 則豈非氣發耶。心中所有之理, 乃性也, 未有心發而性不發之理, 則豈非理乘乎。或原者, 以其理之所重而言也, 或生者, 以其氣之所重而言也, 非當初有理氣二苗脈也。"

95) <율곡 2서> p.420, "大抵發之者氣也, 所以發者理也。非氣則不能發, 非理則無所發。" 위 각주 94도 참조.

주장하는 과정에서, 율곡은 도심과 사단은 동일하지만 인심은 칠정과 동일하지 않다고 말한다.

> 칠정 이외에 다시 사단이 있는 것은 아니다. 그러므로 사단은 오직 도심만을 말한 것이고 칠정은 인심과 도심을 합해서 말한 것이니, 인심과 도심이 스스로 둘로 나누어진 것과 어찌 명백히 다르지 않겠는가?[96)]

칠정은 인심과 동일하지 않고 오히려 도심과 인심을 모두 포함한다는 이 발언은 두 가지로, 즉 '리와 기' 개념과 '선과 악' 개념을 통해 해석될 수 있다. 먼저 칠정은 겸기(리와 기)이며 사단은 순리(리)이므로 후자는 전자에 이미 포함된다. 하지만 도심은 주리(리와 기)이며 인심은 주기(리와 기)이지만 모두 리와 기로 구성되며, 따라서 리와 기 가운데서 가리키는 방향은 다를지라도 도심이나 인심은 모두 리와 기의 합을 가리킨다. 하지만 칠정은 겸기로서 리와 기를 모두 가리키며, 인심은 주기라고 말해지지만 결국 리와 기를 모두 포함한다. 그러므로 '리와 기' 개념에 의하면, 율곡의 주장과는 달리, 칠정은 인심과 동일하다고 말할 수 있다.

그렇다면 '선과 악' 개념은 어떤가? 칠정은 겸기로서 선함과 악함을 모두 갖는 반면에 사단은 순리로서 선함만을 가지며, 또한 사단은 칠정 가운데 선한 감정만을 가리키므로 '칠정포사단'으로 표현된다. 그런데

96) <율곡 2서> p.426, "七情之外, 更無四端矣。然則四端專言道心, 七情合人心道心而言之也。與人心道心之自分兩邊者, 豈不逈然不同乎。" 우계도 이 점에 동의한다(<우계 1서> pp.401-402, "今以道心謂之四端可矣, 而以人心謂之七情則不可矣"). 이와는 달리, 퇴계는 사단과 도심, 그리고 칠정과 인심을 동일시하지만(<사칠 2서>, p.147 각주 18; 권인호, 1995, p.186; 양승무, 2005, p.269 참조), 이처럼 우계가 퇴계와 다른 견해를 제시한 이유에 대해, 양승무(1999, p.8)는 그가 퇴계를 제대로 이해하지 못했기 때문이라고 지적한다.

율곡의 규정에 따르면, 도심은 선함을 갖고 인심은 선함과 악함을 모두 갖는다. 이것은 사단과 칠정에 대한 규정과 동일하며, 인심이 도심을 포함한다고 설명하면 아무런 문제가 없을 것처럼 보인다.

그러나 율곡이 바로 그 '인심포도심'의 관계를 부정하기 때문에 상황이 어려워진다. 즉, 그가 '인심포도심'의 관계를 부정함으로써 도심의 선함과 인심의 선함을 어떻게 해소시키는가 하는 문제가 제기된다는 것이다.[97] 다시 말해서, 인심의 선함과 악함을 인정하는 동시에 그것과 칠정의 동일시를 거부하는 것은 불가능하며, 따라서 다음 두 가지 입장 가운데 한 가지를 선택해야만 한다. 첫째, 칠정이 도심과 인심의 합이라는 입장을 유지하려면, 인심의 경우에 선함은 없고 악함만이 있다고 주장해야 한다. 이것은 칠정의 선함과 악함이 '도심의 선함'과 '인심의 악함'이라는 주장이다. 사실 이 견해는 도심이 천리(天理) 또는 성명(性命)에 따른 것이므로 선한 반면에, 인심은 천리와 인욕(人欲)을 겸하므로 선하거나 악하다는 규정과 일관되지 않는다. 일관된 입장을 유지하려면 인심을 인욕과 동일시하고 천리를 부정해야 한다.[98] 둘째, 도심이 선함을 갖는 동시에 인심은 선함과 악함을 모두 함축한다는 입장을 유지하려면, 칠정이 사실상 인심과 동일시된다고 인정하고, 또한 이러한 인심이 도심을 포함한다고 주장해야 한다. 그러나 율곡은 인심과 도심을 포함 관계가 아니라 대조 또는 대립 관계로 설명하고 싶어 하며, 따라서 그는 두 번째 입장보다는 첫 번째 입장에 동의할 것으로 보인다.

---

97) 이것은 사단의 선과 칠정의 선을 모두 인정하면, 심의 두 가지 근원을 인정할 수밖에 없다는 율곡의 문제 제기와 동일한 맥락이다(<율곡 1서> pp.406-407 참조).

98) 이종태(1997, pp.477-478)에 따르면, 이것은 율곡의 40세 때 저술인 『성학집요』의 견해이다. 위 각주 92 참조.

현재까지의 논의를 토대로 '심통성정'에서의 심·성·정이 각각 그것들의 종들 가운데서 정확히 어떤 것을 지칭하는가를 알아보면서 이 글의 마무리를 지어보자. 본연지성과 기질지성은 하나의 '성'을, 사단과 칠정은 모두 하나의 '정'을, 그리고 도심과 인심은 모두 하나의 '심'을 가리킨다. 이 가운데 '사단과 칠정'과 '본연지성과 기질지성'은 모두 순리(순수한 리)와 겸기(리와 기)로서 설명되지만, '도심과 인심'은 그런 관계로 설명되지 않는다. 다시 말해서, 기질지성과 칠정은 리와 기를 겸하므로 이미 리를 그 안에 포함하며, 그렇기 때문에 리만을 가리키는 본연지성과 사단을 각각 포함한다고 말할 수 있다. 한편, 도심과 인심은 주리와 주기로 말해지지만 사실상 리와 기를 겸한 것이며, 그렇기 때문에 포함 관계로 말할 수 없다.

성과 정의 종(種)들이 각각 갖는 순리와 겸기라는 성격은 '심통성정'에 다음과 같이 적용된다. '심통성정'의 성은 기로서의 정과 대비되는 리로서의 성을 가리키므로, 그것은 기질지성이 아니라 본연지성이어야 한다. 왜냐하면 본연지성은 순리이지만, 기질지성은 겸기이기 때문이다. 반대로, '심통성정'의 정은 리로서의 성과 대비되는 기로서의 정을 가리키므로, 순기(순수한 기)의 성격을 지닌 정을 찾아야만 한다. 하지만 사단은 순리이지만 칠정은 겸기로서, 사실상 주희는 순수한 리인 성에 대비되는, 그리고 사단이나 칠정과는 다른 순수하게 기(氣)로서의 정에 대해서는 논의한 적이 없다. 일반적으로, 두 가지 사물들이나 개념들이 대비되기 위해서는 '리'와 '기'처럼 동등한 가치와 비중을 가져야 하며, '리'와 '리와 기'의 경우는 불균형하고 부적절한 대비이다.

율곡이 이런 점을 염두에 두고 있었는지 알 수 없으나, 그는 리와 기의 합인 경우에만 '성'이라고 부를 수 있으며 그렇기 때문에 '기'에서 동떨어진 '본연지성'은 '성'이 아니라 '리'로 불러야 된다고 말한다. 따라서 그에게 있어서는 '기질지성'만이 유일하게 존재하는 성이다. 이러한 성과 대비되는 정에 대해서도 동일한 선상의 설명이 제시된다. 즉, 그에게 있어서 유일하게 존재하는 정은 리와 기의 속성을 모두 갖춘 칠정이며, 사단은 다만 그것 가운데 리의 측면 또는 선한 측면만을 지칭하는 것에 불과하다. 그러므로 '심통성정'의 성은 '리와 기'로서의 기질지성이고 정은 '리와 기'로서의 칠정이란 점에서 대비되며, 전자는 발하기 이전이고 후자는 발한 이후라는 점에서 대조된다. '심통성정'은 심이 이러한 기질지성과 칠정을 '포함한다(兼)'는 의미이다.

한편, 위에서 보았듯이, '심통성정'의 심은 미발(性)의 상태를 가리키기도 하고 이발(情)의 상태를 가리키기도 하지만, 도심과 인심은 모두 이발 상태를 가리킨다는 점을 고려하면, 심은 도심이나 인심과는 다른 것처럼 보인다. 하지만 이미 언급했던 것처럼, 율곡은 리와 기를 겸한 기질지성만을 인정하므로, 심도 리와 기의 속성을 모두 갖는다고 말해야 한다. 보는 관점에 따라 리를 중심으로 하는 주리적 관점에서 보면 도심이고, 기를 중심으로 하는 주기적 관점에서 보면 인심이라고 할 수 있지만, 궁극적으로는 도심과 인심도 리와 기의 합에서 발하는 것이다.

그렇다면 그것은 도심인가 또는 인심인가? 인심이 도심이 되고 도심이 인심이 될 수 있다는 '상위종시설'을 고려할 때, 그것이 사실상 도심이든 인심이든 상관이 없다는 결론을 내리게 된다. 그것이 도심인가 또는 인심인가를 판단하는 것은 실제로 심이 발생한 뒤에 심의 내용을 고찰한 뒤에야 가능하다. 심통성정에 대한 위 해석은 심·성·정을 모두 '리와 기의 합'으로 보는 방향으로 진행되었으며, 이런 맥락에서 볼 때 우리는 율곡의 심성론이 일관성을 지닌다고 결론 내릴 수 있을 것이다.

참고문헌

『율곡전서』
『주자어류』
『주자문집』
한국유학 삼대논쟁자료 수집・정리 및 역주단 사단칠정논쟁연구팀(2008), 『퇴계・고봉, 율곡・우계 : 사단칠정논변』, 파주 : 한국학술정보.

Charlton, W. (1991) The Analytic Ambition. Blackwell.
F. W. 모트 (1994) 『중국의 철학적 기초』, 김용헌 옮김, 서울 : 서광사.
Fung, Yu-Lan (1952) A History of Chinese Philosophy. Vol. I, D. Bodde (tr.), Princeton : Princeton University Press.
Kalton, M. C. et. al. tr. (1984) The Four-Seven Debate. Albany : State University of New York Press.
Swinburne, R. (1997) The Evolution of the Soul. Clarendon Press.
Ward, K. (2010) More than Matter. Oxford : Lion Hudson.
Yoo, Weon-Ki (2013) “A Research Methodology for Korean Neo-Confucianism,” Acta Koreana, vol. 16 : 1, pp.177-197.
권인호(1995), 「인심도심논쟁 : 도덕심과 욕망 그리고 하늘의 도리는 같은가」, 한국철학사상연구회편, 『논쟁으로 보는 한국철학』, 서울 : 예문서원, pp.181-204.
김종문(1976), 「율곡의 리기 철학 체계에 대한 연구」, 황의동 외, 『율곡 이이』, 서울 : 예문출판사, pp.191-234.
노상오(2002), 「栗谷의 心性論」, 『도덕교육연구』 제14집, pp.21-44.
류승국(2005), 「율곡철학의 특성」, 『율곡사상연구』 제11집, pp.5-16.
배종호(1978), 「栗谷의 四端七情論과 人心道心說」, 『동방학지』 제19집, pp.1-69.
안영상(2009), 「사단칠정론 이해를 위한 주희 심통성정론의 검토」, 『정신문화연구』 제117집, pp.281-308.

안재호 옮김(1997), 『송명 성리학』, 진래 지음, 서울 : 예문서원.

안재호(2004), 「朱熹의 心 개념과 "心統性情" 淺析-明代 心學 출현배경이 되는 주자학에서의 문제를 중심으로」, 『중국학보』 제50집, pp.315-331.

양승무(1999), 「栗谷과 牛溪의 四端七情論辨 연구」, 『동양철학』 제11집, pp.1-40.

양승무(2005), 「退溪와 栗谷의 理氣心性論 비교연구」, 『유교사상연구』 제22집, pp.249-278.

유성선(2002), 「주자 심론 일고찰-도덕적 주체성을 중심으로」, 『동서철학연구』 제26집, pp.85-104.

유원기 옮김(2015), 『어느 물질론자의 마음 이야기』, 데이비드 암스트롱 지음, 서울 : 지만지.

유원기(2006), 「율곡의 리기론에 대한 현대적 고찰」, 『철학논총』 제46집, pp.223-245.

유원기(2009a), 『자연은 헛된 일을 하지 않는다-아리스토텔레스의 자연철학』, 파주 : 서광사.

유원기(2009b), 「주희 미발론에 있어서 미발의 '주체'와 '성격'」, 『철학논총』 제56집, pp.255-275.

유원기(2011), 『16세기 조선성리학 논변의 분석적 검토-퇴·고의 사단칠정논변과 우·율의 인심도심논변을 중심으로』, 서울 : 성균관대학교 박사학위논문.

유원기(2013), 「퇴·율 사상 연구의 현황과 과제」, 『한국학논집』 제50집, pp.127-155.

윤사순(1992), 『한국의 性理學과 實學』, 개정증보판, 서울 : 열음사.

윤사순(1971), 「退溪의 心性觀에 관한 硏究-사단칠정론을 중심으로」, 『아세아연구』 제41집, pp.1-35.

윤용남(1997), 「朱子 理氣說의 整合的 構造」, 『퇴계학논집』 제93집, pp.102-125.

이동희(1989), 「나흠순(羅欽順)의 이기혼일(理氣渾一)의 철학과 이율곡의 이기지묘(理氣之妙) 철학과의 비교 연구」, 『한국학논집』 제16집, 1989, pp.85-132.

이동희(2002), 「율곡은 '主氣的'이 아니면서 '主氣的'이다」, 『동양철학연구』 제29집, pp.173-200.

이두찬(2003), 「栗谷 心論 硏究-心의 主宰性에 대하여」, 『율곡사상연구』 제7집, pp.73-101.

이종우(2005), 「寒洲學派와 艮齋學派의 心統性情說 논쟁과 그 의의」, 『동양철학연구』 제42집, pp.115-135.

이종태(1997), 「栗谷 李珥의 心性論」, 『율곡학보』 제5집, pp.461-481.
이해영(1984), 「栗谷 理氣論의 氣重視的 特性」, 『동양철학연구』 제5집, pp.39-58.
임헌규(1999), 「朱熹 '心統性情論'의 三重構造」, 『정신문화연구』 통권 제77집, pp.169-194.
장숙필(2004), 「율곡과 율곡학파연구의 현황과 과제」, 『한국인물사연구 1』 pp.481-498.
최영진(1981), 「退溪에 있어서 理의 能動性에 關한 論理的 接近」, 『玄潭 柳正東博士華甲紀念論叢』, pp.87-108.
최영진(1985), 「栗谷 理氣論에 있어서의 依樣과 自得」, 『동서철학연구』 제2집, pp.1-17.
최영진(1993), 「율곡사상의 구조적 이해」, 『사상』 제18집, pp.264-291.
황의동(1988a), 「栗谷人性論의 理氣之妙的 構造」, 『유교사상연구』 제3집, pp.1-36.
황의동(1988b), 「율곡의 리기론」, 황의동 외, 『한국의 사상가 10人』, 서울 : 예문서원, 2002, pp.141-168.
황의동(2002a), 「율곡학 연구의 어제와 오늘」, 『오늘의 동양사상』 제6집, pp.251-267.
황의동(2002b), 「율곡 사상의 현대적 조명」, 『율곡사상연구』 제5집, pp.187-207.
황의동(2007a), 「栗谷 理氣論의 現代的 意味」, 『동서철학연구』 제46집, pp.289-310.
황의동(2007b), 「율곡 이이」, 서울 : 살림.

퇴율학에서 실학으로

성호 이익을 중심으로

1. 이익 연구의 성과와 반성
2. 이익의 퇴율학 계승과 변모
3. 이익의 사단칠정설과 공사론의 정립
4. 이익 철학의 독자성
5. 성호학의 분기

퇴율학에서 실학으로

성호 이익을 중심으로

추제협*

이익(李瀷, 호 星湖, 1681-1763)은 본관이 여주(驪州)이며 자는 자신(子新)이다. 그는, 사간원 대사간을 지낸 아버지 이하진(李夏鎭)이 경신대출척 때 진주목사로 좌천되었다 다시 평안도 운산에 유배되었을 때 후부인 권씨 사이에서 태어났다. 1682년 그의 나이 두 살 때 아버지를 여윈 탓에 홀어머니 슬하에서 어린 시절을 보냈고, 둘째 형인 이잠(李潛)에게서 가학을 전승받았다. 1705년 과거에 실패하고 형마저 죽게 되면서 안산에 머물며 학문에만 전념하게 된다. 그의 본격적인 저술은 1713년부터 이루어졌으며 이후 그의 학행이 높음을 듣고 많은 제자들이 모여들었다. 말년에는 평소 병약했던 데다 병마저 많았기에 가산이 기울어 매우 빈곤하게 살았다. 급기야 1763년 12월에 세상을 떠나게 된다.

* 계명대 인문역량강화사업단 연구교수

이익을 흔히 실학의 선구자라고 말한다. 하지만 그의 철학에는 주자학이 짙게 드리워져 있다. 그가 살았던 17세기 말에서 18세기 초가 사회, 정치적으로 불안한 시기였고 당연히 그 토대인 철학 또한 당면한 현실에 따른 변화가 불가피한 상황이었다. 그렇기에 그의 철학에는 자신이 배운 주자학적 기반이 많은 부분을 차지하면서도 현실의 변화에 따른 갈증이 함께 용해되어 있다고 봐야 한다.

따라서 이를 온전히 이해하기 위해서는 단선적인 접근보다는 기존의 철학 유산을 잇고 있으면서도 이를 어떻게 변모시키고 있는가 하는 다면적 접근 방법이 중요하다. 이 글은 이익의 선행 연구를 검토하여 보다 유익한 시야를 확보하고 그러한 관점에서 이익 철학이 갖는 특징을 살펴보고자 한다.

1. 이익 연구의 성과와 반성

이익의 연구는 1930년대 실학에 대한 관심과 함께 시작되었다. 대개의 실학 연구가 그러하듯 초기에는 주로 사회 및 정치 개혁론에 집중되었다.[1] 개혁론의 형성 배경에서부터 그 구체적인 내용과 한계, 그리고 이이(李珥), 유형원(柳馨遠) 등과의 영향관계까지 논의가 확대되었다. 이후의 연구는 이러한 성과를 바탕으로 다른 실학자들과 비교하여 이익만의 독자적인 면모를 드러내는 데 주력했다.

그러나 이러한 개혁론에 대한 연구는 대체로 철학사상과는 무관한 경

1) 현상윤(1949); 천관우(1952); 한우근(1980), 신용하(1997); 김태영(1998) 등.

우가 많았고 당연히 그 관련성에 대한 물음에도 무기력할 수밖에 없었다. 철학사상에 대한 본격적인 연구는 여기에서 시작되었다. 특히 이익의 경학관을 다루는 대다수의 논문들은 이러한 성격을 고스란히 담고 있다.[2)]

이익의 경학관에 대한 연구에서 주목한 것은 그가 합리적이고 논리적인 사고와 실증적 태도를 갖고 있다는 점이다. 또한 이를 통해 주희의 설에 대한 맹신적 태도를 거부하고 자득(自得)의 방법을 통한 독자적인 해석, 그리고 현실 생활에 유용한 경세치용(經世致用)의 시무 경학을 강조하는 특징이 있다고 보았다. 이로써 이익의 경학은 실학적 성격을 갖는 것으로 이해하여 조선의 독자적인 경학시대를 열었다는 지적과 함께 근대로의 지향 의식을 보여주고 있다고 평가했다.

이익의 철학을 전체적으로 조명하려는 연구 또한 이와 비슷한 입장에서 출발한다. 여기에는 대체로 세 가지 견해가 공존하고 있는 것으로 보인다. 즉 강한 실학적 지향을 보이고 있다는 주장과 이러한 실학적 지향 못지않게 주자학이 양립하고 있다는 주장, 그리고 여전히 주자학에 머물러 있다는 주장이다. 지금까지의 연구 또한 대개 이러한 순서로 진행되었다.

우선 주자학과의 비교를 통해 그의 실학적 면모를 드러내는 데 주력한 연구이다.[3)] 이 연구는 리기론과 심성론, 경세론 등 다양한 측면에서 주자학과의 차별적인 특징을 부각시켜 자기만의 독자적인 철학적 사유를 형성하게 되었다고 강조한다. 가령 리기의 성격과 관계를 새롭게 규

2) 이광호(1986); 권문봉(1993); 최석기(1994); 강경원(2001); 김정민(2006); 함영대(2011) 등.

3) 안재순(1984); 김용걸(1989); 박홍식(1994) 등.

정하는 가운데 기유대소설(氣有大小說)로 대표되는 기적 경향을 띠게 되었다는 점이나 심에 대한 독자적 위상을 통해 개별적이고 경험적인 사실에 대한 인식과 사유를 가능하게 했다는 점 등은 이러한 근거로서 매우 중요하게 지적되었다.

한편 그동안의 이익 연구가 실학적 측면에 치중한 것을 반성하고 주자학의 계승적 측면이 양립하고 있음을 강조한 연구이다.[4] 이 연구는 전자가 기유대소설에서 주기적 경향으로, 후자가 사단칠정설(四端七情說, 이하 사칠설)에서 주리적 경향으로 나타나고 있다고 보았다. 그리고 이러한 두 경향이 자연법칙과 규범법칙을 분리함으로써 전통 사상과 서양과학의 수용 사이에 균형을 유지할 수 있었다고 진단했다. 그 결과 서학과 주기적 특성 등이 주리적 경향에 포섭됨으로써 궁극적으로 실학의 길을 모색하게 되었다고 보았다.

그러나 이러한 이익의 연구는 그의 철학이 실학이든 주자학과 실학이 공존하든 그러한 입장이 어떠한 관계를 가지며 무엇이 변화되었는지에 대한 보다 세밀한 논의에서는 미흡했다. 그리고 이 역시 계승의 측면을 다루고 있기는 하지만 여전히 탈주자학적 관점에 무게를 두고 있는 만큼 이익의 철학에 나타난 서로 모순된 양상들이 명확하게 분석되지 못한 한계가 있었다.

이익의 철학을 주자학적 관점에서 이해하거나 경세론이 주자학적 인식을 바탕으로 한 실천적 변용으로 이해하려는 연구는 이러한 반성에 기반하고 있다.[5] 이 연구는 이익의 철학을 역사와 현실 인식을 중심으

4) 송갑준(1991); 안영상(1998); 허종은(2009) 등.
5) 류인희(1985); 신항수(2002) 등.

로 보면 주자학의 틀에서 크게 벗어나지 않는다고 주장한다. 즉 기존의 연구는 개신의 측면에 치중한 나머지 이익의 언설이 갖는 당대의 역사적 현실에 대한 이해를 간과하고 있다는 것이다. 따라서 오히려 계승에 좀 더 무게를 두어 서학과 양명학을 부분적으로 수용했고 경세론도 이러한 맥락에서 전개되었다고 보는 것이 타당하다고 강조한다.

그런데 이렇게 보면 이익 철학은 모호하게 된다. 주자학과 실학의 관계 속에서 굳이 어느 쪽이 양적으로 우세하다는 것은 그의 철학적 성격을 규정하는 데 별의미가 없다. 또한 철학은 주자학이면서 경세론은 탈주자학적 경향을 띤다는 지적 또한 일반적으로 경세론이 철학과 밀접한 연관 속에서 전개된다는 점에서 그 자체가 모순이다. 즉 주자학에는 그 나름의 철학과 경세론이 있으며 실학 또한 그 나름의 철학과 경세론이 있다고 보는 것이 타당하다.[6]

이러한 점에서 이익의 철학에 새롭게 접근하려는 시도들이 있었다. 이들은 이익 철학에 빈번히 등장하는 '공사(公私)' 개념에 주목했다.[7] 그 이유는 이익이 당대 현실의 폐해를 공사의 문란으로 보았기 때문이다. 당연히 이러한 문제를 해결하기 위해 '공도(公道)'의 확립이 중요한 과제라 하고, 이를 인간 정신의 산물인 리발(理發)을 통한 천리공(天理公)의 실현으로 해결될 수 있다고 보았다. 즉 개별자의 이익 추구 행위가 사회공동체적 선이라는 보편의 지평에 타당한 것이어야 한다는 점에서 제도라는 외적 기제와 천리공으로서 선의 실천이라는 내적 기제가 필요하다는 것이다. 그러나 이러한 접근 또한 공사론이 이익 철학의 핵심적 개념

6) 홍원식(1998), p.14.
7) 김종석(2002); 권향숙(2005).

으로 작용할 수 있는지 여부와 그럴 수 있다면 이는 주자학에서 실학으로의 변모를 어떻게 보여주고 있는지가 명확히 해명되어야 한다.

이상으로 이익 철학에 대한 연구를 검토한 결과, 그 철학적 성격에 대한 논란이 유효한 시각을 확보하지 못하고 여전히 공존하고 있음을 보았다. 이러한 논란은 그의 철학이 보여주고 있는 주자학과 실학의 이중성에 있으며, 이를 명확히 하기 위해서 그의 철학적 형성 과정에 대한 연구가 필요하다고 판단된다. 이를 통해 그 계승의 면을 여실히 드러낼 수 있을 뿐만 아니라 실학적 변모를 겪게 된 원인 또한 확인할 수 있으며, 무엇보다 그의 철학에 가장 핵심적인 것이 무엇인가를 밝힐 수 있다고 보기 때문이다.

흔히 근기남인이라고 하는 근기 퇴계학인에 대한 관심은 여기에서 비롯되었다. 이황(李滉)과 이익의 관련성에 대한 연구는 이른 시기부터 이루어졌다.[8] 그러나 이 연구는 이익이 이황을 계승하고자 했다는 사실을 소개하면서도 학문적 관련성에 대한 구체적인 근거를 제시하지는 않았다. 대체로 이황에 대한 존숭의 말들을 열거하거나 『이자수어(李子粹語)』, 『이선생예설유편(李先生禮說類編)』 등 일련의 저작을 통해 간접적으로 그 가능성을 제기하고 있을 뿐이었다.

이러한 가운데 채제공(蔡濟恭)에 의해 일반화되었던 근기 퇴계학맥[9]에 대한 문제가 제기되었다. 즉 이 학맥에는 북인의 몰락과 함께 소북계의 정치적 활로를 모색하고자 하는 목적의식이 강하게 작용했다는 지적이었다. 이후 후속 연구를 통해 이러한 주장이 굳어지게 되면서 근기 퇴계

8) 이지형(1982); 이남영(1982), 안병걸(2009) 등

9) 유봉학(1998), pp.35-40.

학맥에 대한 연구는 위축될 수밖에 없었다.

그러나 이론의 여지 또한 없지 않다. 비록 채제공의 언급을 전적으로 믿을 수는 없다 하더라도 이익이 퇴계학을 계승하고자 하는 의지가 분명했고 퇴계학파 내의 이론적 분화와 이익의 학문이 갖는 다면성을 살피는 데 일정 부분 기여할 수 있다는 점이다. 그러므로 이를 전적으로 부정하기보다는 유용한 지침을 삼아야 한다는 것이다.[10]

지금까지 근기 퇴계학에 관련된 연구로는 개별 인물에 관한 연구와 성호학파를 중심으로 한 연구가 있다. 첫째, 개별 인물에 관한 연구이다. 여기에는 허목(許穆), 윤휴(尹鑴), 유형원 등의 정치적 활동과 철학사상, 경세론을 살피는 연구들이 다양하게 이루어졌다.[11] 그 중에 특히 중요한 문제로는 이들의 학문적 연원에 대한 논의이다. 여기에는 두 가지 입장이 공존한다.

우선 종전에 채제공이 제시한 학맥에 대한 불신으로 인해 이황이 아닌 남명학파나 화담학파에 더 가까운 것으로 보는 연구이다.[12] 즉 이들이 보여주는 다양한 학문적 관심과 주희의 설만을 맹신하지 않는 개방성 등이 화담 학풍과 유사하다고 진단한다.

반면 기존의 학맥을 어느 정도 인정하는 가운데 이황과의 관련성을 제기한 연구도 있다. 여기에서 주목한 것은 천관(天觀)에 대한 이해이다.[13] 이들의 철학에 나타난 천관이 이황의 리와 천의 관계에 남겨진

---

10) 추제협(2012), pp.12-20.

11) 최석기(2000); 정호훈(2004).

12) 고영진(1994), pp.182-192; 권인호(1995), pp.275-277; 신병주(1997), pp.159-168; 원재린(2003), pp.33-42.

13) 김형찬(2009a); 김형찬(2009b); 김형찬(2010); 이경원(2010), 2부 참조; 조은영(2011), 2장 참조.

문제를 해명하고자 하는 데에서 비롯되었다고 보았다. 즉 이황은 도덕적 삶의 실천을 강조하면서도 천에 대한 경외심을 인식하되 지나친 천에 대한 의존은 배제하고 싶었다는 것이다. 이러한 모순을 해명하는 과정에서 새로운 변화가 생기고 이것이 이후 성호학파로 이어지게 되었다고 했다.

이황과 이익의 관련성을 논한 연구도 이러한 맥락에서 이루어졌다.[14) 이익의 성리설과 예학에 나타난 특징을 살피되, 특히 공사의 '공'개념에 대한 인식이 매우 강조되어 있음을 지적한다. 즉 사단칠정에서는 칠정인 '사'에 대한 사단인 '공'을 구분함으로써 이것이 리발설의 강조로 나타나고, 예학에서는 예의 본질은 변하지 않으나 인시제의(因時制宜)에 따른 형식의 변화를 띠게 되었다고 했다. 그리고 이러한 특징은 경세론에서 사익에 대한 공익의 정당성을 확보하는 방향으로 나아간다고 보았다. 이것은 결국 이황이 강조한 물(物)과 아(我)가 합일하되 조금의 사의(私意)도 용납하지 않는 공공의 세계를 그 또한 당대의 현실에서 요청하게 되었다는 것이다.

둘째, 성호학파에 대한 연구는 이익을 중심으로 성호학파의 형성과 학통 및 분기에 대한 연구,[15) 양명학과 서학 수용의 양상과 전개,[16) 그리고 자연과학에 대한 수용과 인식[17) 등 매우 다양한 관점에서 논의가 진행되었다. 이로써 성호학파에 대한 온전한 이해의 디딤돌은 될 수 있었지만 정작 이러한 학파 형성의 구심점은 무엇이며 이것이 이익 철학

---

14) 이상익(1999); 금장태(2000); 안영석(2003); 김종석(2002); 김종석(2006).

15) 강세구(1999); 원재린(2003); 추제협(2015) 등.

16) 최동희(1988); 차기진(1995); 서종태(1996) 등.

17) 이용훈(1988); 전용훈(2003) 등.

에 나타난 양면성과 어떠한 관련이 있는지에 대한 이해에는 부족한 면이 없지 않았다.

이렇게 근기 퇴계학인들의 철학적 관련성이 부분적으로나마 논의되면서 그 유사성과 차별성은 확인할 수 있었다. 그러나 개별 인물간의 관계를 넘어 전체 학맥을 일관되게 관류하는 철학적 특징은 무엇이며 그러한 과정에서 어떠한 차별성을 갖는지에 대한 구체적인 논의에는 이르지 못하고 있다. 또한 퇴계철학이 심학으로 알려져 있고 정약용(丁若鏞)의 지적처럼 이익 학문의 중요한 부분이 심성학(心性學)에 있다는 점을 고려해볼 때,[18] 최근의 논의들이 이와 무관한 것은 아니지만 그의 본류에 대한 이해에 상대적으로 취약했다. 이 글은 바로 여기에서 출발한다.

2. 이익의 퇴율학 계승과 변모 : 사단칠정설을 중심으로

이익은 이황과 이이의 철학을 어떻게 이해하고 있었을까? 특히 이들 사이에 가장 많은 논란이 되었던 심성설(心性說)에 대해 그는 어떤 부분을 계승하고 자신의 사상을 정립하는 근거로 삼았는지를 알아볼 필요가 있다.

이익은 선유들의 심성설에 대한 비판을 『사칠신편(四七新編)』 부록에 '기의(記疑)'형식으로 기록하고 있다. 여기에는 이황을 비롯하여 기대승(奇大升), 이이, 진덕수(陳德秀)를 다루고 있는데, 이 글에서는 이황과 이이, 기대승을 중심으로 살펴보기로 한다.

---

18) 丁若鏞, 『與猶堂全書』 卷1, 「上木齊書」, "惟我星湖夫子, 以天挺英豪之才, 生於道喪教弛之後. 得以私淑於晦退, 經之以心性之學, 緯之以經濟之業."

먼저 이익은 이황의 심성설에 대해서 대체로 긍정하면서도 두 가지 의문을 제기한다. 우선 "사단칠정의 구분이 있는 것처럼 성에도 본연지성과 기질지성의 구분이 있다."라고 한 말에 대한 비판이다.

> 선생의 뜻을 자세히 궁구해 보면, 대개 사단은 본연지리에서 곧바로 발한 것이며, 칠정은 기품으로 인하여 발한 것이라고 여겼기 때문에 이렇게 말한 것이다. 그러나 사실은 정에 사단과 칠정의 구분이 있는 것과 성에 본연지성과 기질지성이 있는 것은 같지 않다. 본연지성과 기질지성은 두 성이 아니다. 혹은 기품과 합해서 말한 것이며, 혹은 기품을 발라내고서 말한 것이니 하나는 (리만을) 단언한 것이며, 하나는 (리와 기를) 겸언한 것이어서 본래 대립하는 것이 아니다. 정에 이르러서는 분명하게 두 길인 것이다. 성은 하나이지만 혹은 이렇게 발하고 혹은 저렇게 발하니 어찌 두 길이 아닌가? 말을 타는 비유로 논하자면 사람이 스스로 나가는 일도 있고 사람이 말로 인하여 나가는 일도 있다. 사람은 비록 하나이지만 일은 두 가지인 것이다. 이 일과 저 일을 대립시키는 것은 옳지만 만약 오직 사람과 말을 탄 사람을 대립시켜 말한다면 옳지 않다.[19]

이익은 사단과 칠정이 모두 정이며 이 둘의 구별은 분명하다고 말한다. 그러나 성 또한 그러한 구분이 있다고 말할 수는 없으며 이황이 말한 본연지성과 기질지성은 리만을 말하거나 리와 기를 함께 말한 것으로 하나의 성일 뿐이라고 강조한다. 이것은 일성이정(一性二情)을 설명하는 것으로, 즉 마음이 발하기 전인 미발(未發)에서는 하나이며 발한 후인

---

19) 李瀷(이하 생략), 『星湖全書』 卷7, 「四七新編」 附錄, 「讀退溪先生書記疑」, "詳究先生之意, 盖以四端直發於本然之理, 而七情由氣稟而發, 故有此云爾. 然其實, 情之有四端之分, 與性之有本然氣稟, 差不同. 本然之性與氣稟之性, 非二性也. 或與氣稟合言之, 或剔去氣稟而言之, 一則單言, 一則兼言. 本非對立物也. 至於情, 分明是二路. 性一也, 而或如此而發, 或如彼而發, 則豈非二路耶? 以乘馬說論, 則人有自出之事, 人有因馬出之事, 人雖一也, 而事則二也, 以此事對彼事, 則可. 若獨擧人與乘馬之人對說, 則不可也."

이발(已發)에서는 두 양상이 나타난다는 것으로 이해했다. 그러면서 그는 이황이 사단과 칠정의 관계를 "비록 칠정 밖에 다시 사단이 있는 것이라고는 할 수 없어도 만약 마침내 다른 뜻이 있는 것이 아니라고 한다면 아마도 옳지 못하다"[20]는 다소 곡진한 표현에 대해서도 불만을 표시한다. 이익은 이렇게 말한 선생의 뜻을 이해할 수 없다 하고 다음과 같이 말한다.

> 칠정의 밖에 아마도 다시 사단이 있는 것이다. 측은은 희노애락이 아니며 사양도 희노애락이 아니다. 그 밖의 것들도 무리를 미루어 알 수 있다. 만약 칠정의 밖에 다시 사단이 있지 않다면 리발과 기발의 두 길을 끝내 구분할 수 없을 것이다. 선생의 뜻은 반드시 가리키는 바가 있을 것인데, 지금은 이해할 수 없으니 다시 자세히 살펴야 할 것이다.[21]

그는 사단과 칠정이 엄격히 분리된다고 단정한다. 사단칠정논쟁(이하 사칠논쟁)에서 이황의 최종안을 보면 리와 기가 서로 떨어질 수 없는 불리의 관계를 받아들인 결과이며 여기에 칠정 밖에 사단이 있다는 것은 아니라고 했다. 그러나 이익은 이러한 표현이 사단과 칠정을 구분하려는 의도를 명확히 드러낸 것이며 이황의 본의도 여기에 있을 것으로 생각했다. 실제로 이익은 이황의 수정안을 '호발설(互發說)'이라고 한 것에 대해 강한 불만을 표시한다. 호발이라는 말 자체가 이이가 이황의 본의를 잘못 이해한 것이라고 했다. 그러면서도 굳이 이것을 호발이라고 한

---

20) 李滉(이하 생략), 『退溪全書』 卷1, 『文集』16, 「答奇明彦論四端七情第二書」, "雖不可謂七情外復有四端, 若遂以爲非有異義, 則恐不可."

21) 『星湖全書』 卷7, 「四七新編」 附錄, 「讀退溪先生書記疑」, "七情之外, 恐復有四端, 惻隱, 非喜怒哀樂也. 辭讓, 非喜怒哀樂也. 餘可類見, 若七情之外, 不復有四端, 理發氣發二路, 終不可分矣. 先生之意, 必有所指, 而今不可解, 更詳之."

다면 어쩔 수는 없지만 리와 기가 시간적 선후로 각기 발하는 것은 아니라고 하면서 사단과 칠정의 구분은 명확하다고 말했다.

기대승에 대한 비판도 여기에 준하여 이루어졌다. 그가 쓴 후설과 총론에 대해서 네 가지 의문을 제기한다.

> 칠정은 비록 기에 속하지만 리가 진실로 그 가운데 있다. 칠정이 발하여 중절한 것은 바로 천명지성이며 본연지체이다. 어찌 기가 발한 것이라고 하여 사단과 다르다고 할 수 있겠는가?[22]

> 이 리발이란 오로지 리만을 가리켜 말하는 것이며 이 기발이란 리와 기를 섞어서 말한 것이다.[23]

> 사단이란 정이 리와 기를 겸하여 선과 악이 있는 것에 나아가 그 리에서 발하여 불선이 없는 것을 발라내어 말한 것이다.[24]

> 칠정은 비록 리와 기를 겸한 것이지만 리는 약하고 기는 강하여 기를 관섭할 수 없으므로 쉽게 악으로 흐르기 때문에 기가 발한 것이라고 말한 것이다. 그러나 그 발하여 중절한 것은 바로 리에서 발한 것으로 선하지 않음이 없으니 사단과 함께 애초에 다르지 않다.[25]

---

22) 『星湖全書』 卷7, 「四七新編」 附錄, 「讀奇高峰四七說記疑」, “七情雖屬於氣, 理固自在其中, 其發而中節者, 乃天命之性, 本然之體, 則豈可謂是氣之發, 而異於四端也.”

23) 『星湖全書』 卷7, 「四七新編」 附錄, 「讀奇高峰四七說記疑」, “是理之發者, 專指理言, 是氣之發者, 以理與氣, 雜而言之.”

24) 『星湖全書』 卷7, 「四七新編」 附錄, 「讀奇高峰四七說記疑」, “四端者, 則就情之兼理氣有善惡上, 剔 出其發於理, 而無不善者, 言之也.”

25) 『星湖全書』 卷7, 「四七新編」 附錄, 「讀奇高峰四七說記疑」, “七情雖兼理氣, 而理弱氣强, 管攝他不得, 而易流於惡, 故謂之氣之發也. 然其發而中節者, 乃發於理而無不善, 則與四端初不異也.”

하나씩 살펴보면, 우선 정에는 리기를 겸하여 선악이 함께 있듯이 사단이 칠정에 포함되기에 이 중 선한 것만 골라 사단이라고 한다는 것에 대한 의문이다. 이익은 그렇다면 사단의 부중절한 악일변(惡一邊)을 발라내지 않고 그냥 칠정이라고 할 수 있는지 반문한다. 또한 칠정이 기이기는 하지만 중절한다면 사단과 다르지 않다는 입장에 대해서도 그는, 칠정은 이미 기이기에 중절한다고 해서 사단과 같을 수는 없다고 말한다. 칠정이 악으로 흐르기 쉬운 것은 상지(上智)와 하우(下愚)가 다르지 않기 때문인데 중절한다고 해서 리발이라고 말할 수는 없다는 것이다. 리발은 오로지 리만 발한 것이고 기발은 리와 기가 섞여서 발한다고 한 것에 대해서도 그는 리발과 기발은 오로지 발한 것을 말하기 때문에 그 구분이 명확하다고 했다. 결국 기대승에 대한 비판은 칠정이 사단을 포함하는 '칠포사(七包四)'에 따른 사단과 칠정의 구분이 명확하지 않는 것에 집중되어 있다고 하겠다.

한편 이익은 이이에 대해서는 이황에 대한 태도와는 달리 "천언만어가 한결같이 틀렸다."라고 비판의 강도를 높였다. 비판의 대상은 주로 사단칠정, 인심도심 등 심성설 전반의 문제들이며 중복되는 논의들도 있어 이이의 핵심 주장을 중심으로 살펴보기로 한다.

우선 이이의 '인심도심종시설(人心道心終始說)'에 대해 다음과 같이 비판한다.

① 서로 종시가 된다고 하는 것은 모두 일이 자연스럽게 서로 바탕이 되어 발하는 것을 말한다. 사람은 간혹 처음에는 선심을 두었다가 끝내는 악에 빼앗기기도 하며 간혹 처음에는 악심을 두었다가 중간에 고쳐서 선하게 되기도 한다. 이것이 군자의 분계처이니 어찌 서로 종시가 된다고 할 수 있겠는가? 만약 율곡의 학설과 같다면 상지는 순전히 도심뿐이

> 며 하우는 순전히 인심뿐이라서 종시를 말할 수 없고 오직 반은 선하고 반은 악한 사람만이 그 (서로 종시가 되는) 체단을 볼 수 있으니 나는 그것이 옳음을 알지 못하겠다. 만일 처음에는 선심을 두었으면 확고하게 지켜서 잃지 말고 오직 기가 가려 빼앗을 것을 걱정하며 처음에는 악심을 두었다면 힘써서 과감하게 고치고 오직 리가 드러나지 못할 것을 걱정하면 되는 것이다. 어찌 두 가지가 서로 종시가 되는 이치가 있겠는가? ② 성인 또한 인심이 있으니 만약 사의가 개입한 것이 사심이라 한다면 성인도 간혹 사의의 개입이 있는 것인가? 기에 의해 가려지는 것이 인심이라면 성인도 또한 간혹 기에 가려지는 것인가?[26]

②에서 보면, 이이가 인심을 인욕(人慾)이라고 말한 적은 없다. 그러나 이익은 이이가 인심을 인욕으로 오해하고 있다고 말하면서 인심은 인욕이 아니기에 성인도 인심이 없을 수 없으니 만약 사의가 개입한 것이 인심이라고 한다면 성인도 사의의 개입이 없을 수 없다고 말한다. 비판의 대상이 착오에서 비롯된 것이기에 인심에 대한 비판은 수정되어야 할 것이다. 그러나 ①에서 말한 종시설에 대한 입장은 다르다. 이익은 선과 악은 군자와 소인의 구별인데 어찌 종시가 된다고 하겠는가 하고 반문한다. 그러면서 만약 이이의 주장이 맞다면 그것은 선과 악을 가진 보통 사람에게만 가능한 것이고 모든 사람을 포괄하지는 못한다고 말한다. 이는 인심과 도심의 명확한 구분을 강조하려는 이익에게는 부정될 수밖에 없는 것이다. 그에게 도심은 성명을 그대로 드러낸 것이라면 인

26) 『星湖全書』 卷7, 「四七新編」 附錄, 「讀李栗谷書記疑」, "凡相終始云者. 皆事之自然相質發之類也. 人或始有善心, 終爲惡所奪, 或始有惡心, 中改爲善. 此君子分界處, 豈可謂之相終始也. 若如彼說, 上智純是道心, 下愚純是人心, 未有終始之可言, 惟半善半惡者, 可見其體段也, 吾未知其可也. 如始有善心, 則固守勿失, 惟恐氣之揜取, 始有惡心, 則用力斷改, 惟恐理之不顯, 可矣. 豈有二者相終始之理乎? 聖人亦有人心, 若間之以私意者爲人心, 則聖人亦或有私意之間耶? 爲氣所掩者爲人心, 則聖人亦或爲氣所掩耶?"

심은 분명 형기에 의해 드러난 것이기 때문이다. 또한 사단은 선일변(善一邊)이라고 말할 수 있지만 칠정은 쉽게 악으로 흐른다고 하면 옳지만 본래 선과 악을 겸한다고 말하는 것은 옳지 않다고 말한다. 인심과 도심은 모두 감발한 것으로, 여기에는 지(智)와 의(意)를 구별하여 논해야 한다고 했다.

그리고 이이의 '기발리승일로설(氣發理乘一路說)'에 대한 이익의 비판은 다음과 같다.

> 그 자취로 말하자면 리와 기는 진실로 선후가 없다. 그러나 ① <u>그 주재로 말하자면 리는 본래 말라 죽은 나무나 불씨가 꺼진 재와 같지 않으니 반드시 모름지기 움직이지 않으면서도 움직이게 할 수 있어서[주자(朱子)가 진안경(陳安卿)에게 답한 편지의 내용] 기를 통어하여 발한다.</u> ② <u>사단과 칠정이 어느 것인들 리가 발한 것이 아닌가? 그 연유의 나뉨으로 말하자면 외물이 감촉함에 이 리가 문득 응하여 처음부터 형기의 매개가 없는 것을 사단이라고 하며, 외물이 형기에 감촉함에 형기가 매개하여 리가 이에 응한 것을 칠정이라고 한다.</u> 리가 응한 이후로부터 본다면 모두 함께 리가 기를 통어하여 움직인 것이지만 리가 응하기 이전으로부터 본다면 칠정은 본래 형기가 매개함으로 인한 것이고 사단은 그렇지 않다. 그런데도 다만 기발이 있을 뿐이라고 말한 것은 무슨 까닭인가? 북계(北溪)는 "측은해 하는 것은 기요 이렇게 측은해 할 수 있는 까닭은 리이다."라고 하였다[주자는 이 말을 옳게 여겨 허여하였다]. 이렇게 할 수 있음은 곧 또한 주자가 말한 움직이지 않되 움직이게 함의 뜻이니 이것도 또한 기가 발함에 리가 탄 것이라 할 수 있겠는가?[27]

---

27) 『星湖全書』 卷7, 「四七新編」 附錄, 「讀李栗谷書記疑」, "以其迹言, 則理氣固無先後, 以其主宰言, 則理本非如槁木死灰, 必須未動而能動[朱子答陳安卿說], 御氣而發. 四端七情, 孰非理發? 以其緣由之分言, 則外物感, 而此理便應, 初無形氣之媒者, 謂之四端. 外物觸於形氣, 形氣爲媒, 而理於是應者, 謂之七情. 自理應以後看, 則均是理御氣而動, 自理應以前看, 則七情本因形氣之爲媒, 而四端不然矣. 抑所謂只有氣發, 何哉? 北溪曰," 惻隱, 氣也. 其所以能是惻隱者, 理也"[朱子是而許之] 能是卽亦朱子未動能動之意也, 此又可謂氣發而

①에서 이익은 리가 죽은 나무와 같지 않으며 움직이지 않으면서도 움직이게 하는 이른바 주재적 의미를 가진 것으로 이야기한다. 여기서 주재(主宰)는 이이가 말한 기가 동정하는 표준이 된다는 것이 아닌 '사지(使之)'의 의미로 보다 적극적인 해석을 감미해야 한다.[28] 그러니 리와 기는 원래 선후를 논할 수 없지만 주재적 측면에서는 그러한 리가 먼저 있어 기를 주재할 수 있어야 한다고 했다.

②에서 그는 사단과 칠정에서도 이러한 리가 분명 작용한다고 말한다. 그는 리가 감응하기 전에는 다만 형기의 매개 여부에 따라 사단과 칠정이 나누어지지만 리가 응한 이후에는 다르다고 말한다. 즉 사단과 칠정이 모두 리가 발한 것이라고 말하면서 사단은 외물의 감촉에 형기의 매개 없이 바로 리가 발하는 것이라면, 칠정은 외물의 감촉에 형기가 매개되어 리가 발하는 것이라고 한다. 이러한 사단과 칠정의 구분은 이후 자세히 논하겠지만 감정의 발현을 통해 구분하고 있음을 알 수 있는 대목이다.

이러한 입장은 이이가 이황의 글을 잘못 이해한 부분을 지적한 것에서도 확인된다. 이이가 이황의 호발설을 사단은 리가 먼저 발하고 칠정은 기가 먼저 발하는 것이 아니라고 한 비판에 대해 이황이 '선(先)'을 말한 적이 없다고 반박한다. 즉 이이는 호발을 리기가 각기 선후를 갖는다고 보았던 것에 이익은 그렇게 말한 적이 없다는 것이다. 또한 외부의 감촉 없이 안으로 스스로 발한 것이 사단이라고 한 이황을 이이는 어찌 외부의 감촉이 없을 수 있겠는가 하고 비판한 것에 대해서 사단이 사물

理乘乎?"

28) 이상익(2011a), pp.131-132 참조.

에 느끼어 움직이는 것은 칠정과 다르지 않다는 이황의 말이 있음을 제시한다. 그리고 이이가 그릇과 물의 비유를 통해 그릇이 움직임에 물도 움직이는 것은 기가 발함에 리가 타는 것이라고 하며, 리는 작위가 없지만 기는 작위가 있는 것에 대해서도 이익은 심이 활물(活物)이라는 점을 강조한다. 즉 심에는 지각과 영명이 있기에 물에 비유될 수 없다는 것이다.

이이의 '리통기국(理通氣局)'에 대해서도 그는 다음과 같이 비판한다.

> 리는 통(通)하고 기는 국(局)하며 리는 작위가 없고 기는 작위가 있다. 그러므로 기가 발함에 리가 타는 것이다. 양이 움직이면 리는 움직임을 타는데, 리가 움직인 것이 아니다. 음이 고요하면 리는 고요함을 타는데, 리가 고요한 것이 아니다. 리통기국 네 글자는 스스로 생각하여 깨달은 것이다[『주자어류(朱子語類)』에는 "오직 사람은 그 올바른 기를 얻었기 때문에 리가 통하여 막힌 바가 없다. 동물은 그 치우친 기를 얻었기 때문에 리가 막혀서 아는 것이 없다."라고 하였다. 이것은 「기질지성(氣質之性)」 편에 보인다.].[29]

그는 '통(通)'은 '새(塞)'의 반대인데 균제(均齊), 균일(均一), 보편(普遍)의 뜻을 결여하고 있다고 말하면서 리무위에 대해 리에 동정이 있다는 것을 주희의 말을 통해 강조하고 있다. 이러한 점은 그가 리의 능동성을 인정하면서도 주재의 의미로만 한정하는 경우도 있음을 보여준다.

한편 이이는 중인에게 미발일 때가 있다면 성인의 담연한 본체와 다

---

29) 『星湖全書』 卷7, 「四七新編」 附錄, 「讀李栗谷書記疑」, "理通氣局, 理無爲而氣有爲, 故氣發而理乘. 陽之動則理乘於動, 非理動也, 陰之靜則理乘於靜, 非理靜也. 理通氣局四字, 自謂見得[語類, 惟人得其正, 故是理通而無所塞, 物得其偏, 故是理塞而無所知. 右見氣質之性篇]."

를 바가 없다고 했다. 길들여진 말과 길들여지지 않은 말을 비유로 들어 설명하자면 길들여지지 않은 말이라도 조용히 서 있을 때에는 길들여진 말과 차이가 없다고 말한다. 그러나 이익은 중인이 미발일 때는 있지만 그 미발일 때에도 성인의 담연한 본체와 중인은 같지 않다고 말한다. 길들여지지 않은 말이나 길들여진 말이나 고요히 서 있을 때는 비록 같다고 할 수 있지만 그 담연한 본체를 성인은 가지고 있지만 중인은 그렇지 않다는 것이다. 이미 미발에서부터 차별적인 것을 강조하고 있는데 이를 달리 말하면 미발 때에는 확인할 수 없는 것이기도 하다. 오히려 이발 상태에서 그 미발 상태를 짐작하게 된다고 볼 수 있고, 그렇다면 이것은 단순히 그 자체만을 가지고는 설득력이 희박하다. 따라서 이러한 생각은 그가 지각설에 대한 의견과 무관하지 않다고 생각한다. 그는 미발 때에도 지각이 없을 수 없다고 했다.

> 만약 무슨 물(物)이 눈앞에 직접 보이지 않는다 하더라도 마땅히 지각의 이치란 원래 있어서 무슨 물건이 이미 눈앞에 닥쳐온다면 백(白)은 백, 흑(黑)은 흑이란 것을 자연 알게 되니, 이런 지각이 모두 움직이기 전부터 마음속에 갖춰져 있는 다음이라야 저 백과 흑이 무슨 물건이며 무슨 이름이라는 것과 또 어떻게 두고 어떻게 처리한다는 것을 비로소 생각하고 헤아릴 수 있기에, 이것을 '발(發)'이라고 하였다. 이 발은 움직인다는 뜻인데, 무엇을 생각하고 헤아리기 전에는 비록 알고 깨닫는 이 지각은 있다 하더라도 마음은 그대로 고요할 뿐인 것이다.[30]

이러한 비판에는 그들의 기본적인 관점의 차이가 전제되어 있다. 이

30) 『星湖全書』 卷6, 「星湖僿說」, 「知覺」, "如物之未來當云知覺之理自在物旣來矣. 白便知白, 墨便知墨, 皆在未動之前, 然後方始思量白墨之何物何名何以有何以處, 是之謂發, 發者動也, 當其未思量之前, 雖有知覺, 心固寂然矣."

이는 천지조화와 인간의 마음이 같다는 이른바 천인합일(天人合一)의 관점을 제시한다. 이는 주자학의 기본 명제이며 그는 이를 충실히 따르고 있기에 인간의 마음 또한 천지조화의 원리에서 찾고자 한 것이다. 반면 이익은 이러한 이이의 입장을 거부한다. 천과 인이 같다면 천도 인간과 같은 선악의 문제가 제기될 수 있는가 반문한다. 결국 이익은 천인지분(天人之分)의 관점을 통해 자연과 인간을 분리하고 선악의 문제를 인간에 국한하여 구성해 내려고 한 것이다.

> 대개 천지의 상도는 그 마음이 만물을 두루 감싸되 사심이 없으니 사람의 마음이 하는 것처럼 정의와 지각의 발함이 없는 것이다. 만일 "천과 인은 조그만 차이도 없다."라고 한다면 천도 또한 겸선악이나 선일변의 정이 있는 것인지 또한 외물이 그 형체에 감촉하여 안에서 움직이는 것이 있는지 알지 못하겠다. 어찌 혼원의 묵묵히 운행하는 리와 사람의 마음이 사물에 응하여 생긴 것을 억지로 동화시켜 같게 여길 수 있겠는가?[31]

이상에서 보는 바와 같이 이익은 이러한 이황과 이이의 심성에 대한 논의들을 검토하는 과정에서 자신의 철학을 정립하되 이황의 학설을 긍정적으로 계승하고자 하는 의지를 읽을 수 있다. 물론 여기에는 이이의 비판을 어느 정도 의식한 면도 없지 않다.

---

31) 『星湖全書』 卷7, 「四七新編」 附錄, 「讀李栗谷書記疑」,"盖天地之常, 以其心普萬物而無心, 非有情意知覺之發如人心之爲矣. 如曰天與人無少異, 則未知天道亦有兼善惡善一邊之情乎, 亦有外物觸其形而動於中者乎. 豈可以混元默運之理, 與人心應物而生者, 强化而同之?"

3. 이익의 사단칠정설과 공사론의 정립

(1) 리발기수일로(理發氣隨一路)와 리발기발(理發氣發)의 이중논리

이익의 사칠설은 흔히 '리발기수일로설(理發氣隨一路說)'로 알려져 있다.[32] 그런데 그는 사단이 '리발(理發)'이며 칠정이 '기발(氣發)'이라고도 주장한다. 언뜻 보기에 모순되는 듯한[33] 이 두 가지 언명은 이익이 바라보는 사단칠정의 특징을 단적으로 보여준다. 따라서 이 둘의 관계를 이해하는 것은 이익의 사칠설이 이황과 이이의 사칠설에 대한 계승점과 차이점 즉 동이(同異)를 알 수 있는 출발점이라고 하겠다.

사단칠정에 대한 이황의 최종 입장은 '사단즉리발기수(四端卽理發氣隨)'와 '칠정즉기발리승(七情卽氣發理乘)'이다.[34] 이는 기대승이 리기를 나누어 사단과 칠정을 대대 관계로 본다는 지적에 따른 것이었다. 그러나 기대승은 이러한 이황의 최종안 또한 받아들이지 않는다. 여전히 '분개(分開)'의 혐의를 씻지 못하고 있기 때문이었다. 반면 이황에게는 이러한 혐의가 피할 수 없는 선택이었다. 그에게는 무엇보다 사단의 순선성(純善性)을 확보하는 것이 중요했고 그러려면 칠정으로부터 철저한 분리를 말하지 않을 수 없었다.

이익은 이러한 이황의 분개에 대해 동의하는 입장을 분명히 했다. 그는 주희가 언급한 '사단리지발(四端理之發)'과 '칠정기지발(七情氣之發)'이

32) 송갑준(1992), p.287; 이상익(2011b), pp.432-436.

33) 이상익(2011b), pp.454-455.

34) 『退溪全書』 卷1, 『文集』16, 「答奇明彦論四端七情第二書」, "大抵有理發而氣隨之者, 則可主理而言耳, 非謂理外於氣, 四端是也. 有氣發而理乘之者, 則可主氣而言耳, 非謂氣外於理, 七情是也."

막힘이 없는 공안(公案)이라 하고 이황 또한 이를 확신하여 자신의 견해로 삼았다고 보았다. 따라서 이를 수정한 것은 오히려 논의를 불분명하게 만들어 많은 말들이 필요하게 되었다고 했다.[35] 이에 이익은 사단과 칠정이 엄연한 차이가 있음을 강조한다.[36] 그러면서 또한 사단은 리발이며 칠정은 기발이라는 것까지 말하고 있다. 이황의 의도를 재확인하는 듯한 이 발언은, 그러나 여기에 '리발기수'라는 전제를 추가함으로써 이익이 바라보는 입각점이 다름을 보여준다. 즉 그가 생각하기에 사단은 리발로 인한 리발기수이며 칠정은 기발로 인한 리발기수라는 것이다. 다음은 이 점을 자세히 설명하고 있다.

> 사단칠정의 리발(理發)과 기발(氣發)은 지극한 것이다. 사단은 형기로 인하지 않고 곧장 발하기 때문에 리발에 속하고 칠정은 리가 형기로 인하여 발한 즉 기발에 속한다. …… 그러므로 나는 '리발기수(理發氣隨)는 사단과 칠정이 같다'고 말한다. 그러나 칠정은 리가 발한 위에 일층(一層)의 묘맥(苗脈)이 있으니 이른바 형기의 사사로움이 이것이다.[37]

인용문은 이익이 61세 때 쓴 「중발(重跋)」의 첫머리에서 한 말로 사칠에 대한 자신의 정론을 간명하게 언급했다고 봐도 무방하다.[38] 여기서

35) 『星湖全書』 卷7, 『四七新編』, 「序」, "故朱子所謂, '四端理之發, 七情氣之發' 二句, 爲總會之公案, 而參以衆說, 無罣礙之患矣. 退溪先生, 始因秋巒鄭靜而之說, 立爲此論, 及見朱夫子傳心之訣, 而尤信的튼, 爲之話頭, 以教學子."

36) 『星湖全書』 卷7, 『四七新編』, 「附錄, 讀退溪先生書記疑」, "七情之外, 恐復有四端. 惻隱非喜怒哀樂也, 辭讓非喜怒哀樂也. 餘可類見. 若七情之外, 不復有四端, 理發氣發二路, 終不可分矣."

37) 『星湖全書』 卷7, 『四七新編』, 「重跋」, "四七之理發氣發, 至也. 四端不因形氣而直發, 故屬之理發. 七情理因形氣發, 則屬之氣發. … 余故曰, 理發氣隨, 四七同然, 而若七情, 則理發上面, 更有一層苗脈, 所謂形氣之私, 是也."

38) 「중발」은 성호학파 내의 공칠정논쟁에 대한 이익 자신의 입장을 수정하기 위해 쓴

그는 사단과 칠정을 모두 리발기수라고 했다. 그 이유는 감정의 발현이란 점에서 그러하다고 말한다. 그런데 이러한 감정의 발현이 모두 리발기수임에도 사단과 칠정의 차이가 있게 되는 것은 바로 형기의 사사로움이 있기 때문이라고 했다. 즉 사단은 성이 바로 발한 것에 해당하므로 리발로 인한 리발기수인 반면 칠정은 형기로 인해 성이 발하기 때문에 기발로 인한 리발기수라는 것이다.[39] 이러한 사칠의 구분을 이해하기 위해 우선 이익의 심성체계를 간략히 살펴볼 필요가 있다.[40]

그는 인간의 몸에 전구지기(全軀之氣)과 이목오장지기(耳目五臟之氣)가 흐른다고 생각했다. 이는 그가 말한 기유대소설에 근거한 것으로,[41] 전자는 전신에 흐르는 대기(大氣)에 해당된다면, 후자는 몸의 각 기관에 흐르는 소기(小氣)에 해당된다. 심(心)은 바로 소기로 이를 다시 혈육심(血肉心)과 신명심(神明心)으로 나눌 수 있다고 했다. 여기서 혈육심은 오장의 하나인 심장을, 신명심은 혈육심 중의 정영한 기로 출입운용(出入運用)의 역할을 한다. 그리고 혈육심은 신명심의 존재 근거가 되면서 감관(感官)에 의한 감각적 정보를 전달하는 역할을 하는 반면 신명심은 동물과 다른 인간만이 가진 사유작용과 도덕적 인식을 가능하게 한다.

성(性)은 바로 이 심 즉 혈육심에 내재하면서 성이 발하여 정(情)이 될

것이고 이후 65세 때 이를 폐기한다. 그러나 이 「중발」의 첫머리에 있는 사칠의 기본 관점을 부정한 것은 아니기에 자신의 정론으로 봐도 무리는 없을 듯하다.

39) 안영상(1998, pp.57-64)은 이익의 사칠설을 '외감내응(外感內應)'의 구조에 근거하여 사단과 칠정이 모두 리발기수인데 칠정에만 형기의 묘맥이 있어 기발이라 한다고 설명했다. 이 또한 감발의 구조와 큰 차이는 없으나 이익이 말한 리발과 기발의 의미를 구분하기 위해 사용한 것이다.

40) 이익의 심설에 대한 내용은 그의 나이 60세에 쓴 「心說」에 집중적으로 나타난다(『星湖全書』1, 『文集』 22, 「心說」참조). 이에 대한 자세한 연구는 추제협(2011), 2장 참조.

41) 이에 대한 자세한 내용은 4장에서 다루기로 한다.

때는 신명심에 근거한다. 그런데 이익은 이러한 성이 본래 하나라고 했다. 이황이 성을 본연지성과 기질지성으로 나눈 것은 사단과 칠정이 서로 분개됨을 그 소종래의 다름에서 비롯된다고 말하기 위한 것이었다. 반면 이익은 사단과 칠정의 분개를 인정한다고 해도 그것이 성의 차이로 인한 것은 아니라고 했다.42) 그 이유는 성이 리에서 연원하므로 순선성의 근거가 되지만 리가 인간의 형기에 품부되면 기질지성으로만 존재할 뿐이라고 생각했기 때문이다.43)

이익은 바로 이러한 심성체계에 근거하여 사칠설을 전개해 나간다. 여기에 무엇보다 중요한 것은 심의 '감발(感發)'인데, 흔히 외물에 의한 감정의 발현을 말한다. 이 감발에는 마음이 외물에 느끼고 발동하여 드러난 것을 모두 포함한다. 이익의 심성체계에서 보면, 심의 감발은 외부의 사물에 성이 발하고 이에 신명심이 함께 하는 것으로 성발은 실현된 내용이며 이를 실현하는 것은 기인 신명심이 된다. 이익은 이것을 '리발기수(理發氣隨)'라고 언명하고 이러한 측면에서 사단과 칠정이 같다고 보았다. 다만 여기서 리발기수의 '발(發)'은 '주재(主宰)'로 이해될 필요가 있다. 그 이유는 신명심의 존재를 설정하는 것은 이를 통해 실현됨을 의미하기 때문이다. 결국 리와 기가 상수(相須)하되 리가 주재하고 기가 따르는 '혼륜(渾淪)'의 관점에서 이해하고자 한 의도를 읽을 수 있다.44)

그런데 이렇게 보면 이이의 '기발리승(氣發理乘)'과 유사한 면이 없지

---

42) 『星湖全書』 卷7, 『四七新編』, 「附錄, 讀退溪先生書記疑」, "本然之性與氣稟之性, 非二性也. 或與氣稟合言之, 或剔去氣稟而言之, 一則單言, 一則兼言. 本非對立物也."

43) 『星湖全書』 卷4, 『中庸疾書』, "理是共公之名, 性是墮在形氣者. 然以理訓性, 非謂一理字可以盡性之義也. 姑擧理以明此性, 非也, 只從這裏做成也."

44) 『星湖全書』 卷7, 『四七新編』, 「附錄, 讀李栗谷書記疑」, "謹按, 以其迹言, 則理氣固無先後, 以其主宰言, 則理本非如槁木死灰, 必須未動而能動, 御氣而發."

않고 실제로 이런 지적이 있었다. 이이의 기발리승일로설(氣發理乘一路說)을 극력 비판했던 그로서는 달가웠을 리 없음은 물론이고 자신의 의도와 다름을 적극적으로 변호하기도 했다.[45] 그렇다고 그가 이를 피하기 위해 리의 동정을 적극적으로 지지한 것도 아니었다.[46] 오히려 그는 감발의 원인 즉 외감에 대한 소종래의 차이[47]로써 이를 해명하고자 했다. 리발, 기발은 그렇게 해서 입론된 것이며 여기에 형기의 묘맥이 제기된다.

> 물(物)은 외물(外物)이다. 성은 나의 성이다. 형기는 나의 형기이다. 밖으로부터 느끼는 것을 '감'이라 하며 나로부터 동하는 것을 '발'이라 한다. 나의 본성이 바깥 사물에 감하여 동할 때 나의 형기와 더불어 서로 간섭하지 않은 것을 '리발'에 속한다. 바깥 사물이 나의 형기에 접촉한 다음 나의 본성이 비로소 감하여 발하는 것은 '기발'에 속한다.[48]

외물에 느끼는 것을 외감(外感)이라고 한다면 이 외감에, 나의 본성이 직접 외물을 느끼는 경우와 외물의 자극이 나의 형기에 접촉된 결과 나의 본성이 느끼는 경우로 나누어 볼 수 있다. 전자를 리발이라고 했고 후자를 기발이라고 했다. 이는 앞서 살펴본 심성체계에서 심기(心氣, 신명심(神明心)) 외에 형기(形氣, 혈육심(血肉心))가 있음에 근거한 것이다. 즉 리

45) 『星湖全書』 卷1, 『文集』, 「答李汝謙」 참조.

46) 김용걸(1989, pp.39-45)와 송갑준(1992, pp.276-279)은 이익이 리동설을 주장한다고 본 반면, 이상익(2011b, pp.406-413)은 애매한 상태로 머물러 있다고 했다.

47) 김낙진(2006, pp.268-269)은 소종래가 근본의 뜻이 아닌 외물에 감하는 때를 말한다고 했다.

48) 『星湖全書』 卷7, 『四七新編』8, 「四七便是人心」, "物, 外物也. 性, 吾性也. 形氣, 吾形氣也. 自外來感者, 謂之感也. 自吾動者, 謂之發也. 吾性感於外物而動, 而不與吾形氣相干者, 屬之理發. 外物觸吾形氣而後, 吾性始感而動者, 屬之氣發."

발은 외물을 성이 주동적으로 느끼는 것을 '직발(直發)'이라 하여 심의 형기를 거치지 않는 반면, 기발은 외물에 의해 성이 수동적으로 느끼는 것이므로 심의 형기를 거치기에 기발이라고 한 것이다. 여기서의 '발(發)'은 발현의 원인이라는 의미를 내포하므로 앞서 언급한 발의 의미와 다른 맥락이라고 할 수 있다. 따라서 그는 감정발현에서 리발기수로 일관했지만 그 감정발현의 소종래가 어디인가에 따라 분별이 일어난다고 보았던 것이다.

이상의 내용을 이익은 다음과 같이 사람과 말의 관계 즉 '인승마(人乘馬)'의 비유로 설명하고 있다.

> 길을 가지 않으면 그만이려니와 가자면 사람과 말은 서로 떨어질 수 없다. 그런데 사람을 실어 나르는 것은 사람의 일이요, 풀을 뜯고 물을 마시는 것은 말의 일이다. …… 사람을 실어 나르는 것은 말이 아는 바가 아니며 다만 사람을 위해 모는 대로 가는 것이다. 풀을 뜯고 물을 마시는 것은 본래 말이 기뻐하는 바로서 다만 사람이 인도하는 대로 가는 것이다. 사람을 실어 나르는 것은 곧 사람이 발함에 말이 따라서 싣는 것이고 풀을 뜯고 물을 마시는 것은 곧 말이 발함에 사람이 타고 인도하는 것이다. 사람을 실어 나르는 것은 비록 말의 싣는 힘이지만 그 누가 말이 간다고 하겠는가? 풀을 뜯고 물을 마시는 것은 비록 사람이 인도한 공이지만 그 누가 사람이 간다고 하겠는가?[49]

사람이 말을 이끄는 것은 리발기수를 표현한 것이며 사람의 일과 말

49) 『星湖全書』 卷7, 「四七新編」15, 「演乘馬人說」, "不行則已, 行則人與馬相離不得, 如過人客之類, 人之事也. 齕草飮水之類, 馬之事也. … 過人送客, 非馬之所知, 而只爲人驅而行, 齕草飮水, 本馬之所悅, 而只從人導而行, 過人送客, 卽人發而馬隨之載者也. 齕草飮水, 卽馬發而人乘之導者也. 過人送客, 雖馬載之力, 其雖曰馬行, 齕草飮水, 雖人導之功, 其雖曰人行."

의 일은 리발과 기발을 나타낸다. 우선 사람이 말을 이끌고 가는 것은 같지만 사람의 일로 가는 것과 말의 일로 가는 것은 다르다고 보아 리발로 인한 리발기수와 기발로 인한 리발기수로 나누어 보고 있음을 알 수 있다. 이를 자세히 풀어보면, 전자는 리가 발하고 리가 주재한다는 의미로 '리발기수'이다. 리가 발한다고 할 때 리는 성이며 인용문에서 사람의 일에 해당된다. 그리고 리가 주재하여 기가 따르는 것은 사람이 이끄는 대로 말이 가는 것을 말한다. 반면에 후자는 기가 발하고 리가 주재한다는 의미로 '리발기수'이다. 기가 발한다고 할 때 기는 형기이며 인용문에서 말의 일에 해당된다. 이런 경우에도 비록 말의 일로 가지만 리가 주재하여 기가 따르는 것으로 말은 사람이 이끄는 데로 갈 뿐이다. 따라서 이를 앞서 언급한 기발리승이라고 표현한다면 이 리승에는 이미 리발기수의 의미가 내포되어 있는 셈이다.[50]

다시 말해 나의 본성이 바깥 사물에 감하여 감정이 바로 일어나게 되면 이것은 성이 발의 원인이자 주체가 되기 때문에 리발이며 사단이고 공이 된다. 내 마음 속에 있는 사단(의리지심(義理之心))이 발현되는 것이다. 반면에 바깥 사물이 형기에 먼저 감촉하여 그로 인해 나의 본성이 감하여 발하게 되면 이것은 형기가 발의 원인이 되기 때문에 기발이며 칠정이고 사가 된다. 형기로 인해 내 마음 속에 있는 칠정(지각지심(知覺之心))이 발현되는 것이다. 물론 여기서 칠정 또한 나의 본성이 감발한 것이기에 그 자체가 선하지 않다고 말할 수는 없다. 다만 이러한 감발의 원인이 형기로 인해 일어났기 때문에 늘 사사로운 마음으로 흐를 가능성이 잠재되어 있다고 본 것이다.

---

50) 『星湖全書』 卷7, 「四七新編」, 「序」, "謂之乘, 則氣隨在其中矣."

이상에서 우리는 이익이 인간의 감정발현을 일원적으로 설명하고 있음을 알 수 있다. 그가 말한 성은 본래 하나이기에 감정의 발현 또한 하나일 수밖에 없다. 다만 사단과 칠정의 분별은 그러한 감정이 어디에 근거하여 나온 것인가에 달려있을 뿐이다. 이를 그는 다음과 같이 간명하게 정리하여 말한다.

> 리가 신명기를 타고 직발하는 것은 사단이며 외물이 형기에 감촉한 것으로 인하여 리가 신명기를 타고 발하는 것은 칠정이다.[51]

그리고 그는 이러한 관점에서 이황의 사칠설을 다음과 같이 수정한다.

> 퇴계(退溪)에 이르러 리발기수(理發氣隨)와 기발리승(氣發理乘)의 논의가 있었다. 기수(氣隨)의 기는 심기(心氣)에 속하는 것이고 기발(氣發)의 기는 형기(形氣)에 속하는 것이다.[52]

인용문에서 기수의 기와 기발의 기가 심기와 형기로 다르다고 했다. 이는 이황의 설이 혼륜을 전제로 한 분개의 입장에 서 있음을 명확히 하고 이익 자신 또한 이를 충실히 따르고 있음을 강조하고자 했다. 그러나 감정발현이 일원적이라는 점에서는 이황의 견해와 멀어진 결과가 되었다.

---

51) 『星湖全書』 卷1, 『文集』, 「答李斯文」, “理乘神明之氣, 而直發者四也. 理因物觸形氣, 方乘神明而發者七也.”

52) 『星湖全書』 卷7, 「四七新編」, 「附錄, 重跋」, “至退溪有理發氣隨氣發理乘之論. 氣隨之氣, 屬心(氣), 氣發之氣, 屬形氣.”

(2) 공사론의 정립과 공칠정(公七情)에 대한 논란

이익은 사단을 '공(公)'이고 칠정을 '사(私)'라고 했다. 일찍이 주희는 공사를 윤리적 의미로 사용했다. 즉 공은 천리이자 공명정대한 것으로 사회 구성원 누구에게나 인정할 수 있는 보편적인 객관성을 갖는 반면, 사는 이기적이며 공동체와 소통하지 않는 은폐적이고 단절적인 측면에서 개체지향적인 성격을 갖는다고 보았다.[53] 이러한 대립적 관점은 이황에게 와서 좀 더 극명하게 나타난다. 그는 공을 공공 또는 공직 사회 영역을 의미하기도 하지만 개인의 이기심이 없는 무사심(無私心)과 무아(無我)의 상태로 본다. 반면 사는 공과 구별되는 개별자로 보기도 하고 가치중립적인 개인의 영역을 의미하는가 하며 온갖 악의 근원으로 보기도 한다. 이러한 사의 부정적 인식은 공으로의 합일을 위한, 그리고 실천적 공부론을 위한 전제 조건으로 요청되는 것이다.[54]

이익은 이러한 이황의 공사개념을 기본적으로 수용하면서도 사에 대한 부정적인 인식만은 약화되어 있다. 다음 인용문에서 이 점을 확인할 수 있다.

> 사단의 '은(隱)'은 칠정의 '애(哀)'가 아니다. '은'은 사물에 대해서 가엾어 하는 것이니 공적인 것이요, '애'는 자기에 대해서 슬퍼하는 것이니 사적인 것이다. 사단의 '오(惡)'는 칠정의 '오(惡)'가 아니다. 사단의 '오'은 불선을 미워하는 것이니 공적인 것이요, 칠정의 '오'는 자기를 해치는 것을 미워하는 것이니 사적인 것이다.[55]

---

53) 권향숙(2002); 윤원현(2008).

54) 권향숙(2005); 추제협(2012), pp.146-147.

55) 『星湖全書』 卷7, 「四七新編」1, 「四端字義」, "四之隱非七之哀也. 隱者隱於物公也, 哀者哀在己私也. 四之惡非七之惡也, 四之惡惡不善公也. 七之惡惡害己私也."

여기서 '공'은 "나의 사사로움에 관계되지 않는 것이지만 내 것처럼 동일하게 보는 것"[56]으로 나를 미루어 타인에게 향하는 자기화의 과정에 해당된다.[57] 이를 테면 어린 아이가 우물에 빠지는 것은 나와는 무관한 일이지만 그것을 보고 측은히 여기는 것은 마치 나의 일인 양 느끼는 것과 마찬가지이다. 한편 '사'는 "내 몸의 혈기형체에서 생겨나 다른 사람과 관계가 없는 것"[58]으로 배우지 않고도 할 수 있는 것[不學而能]이다. 이렇듯 공과 사는 대립되는 것도, 어느 하나를 부정해야 하는 것이 아니라 무엇을 지향하느냐의 문제이며 궁극적으로는 조화의 관계로 이해될 수 있는 것이다.[59]

이러한 공사개념에서 보면, 사단과 칠정 또한 마찬가지이다. 사단의 '오'는 불선에 대한 부정이기에 공한 것이고 칠정의 '오'는 나의 형기와 관련되어 나의 위협에 대한 부정이기에 사적인 것이 된다. 따라서 사단과 칠정은 공과 사로 서로 구별되며 어느 것이 부정되어야 할 대상이 아닌 그 무엇에 대한 부정인 관점의 차이로 이해된다.

문제는 칠정이 앞서 설명한 것과 같이 인간이면 갖게 되는 인신 상에서 발생하는 것이기에 그 자체가 악이라고 할 수는 없다. 다만 그 발현처가 형기에 근거하기 때문에 악으로 흐를 가능성이 있을 뿐이다.[60] 그

56) 『星湖全書』 卷7, 「四七新編」4, 「聖賢之七情」, "公者, 何也? 雖不繫吾私, 而一視於己也."

57) 『星湖全書』 卷7, 「四七新編」4, 「聖賢之七情」, "傳曰, '好色則與百姓同之, 好貨則與百姓同之者', 方是自吾身欲惡之私, 而推向公去也. 喜善人之爲政, 怒四凶之分背者, 實以己及物之仁. … 聖人偏愛人類, 是以天下爲一家, 以中國爲一人也. 旣是一人, 則物皆屬己, 而氣自貫通. 天下之喜怒, 卽吾之喜怒也."

58) 『星湖全書』 卷7, 「四七新編」4, 「聖賢之七情」, "中庸語類問, '或生於形氣之私?', 曰, '如飢飽寒暖之類, 皆生於吾身血氣形體, 而他人無與, 所謂私也. 亦未能便是不好, 但不可一向徇之耳.'"

59) 『星湖全書』 卷7, 『四七新編』1, 「四端字義」, "四之隱非七之哀也. 隱者隱於物公也, 哀者哀在己私也. 四之惡非七之惡也, 四之惡惡不善公也. 七之惡惡害己私也."

렇다면 "욕이 마땅히 하고자 해야 할 것에 그치고, 악이 마땅히 미워해야 할 것에 그치는"61) 경우가 있는데 이것은 "자기의 사사로움에서 떠나지 않았다 하더라도 악으로 흐르지 않은"62) 것으로 바름을 얻을 수 있는 것이다. 이러한 공칠정(公七情)이 과연 리발인지 기발인지가 모호하게 된다.

사실 이 문제는 기대승이 「사단칠정후설(四端七情後說)」에서 공칠정은 사단과 다를 바 없다고 주장한 것을 이황이 인정한 것에서 비롯된다. 이익은 이 점을 이해할 수 없는 일이라고 보았다.63) 이익이 보기에 이것을 그대로 받아들이면 이황이 말한 칠정을 기발이라고 한 것과 어긋나게 된다. 또한 앞서 살펴본 그의 감발론에 근거한다면 칠정이 아무리 중절하여 성인의 기뻐함과 노여움을 따른다 하더라도 그것이 형기에서 발한64) 것이기에 이를 리발이라고 하기에는 어려움이 있다는 것이다.

그런데 이익은 이렇게 말하면서도 리발설에 대한 가능성은 열어두었던 것으로 보인다. 그 이유는 공사개념에 있었다. 이황은 사단칠정과 도심인심을 같은 맥락에서 보는 근거로 공사개념을 생각했고 이익 또한 다르지 않았다.65) 따라서 사단과 칠정의 조목을 기준으로 보면 칠정은

60) 『星湖全書』 卷7, 『四七新編』4, 「聖賢之七情」, "七情畢竟是從形氣發者, 故爲私有底情也. … 夫七情, 不學而能. 不學而能者, 未必皆惡, 但出於形氣之私, 故易至於惡也."

61) 『星湖全書』 卷7, 『四七新編』4, 「聖賢之七情」, "欲止於所當欲, 惡止於所當惡, 乃私中之正也."

62) 『星湖全書』 卷7, 『四七新編』4, 「聖賢之七情」, "正者, 何也? 雖不離己私, 而不流於邪"

63) 『退溪全書』 卷2, 『文集』, 「答沈判事(甲寅)」, "至於高峰後說, 退溪有爛漫同歸之歎, 而乃以舜之怒孟子之喜之類爲理發, 而與四端無異, 是宜舊前說之不變, 若果聖賢之七情宜屬之理發, 則七者終非氣發一邊事."

64) 『星湖全書』 卷7, 『四七新編』4, 「聖賢之七情」, "若但以七情之中節者爲理發, 則如四端之拘於氣昏而不能中節者, 亦可謂氣發乎? 七情雖中節, 而發於氣則不可易."

65) 『星湖全書』 卷2, 『文集』, 「答李汝謙」, "四七與人心道心相帖, 朱子已有定說人心爲私, 則

기발임에 분명하나 공사개념을 기준으로 보면 아무리 칠정이라고 하더라도 그것이 중절하여 공적인 마음이 된다면 그것은 리발이라고 해도 무방한 것이 된다. 이익의 고민은 바로 여기에 있었다. 마침 신후담이 공은 리발이며 사는 기발이라는 논리를 제시하고 이황도 리발설을 인정했다는 점을 질정하자 이를 받아들여 리발설로 돌아선다.[66] 이렇게 자신의 입장을 바꾸게 된 근본적인 이유는 다음의 「중발」에 잘 나타나 있다.

> 무릇 사람이 죽어 장사지내는 것을 슬퍼함이 간혹 눈물을 흘리며 울기에 이르고 사람이 빠진 것을 두려워함이 간혹 무서워서 삼가는 데 이른다. 다른 사람의 기쁨을 기뻐하고 다른 사람의 성냄을 성내는 것은 모두 자기의 사사로움과 관계되지 않은 것으로 간혹 얼굴빛이나 말에 드러난다. … 무릇 자기의 사사로움과 관계없는 희노는 모두 리발로서 형기에서 생긴 것과 함께 혼칭해서는 안 된다.[67]

이익은 기본적으로 감정의 발현을 리발기수로 보고 있다는 점에서는 차이가 없다. 그러나 그것이 발현될 때 리발과 기발의 차이가 있어 비록 칠정이 형기에서 비롯되었다고 하더라도 그것이 기를 타고 있는 리의 주재를 통해 바름을 얻는다면 리발이라고 볼 수도 있다는 것이다. 그래서 그는 사단에도 부중절(不中節)이 있듯이 칠정이 중절한다면 다를 바 없다고까지 했다. 물론 칠정의 중절을 사단과 완전히 같다고 말할 수는

道心爲公, 公私二字實爲此論之肯綮."

66) 공칠정에 대한 자세한 논쟁과정은 강세구(2000)에서 다루었다.

67) 『星湖全書』 卷7, 『四七新編』, 「附錄, 重跋」, "夫哀人之死喪, 或至於涕泣, 懼人之陷溺, 或至於悚懍. 喜人之喜, 怒人之怒, 皆非干私己, 而或見於色辭. … 凡喜怒之不干己私者, 莫非理發, 不可與形氣生者混稱也."

없다. 그래서 그는 역경(逆境)과 순경(順境)의 논리로 이들을 분별하고자 했다.[68] 즉 어떤 잘못된 상황을 거부하고 도덕적 양심을 발현하는 것을 역경의 리발이라고 한다면, 제대로 된 상황에 따라서 발현하는 것을 순경의 리발이라고 한다. 공칠정은 바로 순경의 리발에 해당되며 따라서 이것을 리발이라고 말해도 무방하다는 입장이다.

그런데 이 또한 윤동규의 반론에 직면하면서 다시 기발설로 돌아서게 된다. 물론 윤동규의 반론에 대해 직접적으로 이를 인정한 것은 아니었다. 그 또한 리발과 기발 사이에 애매한 상태임을 여러 사례를 들어 말하고 있다. 특히 공칠정을 리발로 인정하면서 들었던 만물일체(萬物一體)와 동인지사(同仁之私)에 대해서는 결과적으로 사사로움이 개입되어 있지 않다고 하더라도 그 근본은 자신의 사사로움이 아직 남아있는 사적인 것으로 인정한다. 그러면서도 성인의 칠정 중에서 여전히 리발로 볼 수 있는 경우가 있다고 말한다. 이를 테면 순임금의 노함은 사물이 거울에 비춰질 때 자신은 관여하지 않는 것과 같으니 수오(羞惡)의 '오'와 무슨 구별이 있겠는가라고 반문하는 경우가 그러하다.[69]

하지만 이렇게 말하면서도 다시 기발로 확정하는 듯한 언급을 한다. 그 핵심은 근원과 결과의 차이이다.

> 이러한 성인의 동인은 비록 성명에 근원하였지만 형기가 동하게 되는 데 이르러서는 칠정의 사에 관련된다. 오직 성인만이 그것을 가지고 있

68) 『星湖全書』 卷7, 『四七新編』, 「符籙, 重跋」, "蓋惻隱羞惡, 仁義之發也. 見其失所而危死, 則必爲之惻隱. 見其違道而妄作, 則必爲之羞惡, 此逆境也. 非君子之所願, 而緣境便發者也. 苟見其得所, 見其合道, 則必爲之喜樂, 此實天理之順境, 順則緩, 逆則激. 激然後其感觸尤深, 故其發也益切. … 始知聖賢之喜, 固亦順境之仁發, 而其爲人怒, 卽不過逆境之羞惡, 怒與惡, 字雖別, 義實相近, 屬之理發."

69) 안영상(1998), pp.141-145 참조.

> 다. 그 시작에 근거하여 리발이라고 할 수 있으나 그 결과를 살펴보아 기발이라고 할 수도 있다.[70]

앞서 공칠정이 기발인 것은 칠정이 아무리 바름을 얻었다 하더라도 그것이 형기에 근거하기 때문이었다. 중발설은 이렇게 근원이 비록 형기에서 비롯되었지만 중절하여 바름을 얻었다면 리발이라고 다시 수정한 것이다. 그런데 여기서 그는 중발설의 근원과 결과를 바꾸어, 비록 공칠정이 근원은 바른 것에서 비롯되었지만 그 결과가 사적인 것이라고 말한다. 물론 이렇게 말하면 공사인 사단과 칠정은 리발과 기발의 구분이 명확해지는 결과를 가져오기는 한다. 그럼에도 리발와 기발에 대한 논란거리는 여전히 남아 있는 셈이다.

이렇게 결과적으로 보면, 그는 분명 공칠정을 기발로 본 것이다. 그러나 이병휴와 윤동규의 논란 속에서 안정복의 질문에 이익은 명확히 자신의 입장을 말하지 않는다. 따라서 그가 결코 기발로 확정했다고 보기도 어렵다. 이 문제에 대한 이익의 최종적인 입장을 확인할 수는 없지만 그가 궁극적으로 원했던 것을 짐작해 보면 칠정에 대해 리발과 기발을 모두 인정해야 하는 것은 아닌가 하는 생각이 든다. 논리적 해명으로는 기발에 서 있었지만 심정적으로는 리발에 서 있었기 때문이다.[71]

---

70) 『星湖全書』 卷1, 『文集』, 「答李斯文(庚午)」, "此聖人之同仁也, 雖原於性命, 及至形氣爲之動, 則涉乎七情之私. 惟聖人有之. 原其始, 而謂之理發可也. 究其終, 而謂之氣發亦可也."

71) 안영상(1998), p.151 531번 각주 참조.

(3) 이익 사단칠정설의 특징과 논점

이익은 사단을 리발기수의 리발로, 칠정을 리발기수의 기발로 정의하고 있다. 이는 이황의 리발기수와 기발리승을 비판적으로 수용한 결과, 리발기수는 외감에 의한 심의 감발을 설명한 것이라면 리발기발은 그 감발의 원인이 성인지 형기인지에 따른 것이다. 이러한 구분은 그의 심설에서 말한 기유대소설에 근거한 심기와 형기의 차이, 일성이정(一性二情) 등에서 비롯된다. 결과적으로 그는 이황의 본의가 혼륜을 전제로 한 분개에 있었다고 본 것이다.

이러한 이해는 매우 독특한 것으로, 이황이 사단칠정의 관계를 도심인심의 관계와 같게 보는 점을 이익도 그대로 계승하고 있기 때문인 것으로 보인다. 사단과 도심이 같고 칠정과 인심이 같게 되는 근거는 바로 공사개념이다.[72] 이익 또한 이 공사개념을 통해 사단과 칠정을 바라보고 있다. 그런데 이익은 이 공과 사의 개념을 대립적으로 보기보다 무엇을 지향할 것인가의 관점 차이로 보고 있다는 점에서 다르다. 이것은 사를 배우지 않고도 할 수 있는 것, 즉 부정적으로 인식하지 않은 것에서도 알 수 있다. 이러한 칠정이 비록 형기에서 비롯되었지만 마땅히 하고자 하는 것에 그친다면 이는 중절하여 바름을 얻은 것이 되고 그것은 또한 공이 되기 때문에 리발이 될 수 있는 여지가 있게 된다. 물론 이익은 처음에 칠정이 형기에서 비롯되었다는 점에서 기발로 처리했지만 궁극적으로는 칠정에 대해 리발과 기발을 모두 인정한 듯한 인상을 남기고 있다.

---

72) 『星湖全書』 卷2, 『文集』, 「答李汝謙」, "四七與人心道心相帖, 朱子已有定說人心爲私, 則道心爲公, 公私二字實爲此論之肯綮."

이렇게 이익의 사칠설은 이황과 기대승의 논쟁에서 제기된 이황 학설의 문제점을 자신의 독자적인 심설에 근거하여 수정 및 보완하여 이황의 본의에 이르고자 하였다. 그런데 이러한 노력은 자신의 의도와는 달리 몇 가지 난점을 노출하게 된다.

우선 리발기수와 리발기발의 이중논리부터 살펴보기로 한다. 이 부분에 대해 일찍이 문제를 제기한 사람은 권상일(權相一, 호 淸臺, 1679-1759)이었다. 그는 이익이 사단과 칠정을 리발기수로 일관한 것이 자칫 천리와 인욕을 뒤섞는 폐단이 생길 수 있다고 지적한다.[73] 리와 기는 불리(不離)이면서도 부잡(不雜)이기에 호발하는 것은 당연한 것인데도 분개할 수 있는 것에서 분개하지 않고 혼륜하는 것은 잘못이라고 비판한다. 그리고 이익은 형기의 묘맥을 두어 사단과 칠정을 구분했는데 이 형기의 근거인 기를 대기와 소기로 나눈 것에 대해서도 권상일은 믿을 수 없다고 부정한다. 그가 보기에 이황의 사칠설에 나타난 기는 같은 것으로 이해해도 전혀 문제될 것이 없다고 주장한다.

권상일이 본 이황의 본의는 분개를 통한 호발설에 있었기 때문에 이렇게 혼륜과 분개를 섞어놓은 듯한 이익의 논의를 인정할 수 없었을 것이다. 그러나 그가 제기한 이황의 본의에 어긋난다는 지적은 결국 이 문제의 핵심이 이황의 사칠에 대한 수정안 중 어디에 본의가 있었는가에

73) 權相一, 『淸臺集』 卷6, 「答李子新」, "蓋兩箇氣字同異, 從前泛看, 及讀來諭, 可知不易看得到此頓覺聳歎, 然鄙意氣隨之氣字, 是從理帶來說, 氣發之氣字, 是與理對待說, 其輕重緊歇微有不同, 而秖是一般氣也. 旣云氣發理乘, 則氣發之時, 理已乘之, 不可謂不合於理有動靜, 故氣有動靜之訓也. 秖如此看得, 知得而體驗於心, 好矣. … 不相離而不相雜, 是理氣本來面目, 旣不相雜, 則或理或氣, 不得不互發矣. 若可分而不分, 渾淪爲說, 則實非退翁本意, 而於理氣原頭, 竊恐有毫釐之差也. 道理本來平直, 若謂七情亦理發氣隨, 而其上頭, 又有一層形氣苗脈, 則豈不大段崎曲耶. 況四七說, 退翁平生精力, 盡在此裏, 心思體驗, 改之又改, 而終乃芹獻於君上者, 後來諸賢, 論及此說何限, 而亦未聞有此等語也."

달려있다고 할 것이다. 그런 점에서 이익이 제기한 리발기수의 혼륜과 대기, 소기를 통한 리발과 기발의 분개 정합성, 그리고 이것이 과연 이황의 본의였는가에 대해서는 여전히 문젯거리로 남을 수밖에 없다.

둘째, 공칠정이 리발인가 기발인가의 논란에 대해서 살펴보기로 한다. 이 문제의 원인은 리발과 기발을 사단칠정의 조목을 중심으로 볼 것인가, 아니면 공사의 개념을 중심으로 볼 것인가에 차이가 있다고 할 것이다. 이황은 공사를 통해 사단과 칠정을 보았다. 그리고 그는 사단의 순선성에 대해 칠정에 드리워진 악의 가능성을 배제하고자 했다. 이는 기대승이 공칠정이 리발이라고 질정하자 이를 인정한 데에서도 잘 나타난다. 물론 이러한 긍정은 사단과 칠정의 구분을 모호하게 하지만 그것을 중절의 공으로 보아 이해되었다.

이익은 먼저 『사칠신편』에서는 사단과 칠정의 조목에 근거하여 공하면 리발이며 사하면 기발이라고 정리했다. 여기에 근거하면 공칠정은 당연히 형기에 근거하기 때문에 기발일 수밖에 없다. 그러나 이를 공사의 개념에 비추어 보면 이야기는 달라진다. 사를 악으로 인정하지 않은 데다 중절한 칠정은 공하기 때문에 리발이 되기 때문이다. 결과적으로 이 둘을 생각하면 공칠정의 문제가 제기될 수밖에 없게 된다.

이러한 모호한 상태는 인심도심에 근거한 공사의 개념을 그대로 사단칠정에 적용함으로써 발생한 것으로, 결국 그 기준을 명확히 두지 않음으로써 생겨날 수밖에 없는 문제였다. 그러나 이 문제 또한 앞서 살펴본 것과 같이 궁극적으로는 사단과 칠정의 분개에 무게를 둘 것인가, 아니면 혼륜에 무게를 둘 것인가로 환원될 수 있다. 그리고 이황을 계승한다고 자부한 이익의 설이 과연 이황의 설을 충실히 계승하고 있는가에 대한 물음이기도 했다. 이를 이익은 고심했고 결국 리발과 기발을 모두 인정할 수밖에 없었던 것은 아니었을까 한다.

이상의 내용에서 알 수 있듯이, 그는 이황의 견해를 옹호하면서 이이의 논리에 맞서 미흡한 점을 스스로 비판하여 수정 및 보완하려고 했지만 결과적으로 이황과 다른 입장에 서고 말았다. 여기에는 자신만의 독자적인 견해가 전제되어 있는데, 이것이 바로 퇴계학과 율곡학을 벗어나 성호학을 열어가는 계기가 되었다.

4. 이익 철학의 독자성 : 리활론과 기유대소설을 통한 천인지분(天人之分)의 관점

그렇다면 그의 독자적인 견해는 무엇인가? 앞서 언급한 리활론과 기유대소설을 통해 심의 중층구조를 이룸으로써 천인지분의 관점을 제시하고 있다는 점이다. 이를 통해 그가 지향하는 것이 무엇인지를 확인해 보기로 한다.

(1) 리활론(理活論)-리수기졸(理帥氣卒)과 미동이능동(未動而能動)

이익은 리기론에 대한 정치한 논리를 전개하지 않는다. 그 이유는 무엇보다 그의 관심이 인간과 사회적 실천에 집중되어 있었기 때문이며, 이러한 점이 본체론과 일관된다는 인식도 희박했던 것으로 보인다. 그렇다 하더라도 심성설의 바탕에 본체론적 배경을 완전히 부정한 것은 아닌 만큼 심성설의 이론 전개에 필요한, 매우 제한적으로 자신의 입장을 개진하고 있는데 여기에 자신의 독특한 견해를 제시하고 있다.

우선 리에 대한 입장부터 확인해보기로 한다. 이익은 이황의 '리존설(理尊說)'을 적극적으로 계승했다고 볼 수는 없다. 그는 기본적으로 리와 기를 불리의 관계로 보는 경우가 많고 기에 대한 리의 우위를 적극적으로 인정하는 편도 아니었기 때문이다. 그럼에도 그가 주장한 '리활론(理活論)'은 이황의 사상적 영향을 감지할 수 있는 부분이기도 하다. 이는 무엇보다 리가 단순히 기에 의해 좌우되는 것이 아닌 그 자체에 능동성을 내재한 것으로 인식하고 있다는 점에서 그러하다. 이를 구체적으로 알아보기 위해 이익이 말한 '리수기졸(理帥氣卒)'과 '미동이능동(未動而能動)'에 대해 살펴봐야 한다.

주희는 리가 기보다 우선한다[理先氣後]고 말했다.[74] 리와 기가 불리부잡의 관계임을 상기할 때 이러한 언급은 모순으로 보일 수밖에 없다. 학자들은 이를 논리적 선재성으로 설명해 왔지만 여전히 의문시 되었고[75] 최근에 인식론적 우선성으로 이해하기를 제안하기도 했다.[76] 그러나 문제는 이러한 리와 기를 바라보는 주희의 관점이 본말(本末)과 주객(主客)에 있다는 점이다.[77] 이는 기에 대한 리의 가치적 우위를 표현한 것으

---

74) 『朱子語類』 卷1, 「性理」, "未有天地之先, 畢竟也只是理. 有此理便有此天地, 若無此理, 便亦無天地, 無人無物."

75) 이동희(2005), pp.89-90.

76) 유원기(2011, p.98)는 아리스토텔레스의 질료형상론에 나타난 형상의 우선성을 통해 학자들이 논리적 선재성이라고 하는 것은 인식론적 우선성을 의미한다고 주장했다. 즉 사물의 법칙을 알고 있다면 그 사물이 생성된 이후에 그것이 어떤 방식으로 운동할 것인가를 예상할 수 있다는 논리이다. 한편 류인희(1980, pp.192-201)는 이에 앞서 형이상학적 우선성으로 이해하여 앞서 유원기와 비슷한 논리로 설명하면서도 아리스토텔레스의 질료형상론의 관점에서 보는 것은 부정한다. 그는 주희의 리는 구체화, 특수화의 실현원리이며 그 자체가 실현의 주체가 되며 내재적인 반면, 형상은 추상화, 보편화의 실현원리이며 그 실현의 주체를 신에 의존할 수밖에 없으며 초월적이라고 말한다. 그러나 이러한 류인희의 지적 또한 리는 내재적이면서도 초월적 성격을 갖는다는 점에서 명확한 설명은 아니라고 본다.

로 주희의 본의가 리 우위적 태도에 있음을 보여준다고 할 수 있다.

이황은 주희의 이러한 입장을 적극적으로 해석하여 리귀기천(理貴氣賤)[78]적 관점을 주장했다. 즉 그는 리와 기는 이물(二物)[79]로 볼 수 있으며 리는 존귀하여 상대될 것이 없다[80]고 했다. 그 또한 불리의 입장을 부정하는 것은 아니지만 근본적인 것은 이러한 부잡의 입장에 있음을 말하고 있다. 더 나아가 리에 체와 용이 있다는 리유체용설(理有體用說)에 근거하여 무위한 리에 능동성까지 부여하고 있다.

이익은 이러한 이황의 입장을 매우 제한적으로 받아들인다. 그는 리와 기의 관계를 존재론적 측면보다 현상 속 동정(動靜)의 측면에 주목했다. 먼저 리와 기가 정(靜)의 측면에서 리선기후(理先氣後)를 인정하고 있다.

> 동(動)에서 보면 리와 기는 선후를 말할 수 없다. 정(靜)에서 보면 반드시 동의 리가 먼저 있은 뒤에 기가 비로소 움직인다.[81]

현상의 작용이 아직 일어나기 전에는 리가 우선한다고 말한다. 즉 사물이 움직이려면 먼저 그 움직임의 원리가 있어야 한다는 의미로 이해된다. 이는 이황이 리를 형이상자이면서도 기에 내재해 있되 기에 구애

---

77) 안재호(1997), pp.239-244; 홍원식(2008), pp.285-288.

78) 『退溪全書』 卷12, 「與朴澤之」, "人之一身, 理氣兼備, 理貴氣賤."

79) 『退溪全書』 卷41, 「非理氣爲一物辯證」, "今按孔子, 周子明言陰陽是太極所生, 若曰理氣本一物, 則太極卽是兩儀, 安有能生者乎, 曰眞曰精, 以其二物故, 曰妙合而凝, 如其一物, 寧有妙合而凝者乎?"

80) 『退溪全書』 卷13, 「答李達李天機」, "理本其尊無對, 命物而不命於物, 非氣所當勝也."

81) 『星湖全書』 卷7, 「四七新編」, 「乘舟兪」, "由動而看, 則理與氣, 無先後之可言, 由靜而看, 必先有動之理而後, 氣方始動."

되지 않으면서 이를 주재하는 실재화된 것으로 인식했다면, 이익은 현상 속에 내재한 원리로 한정함으로써 앞서 언급한 인식론적 우선성에 부합하는 면이 있다. 따라서 그는 리의 가치적 우위를 인정하는 것이 아니라 현상에서 작용과 원리는 함께 있되 현상의 작용에 대한 내재적 원리가 우선해야 한다는 점에서 리선기후를 설명하고 있는 것이다. 이를 장수와 병졸의 관계로 비유한 다음 글에서 더욱 분명하게 나타난다.

> 대개 리는 기의 장수이며, 기는 리의 병졸이다. 동은 다 리가 먼저 하니, 기가 먼저 하고 리가 비로소 뒤를 따르는 일은 없다.[82]

> 리는 장수와 같고 기는 병졸과 같다. 비유하면 육전에서는 장수가 장차 발함에 병졸이 명령에 응하여 장수를 옹위하고 땅을 향하여 가는 것과 같다. 수전에서는 장수가 장차 발함에 졸병이 명령에 응하여 장수를 옹위하고 물을 향하여 가는 것과 같다.[83]

장수와 병졸의 비유는 이황을 비롯해 퇴계학파에서 리와 기의 관계를 설명할 때 자주 사용하는 표현이다. 이익 또한 비슷한 맥락이다. 리인 장수와 기인 병졸은 그 역할이 다르기에 구별된다. 장수는 명령의 주체가 되어 병졸이 그 명령을 수행하도록 해야 한다. 만약 장수가 명령을 내리지 않는다면 병졸은 어떻게 움직일지를 알 수 없다. 그런 점에서 현상의 작용에는 원리가 우선해야 한다고 보았던 것이다.

그럼 이러한 맥락에서 리동설(理動說)에 대해서는 어떤 입장일까? 앞서

82) 『星湖全集』 卷14, 「答權台仲(乙丑)」, “夫理者氣之帥也, 氣者理之卒徒也. 凡動皆理先也, 恐無氣先而理方隨後之道也.”

83) 『星湖全書』 卷7, 「四七新編」, 「七情便是人心」, “理如將, 氣如卒. 譬如陸戰, 則將將發而卒應令, 擁將而向陸去. 水戰則將將發而卒應令, 擁將而向陸去.”

살펴본 리가 단순히 현상의 작용에 대한 원리로서의 의미만을 갖는다면 이는 부정된다. 그러나 실제로 그의 언급을 보면, 리가 직접 동정하는 주체가 되는 경우와 동정하게 하는 이유로 보는 경우가 혼재되어 있다. 우선 그는 이이의 '리통기국'을 비판하면서 '리무위(理無爲)'에 대해서 주희의 여러 말을 인용하여 반론한다.

> 주자는 "리에 동정이 있으므로 기에 동정이 있다. 만약 리에 동정이 없다면 기는 무엇으로 말미암아 동정이 있겠는가?" …… 또 "'동이생양(動而生陽), 정이생음(靜而生陰)'에서 동은 곧 태극의 동이며, 정은 곧 태극의 정이다. 동한 다음에 양을 낳고 정한 다음에 음을 낳는다는 것은 음양의 기를 낳는 것이다. 동하여 양을 낳고 정하여 음을 낳는다고 하였으니 점진적인 순서가 있는 것이다"라고 하였다. 또 "동정은 태극이 동정하는 것인가? 음양이 동정하는 것인가?"라고 묻자 주자는 "리가 동정한다."라고 대답했다. …… 또 "태극이 음양을 낳았으니 리가 기를 낳는 것이다. 음양이 이미 생겨나면 태극이 그 가운데 있다"고 하였다.[84]

이것을 보면 그는 분명 리가 무위함을 강조하는 이이의 견해에 반대하는 것으로 보인다. 그러나 이 무위하지 않다는 것을 이황이 말하는 능동성으로 바로 이해하기에는 주저되는 바가 없지 않다. 그는 여러 곳에서 리가 기를 동정하게 한다고 말하기 때문이다.

> 태극에 대한 설명은 그대가 논한 것이 대체로 맞다. 주자의 여러 가르

84) 『星湖全書』 卷7, 「四七新編」, "朱子曰, '理有動靜, 故氣有動靜. 若理無動靜, 則氣何自而有動靜?' …… 又曰, '動而生陽, 靜而生陰, 動卽太極之動, 靜卽太極之動. 動而後生陽, 靜以生陰, 生此陰陽之氣. 謂之動而生陽靜, 而生陰, 則有漸次也.' 問, '動靜, 是太極動靜? 是陰陽動靜?' 曰, '是理動靜.' …… 又曰, '太極生陰陽, 理生氣也. 陰陽旣生, 則太極在其中.'"

침도 또한 동일한 뜻이다. '리가 기를 낳는다'는 것은 "음양의 동정은 리로 말미암아 있는 것이니 바로 태극이 낳은 것"이라는 말이다. "태극이 동정하는 것은 아니요, 다만 리에 동정이 있다"는 말은 "태극은 비록 동정의 리가 있지만 어찌 스스로 동정함이 있겠는가?"라는 말이다. 면재의 "태극은 동정할 수 있는 것이 아니다"라는 말 또한 "스스로 동정할 수 없으나 기미를 타면 동정이 있게 된다"는 말이다. 만약 태극에 조작이 없다고 한다면 옳지만 또한 정의도 없다고 한다면 아마도 이해하기 어려울 것 같다. 만약 태극이 다만 한 덩어리의 사물이라고 한다면, 기는 무엇으로부터 말미암아 동정이 있겠는가?[85]

동정하는 것은 기이고 리는 이러한 동정을 하게 하는 이유가 된다면 리의 능동성은 부정된다. '리생기(理生氣)' 또한 기의 변화는 리로 말미암아 있게 된다고 이해될 수도 있다. 그런데 다음 인용문은 이러한 생각을 달리 하게 되는 단서를 제공한다.

리는 또한 말라 죽은 것이 아니다. 그러므로 리가 움직임에 기도 움직인다고 한다. 리가 행할 수 있는 것을 리의 재라고 하고 기가 행할 수 있는 것을 기의 재라고 한다. 물로 말하면 정자는 아래로 내려갈 수 있는 것을 가리킨 것이고 맹자는 아래로 내려가는 까닭을 가리킨 것이다. 그러나 리는 조짐이 없으나 기는 하는 것이 있으므로 그 할 수 있는 것으로 논하면 기의 측면에서 차지하는 비중이 많음을 알 수 있다. 이것이 정자가 정미한 까닭이다.[86]

---

85) 『星湖全集』 卷16, 「答睦士懋(乙卯)」, "太極之說, 君所論大槩得之. 朱子諸訓亦一意, 其曰, 理生氣者, 謂陰陽之動靜, 由理而有. 便是太極之所生也, 其曰, 非太極動靜, 只是理有動靜者, 謂太極雖有動靜之理, 豈有自動靜也? 勉齋所謂太極不是會動靜者, 亦謂不能自動靜, 而乘氣機乃有此也. 若曰, 太極無造作, 則可謂之亦無情意, 恐似難曉. 如使太極只是塊然一物, 則氣何自而有動靜."

86) 『星湖全書』 卷4, 「近思錄疾書」, "理亦非枯然死物, 故曰, 理動而氣動也. 其理之能爲底, 曰理之才, 氣之能爲底, 曰氣之才. 以水言之, 則程子指其能就下底, 而孟子則指所以能就下底也. 然理無眹, 而氣有爲, 故論其能爲, 則於氣邊分數終覺占多. 所以程子爲密."

리와 기에 모두 할 수 있는 '재(才)'가 있다고 보았다. 여기서 리의 재는 일반적으로 주재의 의미로, 기의 재는 리의 명령을 수행할 수 있는 것으로 이해된다. 이를 사람과 말의 관계로 설명하면 사람은 리에, 말은 기에 해당되어 이러한 이해가 가능하다. 그러나 재를 직접 할 수 있는 것으로 새긴다면 바로 능동성의 의미로 이해될 수 있으며, 그런 점에서 주재만의 의미로 해석하는 것과는 다르다. 이는 이익이 주자가 말한 '미동이능동'을 기본 입장으로 삼고 있는 데에도 알 수 있다.

> 일찍이 생각건대, 리와 기가 합쳐져서 성(性)이라는 이름이 있는 것이며, '할 수 있음'으로 말미암아 '재'라는 이름이 있는 것이다. 동일한 성인데 천명지성과 기질지성이 있듯이 동일한 재인데 천명지재와 기질지재가 있는 것으로 그 뜻이 같다. 리는 비록 정의와 조작이 없지만, 또한 말라버린 사물이 아니다. 그러므로 "움직이지 않으면서 움직일 수 있는 것이 리이다"라고 하는 것이다. 따라서 먼저 측은의 리가 있고서 이 측은의 단서가 있는 것이니 이것이 '리의 할 수 있음'이다. 기에는 혼명과 강약의 차이가 있어서 감응하는 바가 다르니 이것이 '기의 할 수 있음'이다. 그렇다면 어찌 오직 재에 있어서만 천명과 기질의 구분이 없겠는가?[87]

인용문에서 '미동이능동'은 두 가지로 해석된다. 즉 움직이지 않으면서 움직일 수 있는 것과 움직이지 않으면서 움직이게 할 수 있는 것이다.[88] 문맥을 고려할 때 앞서 사물의 원리로서 이해하는 것은 후자에

---

87) 『星湖全書』 卷四, 「孟子疾書」, 「告子上」, "盖嘗思之, 合理與氣, 有性之名, 由其能爲底, 有才之名, 同一性也. 有天命之性氣性, 同一才也. 有天命之才氣質之才, 其義一也. 理雖(無)情意造作, 亦非枯然死物, 故曰, 未動而能動者, 理也. 故先有惻隱之理, 而有此惻隱之端, 是理之能爲底也. 氣有昏明强弱之異, 而所應不同, 是氣之能爲底也. 然則天命氣質之分, 何獨於才無之."

88) '미동이능동(未動而能動)'을 '재(才)'와 관련하여 안영상(1998, p.47)은 리의 능동성을 인정하는 입장이라면, 이상익(2011b, p.409)은 리는 기에 대한 '소이(所以)'로 보는

속한다면 위 인용문은 전자로 이해된다. 이는 바로 위에서 말한 재의 의미를 염두에 둔다면 리의 능동성이 있음을 나타내는 말이라고 할 수 있다. 좀 더 구체적으로 이를 이황의 리유체용설에 근거하여 설명할 수도 있다고 본다. 즉 리의 본체는 무위하기 때문에 동정의 원리와 능력을 내재하고 있으며 리의 발용은 그러한 동정의 원리로써 기를 주재하거나 실제로 동정할 수 있는 것이다. 그렇기 때문에 이익은 리가 말라빠진 물건이 아닌 '리활'이라고 표현했던 것이다.

(2) 기유대소설(氣有大小說)

이익은 리선기후의 관점에서 리는 장수이며 기는 병졸로 비유했다. 그런데 이러한 관계는 달리 보면 둘은 서로를 필요로 하는 관계이기도 하다. 즉 전쟁을 수행하는 데 장수만, 혹은 병졸만 있어서는 불가능하기 때문이다. 따라서 정할 때는 리가 우선하지만, 동할 때는 리와 기는 서로 떨어질 수 없는 관계라고 강조한다. 그런 점에서 그는 리기불리의 입장에서 리기무선후(리기무선후)를 주장하고 있기도 하다.

> 리가 움직일 때 기가 바로 그것을 실어서 이러한 면모를 이루게 된다.[89]

리는 현상의 작용인 기에 내재한 원리이기 때문에 이 둘은 서로 떨어질 수 없는 관계이다. 그런데 이익은 리나 기의 시원적이고 궁극적인 선

입장이다. 이익이 말하는 맥락을 고려하면 두 가지 모두 가능해 보인다.

89) 『星湖全集』 卷18, 「答李致和」, "理之將動, 氣便載之, 成此面貌."

재는 부정했다. 즉 천지가 있기 전에도 리나 기는 함께 있는 것이라고 한다.

> 천지는 형체가 있는 모습이다. 이의(二儀, 천지)가 있기 이전에 다만 리만 있고 기는 없는 것인가? 아니면 이물(二物, 리기)는 서로 의지하여 떨어지지 않고 모두 형이 있기 전에 갖추어 있다가 기로써 형을 이루고 리 또한 갖추는 것인가? 이른바 태극이 양의를 낳는다는 것은 무릇 기가 형을 이루는 것이 리가 하는 바가 아닌 것이 없으므로 하는 말이다. 양의(兩儀)가 있기 전에 처음에는 가리킬 만한 기가 없다가 리로부터 곧바로 생겨난다는 말이 아니다.[90)]

이황은 일원의 기가 있고 이러한 일원의 기가 있기 위해서는 바로 태극인 리가 선재해야 한다고 보았다. 이익 또한 일원의 기를 원기라 하여 이 원기가 천지에 가득 차 있다고 보는 점에서는 다르지 않다. 그러나 이 기에 앞서 리가 있다는 데에는 반대한다. 그는 처음에는 리와 기가 함께 존재하는 것이지 무엇이 먼저라고 할 것이 있을 수 없다고 말한다.

그런데 이렇게 함께 존재하는 리와 기가 현상 속에 나타날 때는 기에 의해 리가 제한된다고도 말한다. 즉 기의 형질에 따라 리 또한 다르다는 것이다.

> 만약 리와 기가 상수하는 관계에 있다고 한다면 기에는 대소의 구별이 있으며 리 또한 마땅히 그러하다. 이목구비의 기능이 비록 마음의 작용에 매어 있지만 마음은 귀로 하여금 보게 할 수 없고 눈으로 하여금 듣게 할 수 없으며 입으로 하여금 냄새 맡게 할 수 없다.[91)]

---

90) 『星湖全集』 卷29, 「答韓汝寬」, "天地者有形之儀也. 二儀未生之前, 只有理還無氣耶? 抑二物相須不離, 悉具於有形之前, 氣以成形而理亦具也耶? 其所謂太極生兩儀者, 凡氣之成形, 莫非理之所爲故云爾. 非謂兩儀之前, 初無氣之可指, 而直從理生出來也."

기에 대소의 구별이 있듯이 리 또한 그러하다고 말한다. 이는 그 기에 대한 각각의 원리가 다르다는 것을 보여주고 있으며 이것 때문에 귀로 보게 하거나 눈으로 듣게 할 수 없는 것처럼 서로 얽히거나 혼동되지 않는다고 했다. 따라서 주자학의 리일분수[一本萬殊]를 이해하는 것에도 차이가 날 수밖에 없다.

> 이제 앵귀비 열매가 한 덩어리 있다고 하자. 앵귀비 열매 안에는 수 많은 씨가 들어 있고 그 씨는 각각의 낟알로 이루어져 있다. 만약 큰 열매가 없다면 작은 낟알 또한 존재할 수 없기에 수많은 낟알이 한 낟알 안에 들어 있는 것이다.[92]

그는 진순이 "마치 둥글고 큰 한 덩이의 수은(水銀)을 흩으면 수많은 작은 덩어리가 되나 저마다 모두 둥글며, 수많은 작은 덩어리를 합치면 다시 큰 한 덩어리가 되어 예전처럼 둥글게 되는 것과 같다."라고 한 말을 다음과 같은 비유로 비판한다. 즉 리일은 본(本)이고 분수는 말(末)이기 때문에 리일은 각 개별자들을 총괄하는 원리로 다시 개별자 속에 내재해 있는 것이라면, 개별자는 그러한 태극을 포함하고 있으며 그 원리에 따라 자기 운행을 하게 된다고 말한다.[93] 따라서 리일인 태극[統體太極]은 나뉘어서 분수지리[萬殊]가 된 것이 아니고, 분수지리[萬殊太極]는 합쳐져서 통체가 된 것이 아니라고 했다. 이러한 맥락에서 불교의 '월인

---

91) 『星湖全集』 卷23, 「答愼耳老」, "若曰, 理與氣相須, 氣旣有大小之別則理亦宜然. 如耳目口鼻雖繫于心官, 心不能使耳見而目聽口嗅而鼻吃, 這便是一身之中, 衆體各一其性也."

92) 『星湖全書』 卷3, 「僿說」, 「物各太極」, "今有一顆鶯子粟, 顆中含有千百子, 亦箇箇顆粒, 若無大顆, 細顆亦不成, 則千百顆包在一顆之內矣."

93) 진영첩(표정훈 옮김, 2001, pp.97-98)은 통체태극(統體太極)을 통한 하나의 우주를 대우주로 표현하고 동시에 만물은 그 각각이 만수태극(萬殊太極)을 통한 우주를 형성하는 데, 이를 소우주로 표현했다.

천강(月印千江)'과 '전등(傳燈)'의 비유는 모두 본말이 제대로 갖추어지지 않아 적절치 못하다는 것이다. 이러한 관점에서 그는 이이의 '리통기국' 또한 다음과 같이 비판했던 것이다.

> ① '통함[通]'은 '막힘[塞]'의 반대인데 오히려 균제(均齊), 관일(貫一), 보편(普遍)의 뜻을 결여하고 있으니 어찌하여 반드시 말을 너무 간략하게 하여 신기한 것을 취하는데 힘쓸 것인가?[94]

> ② 물헌웅씨(勿軒熊氏)가 태극은 정(精)이요 본(本)이며, 음양은 조(粗)이며 말(末)이라고 한 것은 참으로 의심스럽다. 또한 율곡은 정조(精粗), 본말(本末)을 모두 음양에 속하게 하였는데 한편에 치우침에 빠진 것이다. 음양은 위치가 다르고 동정은 시간이 다르나 태극에서 떠나지 않았으니 음양에 정조, 본말이 있는 것은 태극에 정조, 본말이 있기 때문이다. 만일 리가 이와 같지 않다면 기는 무엇으로부터 있게 되겠는가?[95]

기와 리는 현상과 그 속에 내재된 원리라는 불리의 관점에서 비판한다. ①은 리일분수의 관점에서 리일지리가 개별자 속에 내재하는 원리인 분수지리로서 보편의 의미를 갖는데 이이는 이러한 점을 간과한 채 막힘의 반대인 통함의 의미로 리를 한정해 버렸다고 비판했다. ②는 이러한 보편적 리는 기에 따라 분수지리로서 나타나는데 이때 기의 정조, 본말은 이미 리가 그러하기 때문에 가능하다는 것이다. 이는 달리 말하

94) 『星湖全書』 卷7, 「四七新編」 附錄, 「讀李栗谷書記疑」, "通者, 塞之反, 猶欠均齊貫一普遍之意, 何必下語太簡, 務取新奇乎?"

95) 『星湖全集』 卷13, 「答權台仲(辛酉)」, "熊氏謂太極爲精爲本, 陰陽爲粗爲末, 固是可疑. 而栗谷都屬之陰陽, 亦失之偏, 陰陽異位, 動靜異時, 而不離乎太極則陰陽之有精粗本末, 由太極之有精粗本末也. 若理不如此, 氣何自而有."

면 기의 정조와 본말을 보면 리 또한 그러하다는 것을 알 수 있다는 뜻이기도 하다. 그런데 물헌옹씨는 리와 기에 각각을 나누어 이해하고 이이는 모두 기에 소속시켰다고 비판했다. 따라서 이익은 이러한 기를 대소관계로 좀 더 확장하여 논하였다.

이익은 천지 사이에는 기로 가득 차 있다고 말한다. 이 기는 리와 함께 생성되었다가 언젠가는 소멸하게 되며 사람과 동물 사이는 물론 같은 사람 사이에서도 형체에 따라 소멸의 차이가 있다. 그런데 천지 사이에 있는 모든 것은 기로써 각각 그 층차가 있다고 말한다. 즉 기에는 대기와 소기가 있는데 천지에 가득한 기가 대기에 해당한다면 이 세상에 존재하는 모든 존재는 바로 소기에 해당한다. 인간은 당연히 소기가 되는 셈이다. 인간에서 보면 여기에는 '형질론(形質論)'에 근거하여 다시 대기와 소기로 나눌 수 있다.

> 형(形)이란 사물의 방원곡직대소장단(方圓曲直大小長短)와 같은 것이다. 형에 말미암아 위로 미루어 보면 리(理)가 있으니 리는 도(道)이고 형에 말미암아 살피면 질(質)이 있으니 질은 기(器)이다. 도는 리의 유행이고 기는 질이 받은 것이며 형은 그 사이에 존재한다. 무릇 눈이 사물을 보는 것은 형을 위주로 한다. 그러므로 닭의 모양을 가지고 있으나 개의 질이 있어서 비록 개처럼 짖는다 하더라도 사람은 닭이라고 말한다. 개처럼 짖는다고 반드시 개라고 여기지는 않는다. …… 이것은 형과 기가 다른 것이기 때문이다. 그 형은 도로 말미암아 생하고 도는 또한 그 형의 위에 잘 나타난다. 도는 역도이며 형은 괘형이다. 괘는 도를 잘 나타내는데 질이 없어도 말할 수 있다. 그러므로 단지 기라고 말하는 것이다.[96]

---

96) 『星湖全書』 卷3, 「易經疾書」, 「繫辭上傳 12章」 "形者, 物之方圓曲直大小長短之類是也. 由是而上推, 則有理, 理者道也. 由是而下察, 則有質, 質者器也. 道者理之流行也. 器者質之有受也. 而形居其間, 凡目之見物以形爲主. 故鷄形而犬質, 則雖作犬吠, 人將曰鷄. 而犬吠必不以爲犬也. …… 此形與器之別也. 其形由是道而生, 而道又盛在其上. 道者易道也,

형이 사물의 모습이라면 질은 그 사물에 존재하는 한 부분을 말한다. 인간에서 보면 형은 인간의 신체가 되고 질은 그 몸에 있는 오장이 되는데, 이러한 논리를 미루어 가면 심 또한 하나의 형질로 구성된다. 따라서 거기에도 형을 운행하는 기와 질을 운행하는 기의 구분이 생기게 되며 이를 이익은 대기와 소기로 표현하고 있다.

지구를 운행하는 대기에 대해 인간을 소기로 본다면 몸 전체를 흐르는 대기에 대해 몸에 있는 모든 기관은 소기에 해당한다. 말하자면 기에는 한 몸 전체에 유행하는 기도 있고 심장에서 유행하는 기도 있다는 것이다. 이들은 서로 독립적으로 자기 전개를 하면서도 각각 운행의 뿌리가 달라 서로를 간섭하지 않는다. 그럴 수 있는 이유는 기에는 그렇게 운행하도록 하는 원리가 존재하기 때문이다. 즉 기라고 하면 거기에는 기를 가능하게 하는 원리인 리가 내재한다는 것이다. 따라서 이들은 각각의 원리와 운행을 통해 자기의 독자적인 영역을 형성하면서도 이들이 유기적인 관계를 갖고 형성되어 하나의 존재를 이루게 되는 것이다. 이러한 기 중 대기는 불멸하지만 소기는 그 형체가 사라지면 소멸한다고 말한다.

> 천지의 대기로 말하면 기가 채우고 있지 않은 곳이 없다. 그러므로 크거나 작거나 관계없이 사물은 채워지지 않은 것이 없다. 여기에 그릇이 있다면 기가 그 가운데를 채우고 있다. 그릇이 오래되면 부서지지만 기는 소멸하지 않는다. 비록 수백 번 그릇의 모습이 바뀐다고 해도 그 기가 채우는 것은 똑같다. 그러므로 앞의 기는 완전히 소멸하고 뒤에 기는 새롭게 생겨난 것이라고 할 수는 없다. 대기라고 하는 것은 참으로 이와 같다. 이것이 (장횡거의) 빙수설(氷水說)이다. 대기 중에 생기를 가지고 있

形者卦形也, 卦而盛道而無質之可言, 故只曰器也."

> 는 사물은 또한 각자의 기가 있으니 사람에게는 사람의 기가 있고 사물에는 사물의 기가 있다. 비록 대기 가운데에 그것과 통하는 것이 있다 할지라도 그 스스로 가지고 있는 생기가 그 몸에 가득 채워져 있어서, 처음에 배태되어 중간에 장성하고 끝에 소멸되어 형체와 더불어 그 생사를 같이 한다. 미묘한 가운데 조짐이 있고 각기 스스로 길러서 성장하는 것이지 어찌 다른 것의 도움을 기대하겠는가?[97]

대기는 원래부터 존재하며 그 원리로서 리 또한 함께 존재한다. 그리고 이것은 생멸하지 않고 빙수처럼 얼었다 녹았다 하는 양태만 변화될 뿐이다. 반면에 소기인 생기는 사물을 이루고 있는 것으로 그것이 사라지면 그 기도 사라지고 거기에 내재된 리 또한 함께 소멸한다.

이러한 점은 서학의 영혼불멸설과 비교하면 차이가 있다. 영혼불멸설에서는 인간의 몸이 비록 없어지더라도 영혼은 사라지지 않는다. 반면 이익의 말대로라면 천지 사이에 존재하는 대기에 인간은 소기이기 때문에 이 소기는 사라지고 거기에 내재된 리 또한 사라지므로 영혼이라는 것이 존재할 근거가 없게 된다. 다만 이러한 소기의 생멸만이 계속 반복될 뿐이다.

(3) 심의 중층구조를 통한 천인지분(天人之分)의 관점

이익은 인간을 다른 사물과의 차별성 속에서 인식했다. 그는 『순자(荀

97) 『星湖全書』 卷6, 「僿說」, 「儒釋異迹」, "以天地大氣言, 則氣無不充, 故無大無小, 物無不充也. 有器於此, 氣充其中, 器久而毁壞, 氣則不滅, 雖百易其器, 氣充同然, 不可謂前者消而後者長也. 所謂大氣者, 固如此, 此氷水說. 大氣中物之有生氣者, 亦各自有其氣, 人有人氣, 物有物氣, 雖在大氣之中, 而與之相通, 其自有之生氣, 充滿其體, 始於胚胎, 中於盛裝, 終於壞滅, 與形體同其死生, 兆眹於微妙之中, 各自養成, 豈待他物之幇助也."

子)』의 「왕제(王制)」 편에서 인간만이 의리심(義理心)이 있다는 말에 적극적인 동의를 표한다.98) 그 또한 심은 하나이지만 형기에 따라 심장의 유무와 심의 차등이 있다고 보아 인간의 차별적 지위를 도덕심에서 찾았다.99) 그러나 이러한 구분에서 그가 문제 삼았던 것은 단순히 인간의 차별성을 확보하기 위한 것이라기보다 인간의 지각심(知覺心)과 의리심이 심성의 여러 문제들의 원인으로 작용하였다고 보는 데 있다. 이미 그에게는 인간과 사물의 차이는 이론의 여지가 없으며 보다 근본적인 문제는 인간의 심에 대한 해명에 있었던 것이다.

사실 이익은 성인(聖人)을 인간이 도달해야 할 목표로 두고는 있지만 거기에 이르는 것이 현실적으로 불가능하다고 보았다. 마치 운명처럼 인간의 의지대로 될 수 없는 것인 만큼 인간이 할 수 있는 것이라고는 성인에 이르기 위해 노력하는 것뿐이라고 했다.100) 그런 점에서 공자(孔子)가 상지와 하우는 바뀌지 않는다고 한 것에 대해 그 또한 공감한다. 그러나 여기서 그는 중인(中人) 즉 보통 사람들로 관심을 돌리면서 인간 품성의 변화 가능성을 읽어낸다.101) 즉 상지와 하우는 바뀌지 않지만

---

98) 『星湖全書』 卷6, 「僿說」, 「荀子」, “王制篇云, 水火有氣而無生, 草木有生而無知, 禽獸有知而無義, 人有氣有生有知, 亦且有義, 故最爲天下之貴也. 此發前未發於心術之學大益.”

99) 『星湖全書』 卷1, 「心說」, “土石謂之無心, 至於草木生長衰落, 若有心然者, 而無知覺, 只可道生長之心而已矣. 禽獸之有生長之心則固與草木同, 而又有所謂知覺之心. …… 知覺之於生長, 老死不能加損, 故毛落復生爪缺復長, 而知覺無與焉是則二者各爲一物而不相混也. 至於人其有生長及知覺之心, 固與禽獸同, 而又有所謂理義之心者.”

100) 『星湖全書』 卷4, 「中庸疾書」, “天固未可希, 聖亦有難言. …… 世固有企而不及者, 吾未見不企而能及也. 是以行不行力也. 至不至命也. 將於命何哉? 就其所勉而勉焉而已也.”

101) 『星湖全書』 卷5, 「僿說」, 「善惡不定」, “子曰, ‘上智與下愚, 不移’, 非此二品皆可以轉移也. 每驗之於人, 中人之性非有以素定率因利與名而駸駸入也. 或偶行一善, 便起自好之心, 人亦推以揚之, 因以興動稍稍增重, 又或偶起不韙, 人亦鄙之於是向善意怠激怒遂非, 則稍稍爲惡而不憚, 又或勢利陰誘從, 少增多善所裨, 而惡必獲便, 尤可以蠱人心術矣.”

보통 사람들의 성품은 얼마든지 바꿀 수 있다는 것이다. 선행연구에서 자주 언급되는 조명론(造命論)[102]이 이에 근거하며 바로 이들을 선(善)으로 이끌어 인간다움을 실현하는 일이 그에게는 무엇보다 중요하다고 보았던 것이다.

심에 대한 해명은 그런 점에서 인간을 이해하기 위해 가장 중요한 것이며 특히 지각심과 의리심을 어떻게 이해해야 하는가 하는 문제는 인간의 윤리적 행위와 결부되어 있다. 이황이 마음의 문제에 집중하게 된 이유 또한 인간의 윤리적 행위를 무엇보다 마음의 문제로 인식하고 있다는 점에서는 서로의 공감을 확인할 수 있는 부분이다. 따라서 이익은 바로 이러한 두 심의 관계를 해명하는 것이 중요한 문제라고 판단된다.

이익은 우선 심을 활물(活物)이라고 정의한다. 그렇게 말한 이유는 그가 심을 두 가지로 나누어 그 역할을 설명하는 다음에서 확인할 수 있다.

> 심에는 혈육지심(血肉之心)이 있고 신명지심(神明之心)이 있다. 혈육지심은 오장의 하나이니 곧 신명지심의 집을 말한다. 신명지심은 혈육지심 중의 기의 정영(精英)한 것이니 곧 출입(出入)하고 존망(存亡)하는 것을 말한다. 혈육(지심)을 말하지 않으면 심의 동정(動靜)과 성정(性情)의 뿌리를 밝힐 수 없고 신명(지심)을 말하지 않으면 또한 정(靜)할 때 성(性)을 통어하고 동(動)할 때 정(情)을 통어하는 것이 모두 심이 하는 일이란 것을 밝힐 수 없다.[103]

102) 『星湖全書』 卷5, 「僿說」, 「造命」, "有天命有星命有造命. …… 造命者, 時勢所値人力參焉. …… 不獨君相爲然士庶亦然" 이에 대한 자세한 연구는 원재린(2003), pp.196-205.

103) 『星湖全書』 卷1, 「心統性情圖說」, "心有血肉之心, 有神明之心. 血肉之心是五臟之一, 卽所謂神明之舍也. 神明之心是血肉之心中氣之精英, 卽所謂出入存亡者也. 不言血肉, 則無以明心之動靜及性情之根委, 不言神明, 則又無以明夫靜而統性, 動而統情者, 皆心之爲

이익은 성을 리로, 심을 기로 보았다.[104] 기인 심을 다시 두 가지로 설명한 것은 앞서 언급한 기유대소설에 근거한다.[105] 지구를 운행하는 대기에 대해 인간의 몸이 소기이듯이 몸 전체를 흐르는 대기에 대해 심장은 소기에 해당한다. 이러한 논리를 미루어 가면 심에서도 '혈육심'은 심장으로 대기라고 할 때, '신명심'은 그 안에 존재하는 정영한 기로 소기에 해당한다. 따라서 이 두 심의 관계에서도 대소관계가 성립한다고 볼 수 있다.[106]

이렇게 심을 중층구조로 설정한 것은 우선 심의 기능들이 서로 다른 근거에서 비롯되었음을 말하고 있다. 즉 혈육심은 이목구비의 감관(感官)과 연결하여 다양한 감각적 경험들을 전달하는 통로가 된다. 한편 신명심은 그러한 감각에 대한 판단작용과 능동적 사려, 그리고 기억작용까지 담당하게 된다. 따라서 지각심, 즉 마음의 지각 작용은 혈육심과 신명심에 의해 이루어진다. 여기서 혈육심을 설정한 것은 신명심에 의한 판단 작용이 심장이란 형기를 통해 연결된 오관에 의한 외감이 있어야만 가능하다고 보았기 때문이다. 대개의 주자학들과 이황은 이러한 측면을 상대적으로 간과한 점에서 그는 이를 혈육심을 통해 재확인시켜 준다.

그럼에도 심의 고유한 능력은 신명심에 의해 이루어진다. 앞서 언급

也."

104) 『星湖全書』 卷1, 「心說」, "心者載性者也, 性理而心氣."

105) 『星湖全書』 卷2, 「答李汝謙」, "氣者, 有一身混淪之氣, 有心臟運用之氣. 雖同一氣也, 而有大小之別. 不但心也. 凡頭目之類皆然, 其陽舒陰翕也. 自是頭斂於腦, 目斂於睛, 不成說與混淪者舒翕同歸也."

106) 김용걸(1989, p.100)은 혈육심과 신명심 사이에는 대소관계가 성립될 수 없다고 했지만 형질론에 근거할 때, 그리고 신명심이 혈육심 중 정영한 기라는 지적은 이익이 이 둘 또한 대소관계로 보고 있음을 알 수 있다.

한 능력들이 인간의 인식론적 특징들을 대변하는 것에서도 알 수 있다. 물론 이후 서양지식을 통해 이것이 뇌와 관련되어 있다는 것을 알게 되지만 여전히 중요한 심의 역할임은 부정하지 않는다.[107] 특히 심성의 문제에서는 더욱 그러하다. 의리심, 즉 마음의 사려와 도덕심 등은 신명심에 의해 이루어지는데 이 신명심은 마음이 움직이기 전인 성과 움직인 후인 정을 모두 통섭하는 역할을 하기 때문이다.[108] 여기서 그가 보는 심통성정(心統性情)의 관계를 살펴보면, 그는 이를 마치 임금이 신하와 백성을 거느린다는 것과 같다고 말한다.[109] 그러면서 그는 다음과 같은 비유로 신명심에 근거한 '통(統)'의 의미를 새긴다.

> 인의(仁義)가 제 스스로 인의가 되지 못하고 측은(惻隱)과 수오(羞惡)가 제 스스로 측은과 수오가 되지 못한다. 다 심이 하는 것이다. 그러므로 심을 물과 오색 물감에 비유하면 물은 심心과 같고 오색 물감은 성(性)과 같으며 단청(丹靑)은 정과 같다고 말한다.[110]

인용문에서 물은 심이며 오색 물감은 성이고 단청은 정을 비유한다. 물감은 물이 없으면 그 역할을 다 할 수 없기에 반드시 물을 동반해야 한다. 이는 심이 없으면 성이 제 역할을 다하지 못함을 비유한 것이다. 그리고 그렇게 해서 칠해진 단청이 바로 정이 된다고 했다. 이는 '통'을

---

107) 李瀷, 『星湖僿說類選』, 安鼎福 編, 「西國醫中」, "覺在腦而知在心, 其理亦宜耳."

108) 『星湖全書』 卷1, 「心統性情解」. "蓋統性與情者, 卽指神明之心, 非謂肺肝等五臟有形之心, 彼心腸者, 不過塊然血肉有形之物, 寧有動靜之別? 旣無動靜則於未發之性, 猶或可議, 而豈復有統於已發之情乎?"

109) 『星湖全書』 卷6, 「近思錄疾書」, "心統性情者, 猶云君統臣民, 君別是一物, 臣民別是一物, 彼統於此也."

110) 『星湖全集』 卷34, 「答乙休」, "仁義非自仁義也, 惻隱羞惡非自惻隱羞惡也, 皆心之所爲. 故謂之心, 比如水和五采, 水如心, 五采如性, 繪畫丹靑如情."

심이 성과 정을 거느리는 이른바 '통솔(統率)'의 의미로 이해하고 있음을 알 수 있다. 한편 여기서 성은 하늘로부터 부여받은 것으로 심에 존재하지만 주자학에서 말하는 정의와는 다소 차이가 있다. 다음 인용을 보자.

> 리(理)는 공공(共公)의 이름이며 성(性)은 형기(形氣)에 품부 받은 것이다. 그러나 리로써 성이라고 풀이한 것은 리자가 성의 의미를 다할 수 있다는 것을 말하는 것이 아니다. 억지로 리를 들어 이 성을 밝힌 것은 다른 이유가 있어서 아니라 다만 리로부터 이루어진 것임을 밝힌 것이다.[111)]

주자학에서 '성즉리(性卽理)'는 자연과 인간을 하나의 틀로 인식하는 천인합일(天人合一)을 의미한다. 그러나 이익은 성이 리로부터 연유했지만 리는 어디까지나 인간에게 부여된 성의 근거 이상의 의미는 없다고 강조한다.[112)] 즉 마음을 인간의 문제로 국한하여 이해하는 데에 리보다는 성을 중심으로 논의하고자 하는 이른바 천인지분(天人之分)의 관점을 읽을 수 있는 대목이다.

또한 이러한 성은 심에 내재된 것이며 기질지성으로 이해된다.[113)] 물론 그가 본연지성을 부정한 것은 아니다. 본원에서 보면 기질지성의 본체로 본연지성이 존재하지만[114)] 현상적 측면에서는 기질지성으로 존재

---

111) 『星湖全書』 卷4, 「中庸疾書」, "理是共公之名, 性是墮在形氣者. 然以理訓性, 非謂一理字可以盡性之義也. 姑擧理以明此性, 非也, 只從這裏做成也."

112) 『星湖全書』 卷4, 「近思錄疾書」, "愚謂從氣稟以後說, 已不是在天底理, 故有善惡."; 『星湖全書』 卷6, 「僿說」, 「生之謂性」, "蓋性是氣稟以後事." 이에 대해 자세한 연구로는 김용걸(1989), pp.142-144; 강경원(2001), pp.89-91.

113) 『星湖全書』 卷1, 「答洪亮卿」, "從理在物上說, 則只須言氣質之性."

114) 『星湖全書』 卷2, 「答李斯文」, "夫本然者, 非氣質之性之外別有其物, 就氣質中, 指出本體也."

하며 이것이 바로 도덕성의 근거가 된다고 말한다. 이황도 같은 맥락에서 본연과 기질의 관계를 보고 있기는 하지만 기질에 대한 본연의 강조가 두드러진 점에는 차이가 있다. 오히려 이러한 이해는 기대승과 이이의 맥락을 따른 것으로 보인다.

또한 심 속의 성을 상기할 때, 성은 심에 비해 상대적으로 그 중요성이 약화될 수밖에 없다. 그러나 심 또한 이 성이 없으면 '빈 껍데기[虛套]'에 불과하기에[115] 심의 존재 근거로써 성과 대등하게 이해되며 여기서 우리는 혈육심과 신명심을 말할 수 있게 된다. 즉 신명심은 성의 발현 근거가 되고 정을 통어하는 역할을 한다면, 혈육심은 그러한 존재 기반이 되면서 발현할 때에 감각에 작용하거나 제약적 요소로 작용한다. 이익은 바로 이 형기인 혈육심이 관계되면서 심성론의 문제, 즉 사단칠정과 인심도심 등에 여러 논란이 일어나게 되었다고 주장한다.

이상 일련의 주장, 특히 천인지분의 관점은 비록 구체적인 논의로 이어지지는 않지만 분명 주자학이 강조한 천인합일과는 다른 시선, 즉 실학의 단초로서 검토되어야 할 부분임에는 분명하다.

5. 성호학의 분기

그런데 이러한 이익의 학설에 대해 외부적인 비판과 함께 성호학인들 사이에서도 논란이 야기되었다. 그 중심에 이익의 대표 제자들로 알려진 신후담, 이병휴, 윤동규, 안정복 등이 있었으며, 이들의 논란 속에 나

115) 『星湖全書』 卷4, 「近思錄疾書」, "無性, 則心爲虛套, 言性而心亦擧之矣."

머지 제자들도 각자 자신의 견해를 밝히면서 성호학파의 사상적 분기가 일어나게 된다.

그 분기는 크게 세 가지로 압축될 수 있겠다. 즉 이황의 본의에 이익의 견해를 보완하여 이해할 것인가, 반면 이익의 견해에 이황의 본의를 새롭게 해석할 것인가, 아니면 이황과 이익의 견해를 각각 이해하고 절충할 것인가이다. 신후담과 이병휴는 각자의 입론에 따라 서로 다른 견해를 밝히면서 궁극적으로는 이익의 견해에 이황의 본의를 새롭게 해석하고자 했다. 반면 윤동규는 이익이 이황의 계승자로 자임한 이상 자신의 새로운 해석을 통해서라도 이황의 본의에 이익의 견해를 보완하여 이해하려는 태도를 고수하게 된다. 한편 안정복은 뒤늦게 논란에 뛰어들었지만 그 또한 자신의 입론에 근거하여 이병휴와 윤동규의 견해에 각각 동조하는 듯하면서도 결국 이황과 이익의 견해를 절충하려는 태도를 보여준다.

(1) 이익의 견해에 이황의 본의를 재해석하는 입장 : 신후담, 이병휴

신후담(愼後聃, 호 河濱, 1702-1761)은 23세 때 이익의 문하에 들어와 경전과 사단칠정 등에 대한 새로운 해석을 내놓으며 늘 논란의 중심에 있었던 인물이다. 이익 자신이 제시한 견해들 중 기유대소설과 공칠정리발을 그에게서 얻었다고 할 정도로 영향이 컸던 제자 중 하나였다.

우선 신후담은 이익이 이황의 사칠설을 해석하다 사단과 칠정의 구분을 더욱 애매하게 만들었다고 생각했다. 그래서 그는 리일분수(理一分殊)의 원리를 사단과 칠정에 적용한다. 즉 감정의 발현은 리일의 측면과 분수의 측면이 있다는 것이다. 리일의 측면에서 보면 하나의 근원이 있을 뿐이기에 사단과 칠정 모두 인의예지의 리가 뿌리이다. 반면 분수의 측면에서 보면 두 가지 근원 즉 성명지리(性命之理)와 형기지리(形氣之理)가 있으며, 사단은 성명지리에 근거하고 칠정은 형기지리에 근거한다고 말한다.[116] 그리고 이렇게 리를 구분하듯이 기 또한 지각(知覺)과 형기(形氣)의 기로 구분하여 이해한다. 이러한 방법은 그 또한 이황의 본의가 분개에 있음을 의식하면서 혼륜의 입장도 함께 포용하기 위한 것이라 생각된다.

> 사단이 발하는 곳에서 타는 기는 지각(知覺)의 기(氣)이고, 칠정이 기지발이라고 하는 것은 형기(形氣)의 기이다. 두 '기'자는 위주로 하는 것이 본래부터 다르다. 그런데 퇴계에서 시작한 상수의 설은 여기에서 뒤섞인 논의가 되고 말았다. 성호의 오류 또한 그렇다.[117]

이황이 사단과 칠정을 리발기수와 기발리승으로 말한 것을, 그는 두 개의 리와 두 개의 기를 통해 이해하고 있다. 즉 사단인 리발기수는 성명의 리와 지각의 기에 근거한 것이라면, 칠정인 기발리승은 형기의 기와 형기의 리에 근거한 것이라고 주장한다. 기를 나누어 이해한 점은 이익과 다르지 않지만 리를 둘로 나누는 것은 차이가 있다. 이익은 성을 근본적으로 하나라고 했기 때문에 리의 의미는 달라질 것이 없기 때문이다.

---

116) 愼後聃(이하 생략), 『河濱先生全集』 권2, 「四七同異辨」, "案論, 理氣之大致, 則雖天地萬物同出一理, 固無二原, 而論其分之殊, 則雖一身之內, 有性命之理, 有形氣之理."

117) 『河濱先生全集』 권2, 「四七同異辨」, "四端發處, 所乘之氣, 是知覺之氣。七情氣之發, 是形氣之氣. 兩氣字所主本異, 而自退溪理氣相須之說, 於此未免渾淪, 星湖誤亦然."

이러한 입장에서 공칠정에 대해서도 신후담은 이익과 달리 리발임을 확신한다. 그는 이익과 같이 사단과 칠정에 모두 중절과 부중절이 있다고 말하면서 일반적인 칠정은 앞서 본 것처럼 형기의 리와 형기의 기에 근거하여 발하지만 성인의 칠정은 사단과 같이 인의예지의 공리(公理)에서 발하기 때문에 형기와는 무관함으로 리발이라고 말할 수 있다는 것이다.

> 선인이 정치하는 것을 기뻐하고 사흉이 죄를 짓는 것을 노여워하며, 안연이 죽는 것을 슬퍼하고 사자를 모시는 것을 즐거워하는 것과 범인이 부모를 모시는 것이 기쁘며 상에 임하여 슬퍼하는 것, 모두 천리본연에서 발하는 것으로 형기와는 관계가 없는 것이다.[118]

이 말은, 사단은 성명의 리와 지각의 기에서 발하지만 여기에 중절과 부중절이 있고, 칠정은 형기의 리와 형기의 기에서 발하는 경우도 있고 성명의 리와 지각의 기에서 발하는 경우도 있다는 것이다. 더 나아가 칠정을 둘로 나누어 후자를 공칠정으로 이해하여 이것은 바로 성명에 근원하는 공적인 마음이기에 리발로 볼 수 있음을 지적한다. 그렇다면 이것이 사단과 같은 것인지 물을 수 있는데, 신후담은 같지 않고 다만 '동실이명(同實異名)'일 뿐이라고 한다. 이렇게 보면 신후담은 공적인 감정과 사적인 감정을 바로 리발과 기발로 연결하여 이해하고 있음을 알 수 있다.[119] 이는 이후 이병휴에게 영향을 주어 윤동규와 논란을 벌이는 직

118) 『河濱先生全集』 권2, 「四七同異辨」, "喜善人之爲政, 怒四兇之有罪, 哀顔淵之死, 而樂四子之侍, 與夫凡人之見親喜臨喪哀, 皆發於天理本然, 而不與形氣相干."

119) 『河濱先生全集』 권2, 「四七同異辨」, "四之隱, 非七之哀. 隱者隱於物, 公也, 哀者, 哀在己, 私也. 案此論四七分界甚明, 只就公私二字上, 可驗理發氣發."

접적인 계기가 된다.

이병휴(李秉休, 호 貞山, 1710-1776)는 이익의 형인 침(沉)의 셋째 아들로 13세 때부터 이익에게서 배우기 시작하였다. 이익 사후 이익의 유고를 정리하는 작업을 도맡아 하였고 그의 양아들인 이삼환(李森煥)은 이후 권철신(權哲身), 이기양(李基讓), 정약용 등 많은 학자들을 양성하게 된다.

그는 신후담의 견해에 기본적인 입장은 공유하면서 자신의 사칠론을 전개한다. 즉 신후담이 리일분수를 통해 사단과 칠정이 리일의 측면과 분수의 측면이 있다는 관점을 그대로 받아들여 일반적인 관점(凡稱)에서는 '리동기수(理動氣隨)'이지만 감정이 발현할 때는 리발과 기발의 구분이 있다고 말한다. 여기에는 천리(天理)의 본연(本然)과 물화추변지리(物化推變之理)라는 리의 차이는 물론 범칭하는 기와 형기의 차이가 있음을 지적한다.

> 사칠은 모두 정이다. 그것이 발할 때에는 리동기수로 확실히 하나이지만, 주자가 반드시 사단은 리발이고 칠정은 기발이라고 한 이유는 무엇인가? 사단은 성명의 리에 근원하기 때문에 리발이라고 하고 칠정은 형기의 사사로움에서 생겨나기 때문에 기발이라고 한다. 그러므로 리발의 '리'자는 곧바로 성명의 리를 가리키는 것으로 범칭하는 리동과 다르다. 기발의 '기'자는 형기의 기를 가리키는 것으로 범칭하는 기수와 다르다.[120]

감정이 발현할 때는 리동기수이지만 인간의 선한 행위와 악한 행위는 리발과 기발로 말해야 한다고 보았다. 여기서 리동기수는 신후담의 의

120) 李秉休(이하 생략), 『貞山雜著』 권4, 「上平湖答書」, "四七均是情也. 其發時, 理動氣隨, 光景一般, 而朱子必以四爲理之發, 七爲氣之發, 何也? 四原於性命之理, 故曰理發, 七生於形氣之私, 故曰氣發. 然則理發之理字, 即指性命之理, 而與汎稱理動者不同. 氣發之氣字, 即指形氣之氣, 而與汎稱氣隨者又不同."

견을 따라 이루어진 것이지만 이후 이이의 설을 비판 및 수용하는 가운데 기가 발동하면 리는 함께 있다는 이른바 '기동리구(氣動理俱)'로 변화한다.[121] 즉 인간의 감정이 발현되는 것은 기동리구로 하나이지만 도덕적 가치판단을 할 때는 분명 리발과 기발의 구분이 있어야 한다고 말하며, 여기서 그가 무엇보다 중요하게 생각한 것은 바로 후자의 입장이다. 신후담이 리일과 분수의 측면을 모두 의식했다면, 그는 행위가 이루어지는 근거가 중요하다고 생각했다.

한편 이러한 입장은 이익과도 통하는 면이 없지 않다. 범칭이라고 했지만 감정의 발현이 리의 주재에 기가 따른 것으로 본 것이나 감정의 발동을 리발과 기발로 나눈 것도 마찬가지이다. 다만 이병휴는 '발'의 문제를 가치판단의 근거로 본 반면 이익은 인간이면 누구나 갖는 형기로 인한 것이기에 결코 선 또는 악으로 규정하기가 어렵다고 보았다.

이러한 관점에서 그 또한 공칠정이 리발임을 주장한다.[122] 이는 도덕적 근거인 리발과 비도덕적 근거인 기발을 나누는 것이 공과 사의 관점에 있지, 사단과 칠정의 조목에 있지 않다는 입장에서 비롯된다. 공적인 마음은 사단과 같이 형기에 근거하지 않은 만큼 순선한 것이기에 확충해야 할 대상이지만 사적인 마음은 형기에 근거하는 만큼 불순한 것이기에 중절해야 할 대상인 것이다.

> 사단과 칠정으로 이것은 리발이고 저것은 기발이라고 말할 수 없고 그 발한 것의 공사를 살펴서 결정해야 한다. 공적인 마음에서 발출한 것은

---

121) 『貞山雜著』 권7, 「四七理氣辨」, "愚意人與馬, 猶爲二物, 而情之發出, 氣動理俱, 四七無別."

122) 『貞山雜著』 권4, 「召南尹丈書」, "以愚觀之, 與彼惻隱欣喜, 均出於性命之公, 而不可謂氣發."

리발이라 하고 사적인 마음에서 발출한 것은 기발이라고 한다.[123]

따라서 그는 공칠정이 비록 칠정이지만 공적인 마음이기 때문에 중절해야 할 것이 아니라 확충해야 할 것으로 리발에 소속시켜야 한다고 보았다. 실제로 그는 이황의 사칠 분개를 부정하지는 않는다. 다만 그 구분이 도심과 인심처럼 성명과 형기의 나뉨에서 생긴다고 보았다. 즉 실제적인 행위가 성명에서 비롯되었다면 그것은 칠정의 감정에 속하는 것이라고 하더라도 리발이라고 말할 수 있다는 것이다. 따라서 그에게 중요한 것은 공사의 차이에 있었다.

이러한 입장은 이황의 사칠설을 이익이 구상한 것처럼 혼륜과 분개를 함께 고려하는 방법을 모색하는 과정에서 제기된 것이다. 그러나 리와 기를 둘로 나누어 이해한 것은 이익이나 이황의 논의와 멀어진 감이 없지 않다. 바로 이것 때문에 윤동규와 두 차례의 논란이 벌어지게 된다. 처음에는 신후담의 견해에 동조하면서 이병휴 또한 리발설을 제기하여 윤동규의 기발설을 비판한다. 이익 사후 「중발」을 두고 다시 논란이 일어나게 되면서 극심한 대립양상을 보인다. 이병휴가 이익의 유고를 정리하면서 「중발」을 다시 살리고자 했기 때문이다. 그는 무엇보다 공칠정을 리발로 본 것이 이익의 만년정론이라고 생각했고 그렇기 때문에 「중발」을 되살려 첨부해야 한다고 보았던 것이다. 그러나 이에 윤동규가 반발하자 신편의 기발과 「중발」의 리발을 함께 둠으로써 후학의 질정을 기다리자는 입장을 밝혔지만 역시 받아들여지지 않는다. 그 또한 말은 이렇게 했지만 이익의 본의가 리발에 있음은 강조하고자 한 의도

123) 『貞山雜著』 권4, 「召南尹丈書」, "四七不須說此理彼氣, 只察其發之公私而斷之. 其以公心發者, 則曰理發, 其以私心發者, 則曰氣發."

였음은 분명해 보인다.

(2) 이황의 본의에 이익의 견해를 보완하는 입장 : 윤동규

윤동규(尹東奎 호 召南, 1695-1773)는 이익 문하에서 가장 연장자이면서 수제자이기도 했다. 여러 제자들이 그를 스승으로 여길 정도로 제자들 사이에 존경의 대상이었고 역사학에 조예가 깊었다. 또한 그는 학인들 중 이익의 기유대소설과 공칠정리발을 비판한 대표적인 인물이었다.

윤동규는 심의 지각을 통해 사단과 칠정을 해명했다. 심의 지각에는 의리에 의해 발한 것과 사태로 인해 발한 것, 그리고 개인의 사사로움 때문에 발하는 것이 있다고 말했다.[124] 인심과 도심은 이러한 심의 지각에 따른 차이에서 비롯된 것이며 사단과 칠정도 이와 다를 바 없다고 주장한다. 그러면서 그는 감정의 발현이 둘로 나타나므로 심의 지각이 성에 근거한 것과 그렇지 않는 경우가 있으며 전자는 사단에, 후자는 칠정에 해당된다고 보았다. 따라서 앞서 지각의 분류에서 의리에 의한 것만 사단에, 나머지 둘은 칠정에 소속시킨다.

> 지각이 사물에 감응할 때 그 고유한 것을 따라 발하는 것이 리발이다.[125]

> 우리의 마음이 가지고 있지 않고 배고프고, 춥고 아프고, 기뻐하고, 화내는 일에 감응하여 비로소 시작되는 감정이다.[126]

---

124) 尹東奎(이하 생략), 『召南遺稿』, 「上星湖李先生書」, "心之知覺, 有從義理發者, 有因事發者, 有因己私發者."

125) 『召南遺稿』, 「上星湖李先生書」, "心之知覺感於物, 而從其所固有者發, 曰理發"

이러한 논리로 보면 사단은 오상에 근거하기 때문에 그 자체로 절대적인 선이다. 반면에 칠정은 그렇지 않기 때문에 선하다고 할 수 없다. 물론 선할 수는 있다. 그렇다고 하더라도 그것이 사단과 같은 것일 수는 없다. 따라서 사단은 확충해야 할 절대적인 선이고 칠정은 중절과 부중절이 있기 때문에 중절하도록 해야 하는 것이다. 이것을 보면 이병휴가 공사에 집중했다면, 윤동규는 사단과 칠정의 조목에 근거하여 논의하고 있음을 알 수 있다.

문제가 된 공칠정은 그런 점에서 비록 중절한 칠정이기는 하지만 형기에서 비롯되었기 때문에 기발이라는 것이다. 이 점은 이황의 분개설에 근거하여 사단과 칠정의 엄격한 분리를 주장하려는 그의 의도를 읽을 수 있다. 따라서 그는 이에 근거하여 이익이 주장한 리발설을 반박하게 된다. 그 예로, 이익이 신후담의 의견을 받아들여 리발설을 제기하면서 언급한 순경의 리발과 역경의 리발이란 구분이 무의미하다고 본 것이다.

사실 이익은 바람직하지 않은 상황에서 드러나는 역경과 바람직한 상황에서 드러나는 순경을 언급하면서 전자는 맹자의 사단이, 후자는 성인의 '희(喜)'가 해당된다고 보았다. 그런데 윤동규는 이익이 역경의 리발로 든 맹자의 사단에 순경의 리발도 존재할 수 있다고 말한다. 그 이유는 맹자가 사단을 설명하면서 이를 확충해야 한다고 말한 것이 이익이 말한 순경으로 볼 수 있다는 것이다.

이러한 윤동규의 입장을 이익은 받아들여 기발설로 되돌아가지만 이것을 전적으로 수긍한 것 같지는 않다. 이후 운명할 때까지 여기에 대한

---

126) 『召南遺稿』, 「上星湖李先生書」, "吾心所無, 而心之知覺感於飢寒痛疾喜怒等事, 而始有此情."

명확한 입장을 표명하지 않았고 오히려 말년에 리발과 기발을 모두 인정하는 듯한 인상을 주기 때문이다. 이후 윤동규는 이익의 유고문집 정리 과정에서 이병휴가 「중발」을 첨부하고자 한 것에 반대하면서 다시 이 문제에 대한 이익의 본의가 무엇인가에 대한 논란이 생긴다. 무엇보다 그는 이익이 「중발」을 폐기하였기 때문에 본의가 기발에 있음을 강조한다. 그리고 이것이 이황을 잇는 이익의 의도를 분명하게 드러낸 것이라고 하였다.

(3) 이황과 이이의 견해를 절충하는 입장 : 안정복

안정복(安鼎福 호 順庵, 1712-1791)는 35세의 늦은 나이로 이익 문하에 들어갔다. 특히 역사에 관심이 많아 『동사강목(東史綱目)』 등의 업적을 남겼으며 다양한 현실개혁안을 제시하기도 했다.[127] 그리고 학인들 사이에 사단칠정에 대한 논란이 일어나자 학파의 분열을 우려해 대립된 두 입장을 조율하고자 노력했다.[128]

우선 안정복은 리와 기의 관계를 혼륜과 분개 모두 인정한다.[129] 리 가운데 기가 있고 기 가운데 리가 있다는 정자의 견해에서 보면 혼륜으

---

127) 강세구(1996), 2편 3장 참조.

128) 선행연구에서는 안정복을 성호우파에 소속시켜 윤동규와 입장을 같이 하는 것으로 이해한다. 물론 그 스스로 성리학에 대한 것은 윤동규와 같다고 말한 바 있으며 공칠정에서도 처음에 이병휴의 의견에 동조하다 윤동규의 의견을 듣고 여기에 동조한 것으로 알려져 있다. 그러나 그가 논한 사단칠정만을 본다면 좌우파 어디에도 소속되기 어려운 측면이 있다.

129) 安鼎福(이하 생략), 『順庵集』, 『疑問』, 「四七理氣」, "大抵理氣, 有可以渾淪言者, 有可以分開言者. 理中有氣, 氣中有理, 而程子有不明不備之訓, 則此可以渾淪言也. 理無不善, 氣有善惡, 而朱子有理發氣發之論, 則此可以分開言也. 渾淪分開, 皆所以明此理氣之學, 則一也."

로, 리는 불선함이 없고 기는 선악이 있다는 점에서는 분개로 말할 수 있다고 했다. 이는 비단 그만이 아닌 모든 주자학자들이 인정하는 부분이다. 그런데 그는 여기서 어느 하나를 볼 것이 아니라 혼륜으로 보는 방법과 분개로 보는 방법을 절충하고자 했다.

사단칠정에 대한 논의에서도 이점은 분명하게 나타난다. 그는 정이 사단과 칠정으로 나누어지지만 그 근본은 하나라고 말한다.130) 그러면서 사단을 리발기수라 하고 칠정을 기발리승이라고 하며 여기에 다시 리발기발을 대입하고 있다.

> 대개 사단이 발하는 데 기가 아니면 할 수 없다면 기발이라고 말하여도 좋을 것이다. 그러나 기는 혹 폐단이 있는데 사단은 없다. 혹 폐단이 있다면 사단을 기발이라고 말할 수 없다. 칠정이 발하는 데 리가 그 가운데 있으면 리발이라고 하는 것이 좋을 것이다. 그러나 리는 확충할 수 있고 칠정은 확충할 수 없다면 칠정은 리발이라고 말할 수 없다. 그래서 이제 나는 리가 발함에 기가 따르며 기가 발함에 리가 타는 뜻을 알겠다. 리발기수의 기는 사단이 발하여 나타낸 기를 향하여 말한 것이다. 기발리승의 리는 칠정이 받아들인 바의 리를 향하여 말한 것이다. 사단이 리에서 발하여 기를 쓰고 칠정이 기에서 발하여 리 역시 거기에 있기 때문에 정자가 '기를 말하는데 리가 분명하지 못함을 말하지 말고 리를 말하는데 기가 갖추어져 있지 않음을 말하지 말라'고 말하였다. 이 가르침은 매우 명쾌하다. 다만 리가 발하는 곳에서 리가 주인이 된다면 리발이라고 말하는 것이 옳으나 기가 발하는 곳에서 기가 주인이 된다면 기발이라고 말하는 것이 옳다고 하겠다. 주자가 '사단은 리의 발이요 칠정은 기의 발이다'고 하지 않던가.131)

---

130) 『順庵集』, 『疑問』, 「四七理氣」, "心統性情, 性動爲情, 情則一也. 而有四端之情, 有七情之情, 此所謂一本, 而萬殊者也. 情發以前, 只是性一圈而已. 情發以後, 四七之名, 各有分焉."

131) 『順庵集』, 『疑問』, 「四七理氣」, "蓋四端之發, 非氣無以, 則謂之氣發可也. 然而氣或有

사단은 리가 발하고 기가 따른다고 하여 리의 발이라 하고, 칠정은 기가 발하되 리가 타고 있다고 하여 기의 발이라고 했다. 약간의 차이는 있으나 대체로 이황의 견해에 부합한다. 그러나 여기서 사단이 기로 인해 부중절이 있을 수 있다고 본 것은 이익의 견해를 받아들인 것으로 보인다. 리와 기의 분개와 혼륜을 모두 인정하면서 사단과 칠정 모두 정이지만 이 정이 발하는 것은 같지 않아 불선함이 없는 사단과 선함, 불선함이 있는 칠정으로 분개된다고 했다. 결국 이러한 입장은 그가 이황의 본의가 혼륜과 분개를 모두 인정하는 것에 있으며 이는 이익의 견해와 다르지 않다고 생각했던 것이다.[132)]

한편 안정복은 성인과 군자뿐만 아니라 일반인도 '중(中)'을 얻거나 잃는 차이는 있을지라도 기본적으로 칠정이 형기에서 발한다는 것은 같다고 보았다. 따라서 성인의 공칠정도 칠정에 속함으로 기발이라고 해야 한다고 했다. 그런데 성인의 칠정에 대해 직접 불선함이 없는 본연의 성에 따라 발하여 정이 되고 가장 먼저 선의 주변에 나타나는 것으로 보면 리발이라고 말해도 무방하다는 입장도 제시하고 있다. 전자가 윤동규의 입장에서 이황이 강조한 사단과 칠정의 분개를 인정한 반면 후자

弊而四端無, 或有弊, 則四端不可謂氣發也. 七情之發, 理在其中, 則謂之理發可也. 然而理可擴充, 而七情不可擴充, 則七情不可謂理發也. 而今以後, 吾乃知理發氣隨氣發理乘之義也. 理發氣隨氣之氣, 就四端發見之氣而言之, 機發理乘之理, 就七情所然之理而言之也. 四端發於理, 而氣以用之, 七情發於氣, 而亦在焉故, 程子曰 論氣, 不論理不明, 論理, 不論氣不備, 此訓甚明快, 但理發處, 理爲主, 則謂之理發可氣發處, 氣爲主, 則謂之氣發可, 朱子不云乎, 四端理之發, 七情氣之發."

132) 『順菴集』 권8, 『文集』, 「與李士興書(庚寅)」, "而近來長川公, '喜怒之理發, 與四端所發之理, 初不有異, 則同謂之道心矣.' 七情之節約歸中, 卽人心之聽命於道心也. 四端發於理, 七情發於氣, 氣若順理而不致乖戾, 則雖謂之七情聽命於四端, 可也. 合理氣兼善惡, 性也心也情也. 原非有異, 則情亦一而已矣. 原來理氣有可以渾淪言者, 有可以分開言者, 談者雖更僕而不出此兩端, 退溪本說可考矣. 今以情一也之句, 謂之渾淪而歧貳師說, 則似未悉僕之本意也."

는 이병휴의 입장에서 그 근원의 이원적 분리를 인정한 것으로 이황 또한 이를 인정했다는 점을 분명히 했다. 결국 그가 지향한 것은 궁극적으로 이황(성인의 희노는 기가 리를 따라 발한다)이나 이익의 본의에 있었음을 알 수 있다.

> 만약 희노(喜怒)가 올바름을 얻은 경우에는 리발이라고 한다면 그것이 장차 사단이 그 올바름을 얻지 못할 경우에는 【측은함을 부당하게 측은하게 여기고, 수오함을 부당하게 하여 수오하는 따위 같은 것】 기발이라고 말할 것인가? 성인의 희노는 발하되 스스로 맞고 군자의 희노는 발하되 맞는 것을 구하며 일반 사람들의 희노는 발하되 맞기를 잃기 마련이다. 비록 맞고 맞지 않는 차이가 있을 지라도 그것이 형기에서 발하는 것은 다름이 없다. 그것은 기의 발임에 의심이 없다.[133]

물론 이러한 생각이 단순히 성호학인들의 분열을 막고자 하는 의도에서 나온 것만은 아니다. 그는 이러한 대립된 상황을 해결하기 위해서는 무엇보다 이황과 이익의 본의를 정확히 이해하는 것이 필요하다고 보았다. 그래서 영남의 소퇴계(小退溪)로 불렸던 이상정(李象靖)에게 이러한 문제에 대해 자문을 구했고 여기에 이상정의 사칠론에 대한 견해를 듣게 되면서 자신의 입장을 정리할 수 있었던 것으로 보인다.[134] 즉 그는 일심일성일정(一心一性一情)의 혼륜에 대한 이심이성이정(二心二性二情)의 분개를 말하면서 공칠정 또한 기발이면서 리발일 수 있다고 주장하게 된

133) 『順菴集』 권4, 「與貞山李景協書」, "若以喜怒之得正者, 謂之理發, 則其將以四端之不得其正者, 【如不當惻隱而惻隱, 不當羞惡而羞惡之類】 謂之氣發乎? 聖人之喜怒, 發而自中者也, 君子之喜怒, 發而求中者也, 衆人之喜怒, 發而失中者也. 雖有中不中之不同, 而其發於形氣則無異. 其爲氣之發, 無疑矣."

134) 안영상(2001), pp.66-71.

것이다. 그러나 이러한 안정복의 입장 또한 쉽게 받아들여지기보다는 오히려 이기양과 권철신의 강한 비판에 부딪히게 되면서 성호학파의 분열은 막을 수 없게 되었다.

그럼에도 이러한 안정복의 노력은 당시 남인의 서학 신봉이란 노론의 곱지 않은 시선에서 벗어나고자 하는 데에 나름의 의미를 부여할 수 있다.[135] 앞서 살펴본 대로 영남 퇴계학파와의 사상적 근접성을 확보하여 이익의 설과 자신의 설이 이황을 잇고 있음을 재차 강조하고자 한 것은 그런 점에서 이해될 수 있다.

다만 안정복은 궁극적으로 사칠론을 비롯한 성리학에 대한 논쟁 자체가 무의하다고 생각했다. 그 이유는 이러한 공허한 것에 매달리다 보면 실천을 소홀히 할 수 있기 때문이며, 이것이 바로 당시 공부하는 사람들의 큰 병폐라고 보았다. 따라서 그는 무엇보다 '하학(下學)'에 대해 매진하는 것이 더욱 중요한 공부라고 역설한다.[136] 여기서 강조한 하학은 실생활에서 체득하여 익히는 것으로 이른바 실사(實事)에 힘쓰는 공부[務實]라고 할 수 있으며[137] 이러한 생각은 이후 안정복의 문인인 황덕일(黃德壹), 황덕길(黃德吉) 형제로 이어지면서 더욱 강조된다.

---

135) 신항수(2004), pp.334-337.

136) 『順菴集』. 『疑問』. 「四七理氣」. "天下之義理無窮, 人人之所見不同, 則以吾淺薄, 安敢論說性理箇箇, 歸至當之科乎? 近日少欲開發蘊奧, 則毫上起毫, 縷上起縷, 毫毫縷縷, 非天下至情, 其孰能辨之哉. 古人曰, '下學而上達', 不學不已, 則淸明在躬, 志氣如神自然及上達之境矣. 然後可以辨義於毫縷, 判心迹於天壤者也. 然則今日之務, 當在乎下學工夫而已."

137) 『順菴集』 권8. 『文集』. 「與柳敬之書(乙未)」. "爲學之要, 不過務實二字."

참고문헌

『朱子語類』.
丁若鏞, 『與猶堂全書』.
李瀷, 『星湖全書』.
李滉, 『退溪全書』.
權相一, 『淸臺集』.
李瀷, 安鼎福 編, 『星湖僿說類選』.
愼後聃, 『河濱先生全集』.
李秉休, 『貞山雜著』.
尹東奎, 『召南遺稿』.
安鼎福, 『順庵集』.

강경원(2001), 「성호 이익의 경학사상 연구」, 성균관대학교 박사학위논문.
강경원(2001), 『이익, 인간소외 극복의 실학자』, 서울 : 성균관대 출판부.
강세구(1996), 『순암 안정복의 학문과 사상 연구』, 서울 : 혜안.
강세구(1999), 『성호학통 연구』, 서울 : 혜안.
강세구(2000), 「성호학파의 리기논쟁과 그 영향-공희노논쟁을 중심으로」, 『역사와 실학』 17,18집, 역사실학회, pp.437-468.
고영진(1994), 「17세기 후반 근기남인학자의 사상-윤휴, 허목, 허적을 중심으로」, 『역사와 현실』 13집, 한국역사연구회, pp.160-182.
권문봉(1993), 「성호 이익의 경학과 사서질서」, 성균관대학교 박사학위논문.
권인호(1995), 『조선중기 사림파의 사회정치사상』, 파주 : 한길사.
권향숙(2002), 「주희의 公과 私」, 『철학논구』 30집, 서울대 철학과, pp.25-49.
권향숙(2005), 「공사개념을 통해서 본 이익의 철학」, 서울대학교 철학과 박사학위논문.
금장태(2000), 「성호 이익의 성리학과 실학」, 『퇴계학파와 리철학의 전개』, 서울 : 서울대 출판부.

김낙진(2006), 「장현광의 리일원론적 심성론과 그 영향」, 『여헌 장현광의 학문세계 2 : 자연과 인간』, 서울 : 예문서원.
김용걸(1989), 『성호 이익의 철학사상 연구』, 서울 : 성균관대 대동문화연구원.
김정민(2006), 「성호 이익의 사서질서 연구」, 한국학중앙연구원 한국학대학원 박사학위논문.
김종석(2002a), 「근기 퇴계학파 연구를 위한 예비적 고찰-성호 이익의 학문 연원과 퇴계학 수용 양상」, 『퇴계학보』 111집, 퇴계학연구원, pp.195-240.
김종석(2002b), 「성호 이익의 성리설에 있어서 '公'개념의 의미와 기능」, 『국학연구』 1집, 한국국학진흥원, pp.180-206.
김종석(2006), 「성호 이익에 있어서 퇴계 예학의 계승과 변용」, 『동아인문학』 10집, 동아인문학회, pp.517-552.
김태영(1998), 『실학의 국가 개혁론』, 서울 : 서울대 출판부.
김형찬(2009a), 「敬畏에서 感應으로-미수 허목의 퇴계학 계승에 관한 고찰」, 『철학』 98집, 한국철학회.
김형찬(2009b), 「합리적 이해와 경건한 섬김-백호 윤휴의 퇴계학 계승에 관한 고찰」, 『퇴계학보』 125집, 퇴계학연구원, pp.143-173.
김형찬(2010), 「天 개념의 이해와 事·物의 합리적 해석-윤휴와 정약용의 천관과 격물설을 중심으로」, 『동양철학』 34집, 한국동양철학회, pp.445-466.
류인희(1980), 「주자의 후기 정론Ⅱ」, 『주자철학과 중국철학』, 서울 : 범학사.
류인희(1985), 「성호사설의 철학사상」, 『진단학보』 59집, 진단학회, pp.157-175.
박홍식(1994), 「조선조 후기유학의 실학적 변용과 그 특성에 관한 연구-성호, 담헌, 다산, 혜강의 철학사상을 중심으로」, 성균관대학교 박사학위논문.
서종태(1996), 「성호학파의 양명학과 서학」, 서강대학교 박사학위논문.
송갑준(1991), 「성호 이익 철학 연구」, 고려대학교 박사학위논문.
송갑준(1992), 「성호 이익의 사단칠정론」, 민족과 사상 연구회편, 『사단칠정론』, 파주 : 서광사.
신병주(1997), 「17세기 중·후반 근기남인 학자의 학풍-허목, 윤휴, 유형원을 중심으로」, 『한국문화』 19집, 규장각한국학연구소, pp.157-192.
신용하(1997), 「이익과 박지원의 한전제 토지개혁 사상」, 『조선후기 실학파의 사회사상연구』, 파주 : 지식산업사.
신항수(2002), 「이익의 經·史 해석과 현실인식 연구」, 고려대학교 박사학위논문.
신항수(2004), 「18세기 후반 이익 문인들의 분기와 성호학의 계승」, 『한국실학연구』 8집, 한국실학학회, pp.325-350.

안병걸(2009), 「성호 이익의 퇴계와 영남에 대한 관심」, 『한국실학연구』 18집, 한국실학학회, pp.409-446.

안영상(1998), 「성호 이익의 성리설 연구」, 고려대학교 박사학위논문.

안영상(2001), 「순암 안정복의 사단칠정설」, 『한국실학연구』 3집, 한국실학학회, pp.49-85.

안영석(2003), 「성호 이익의 리기심성론 탐색-퇴계학적 리기심성론의 계승과 변용에 관하여」, 『철학논총』 34집, 새한철학회, pp.169-191.

안재순(1984), 「이성호의 사단칠정론-『四七新編』을 중심으로」, 『동양철학연구』 5집, 동양철학연구회, pp.59-73.

안재호 옮김(1997), 『송명성리학』, 진래 지음, 서울 : 예문서원.

원재린(2003), 『조선후기 성호학파의 학풍 연구』, 서울 : 혜안.

원재린(2009), 「퇴계 이황과 성호 이익의 교학론 비교-퇴계학풍이 조선후기 실학 형성에 미친 영향」, 『정신문화연구』 114집, 한국학중앙연구원, pp.81-100.

유원기(2011), 「16세기 조선성리학 논변의 분석적 연구」, 성균관대학교 박사학위논문.

윤원현(2008), 「주희의 公私개념과 公論」, 『율곡사상연구』 17집, 율곡학회, pp.159-180.

이경원(2010), 『한국의 종교사상-궁극적 실재의 제문제』, 서울 : 문사철.

이광호(1986), 「성호 이익의 사상-『孟子疾書』를 중심으로」, 『태동고전연구』 2집, 태동고전연구소, pp.33-58.

이남영(1982), 「성호 이익의 퇴계관과 그의 실학론」, 『퇴계학논집』 36집, 퇴계학연구원, pp.39-50.

이동희(2005), 「주자 우주론에 대한 과정철학적 분석」, 『동아시아 주자학 비교연구』, 대구 : 계명대 출판부.

이상익(1999), 「성호의 사단칠정론-『四七新編』을 중심으로 퇴계·율곡과 관련하여」, 『한국철학논집』 7·8집, 한국철학사연구회, pp.31-57.

이상익(2011a), 「율곡학파의 퇴계학 비판」, 『퇴계학논집』 130집, 퇴계학연구원, pp.121-158.

이상익(2011b), 「성호 이익의 리발기수일로설과 그 비판」, 『영남성리학연구』, 서울 : 심산.

이성무(2000), 「성호 이익의 가계와 학통」, 『한국실학연구』 2집, 한국실학학회, pp.1-23.

이용훈(1988), 『중세 서양과학의 조선 전래』, 서울 : 동국대 출판부.

이우성(1982), 「실학연구서설」, 『한국의 역사상』, 파주 : 창비.

이지형(1982), 「실학파의 퇴계관-성호, 다산의 경우」, 『퇴계학보』 34집, 퇴계학연구원, pp.8-18.

전용훈(2003), 「조선후기 서양천문학과 전통천문학의 갈등과 융화」, 서울대학교 박사학위논문.

정호훈(2004), 『조선후기 정치사상 연구-17세기 북인계 남인을 중심으로』, 서울 : 혜안, 2004.

조은영(2011), 「다산사상 형성의 이론적 배경과 체계에 대한 연구」, 성균관대학교 박사학위논문.

차기진(1995), 「성호학파의 서학 인식과 척사론에 대한 연구」, 한국학중앙연구원 한국학대학원 박사학위논문.

천관우(1952), 「반계 유형원 연구」, 『역사학보』 3집, 역사학회, pp.9-83.

최동희(1988), 『서학에 대한 한국 실학의 반응』, 서울 : 고려대 민족문화연구원.

최석기(1994), 『성호 이익의 학문정신과 시경학』, 대구 : 중문.

최석기(2000), 「근기 실학자들의 경세적 경학과 그 의미」, 『대동문화연구』 37집, 성균관대 대동문화연구원, pp.177-207.

추제협(2011), 「성호 이익의 心說과 사칠문제」, 『동아인문학』 19집, 동아인문학회, pp.261-292.

추제협(2012), 「근기 퇴계학의 형성에 관한 연구-성호 이익의 성리설을 중심으로」, 계명대학교 박사학위논문.

추제협(2015), 「이익의 사단칠정설과 성호학파의 사상적 분기」, 『한국학논집』 61집, 계명대 한국학연구원, pp.305-341.

표정훈 옮김(2001), 『진영첩의 주자강의』, 진영첩 지음, 서울 : 푸른역사.

한우근(1980), 『성호 이익 연구』, 서울 : 서울대 출판부.

함영대(2011), 『성호학파의 맹자학』, 파주 : 태학사.

허종은(2009), 「성호 이익의 인간과 자연에 대한 인식」, 성균관대학교 박사학위논문.

현상윤(초판 1949, 1982), 『조선유학사』, 서울 : 현음사.

홍원식 외 옮김(2008), 『성리학의 개념들』, 몽배원 지음, 서울 : 예문서원.

홍원식(1998), 「실학사상을 어떻게 자리 매김할 것인가?」, 계명대 철학연구소편, 『실학사상과 근대성』, 서울 : 예문서원.

찾아보기

ㅇ

집필자

최영진 성균관대학교 대학원 한국철학과 교수
김현수 성균관대학교 학부대학 초빙교수
유원기 계명대학교 철학윤리학과 교수
추제협 계명대 인문역량강화사업단 연구교수

계명인문역량강화사업단 한국학 우수 총서 ②

한국철학을 다시 만나다

초판 1쇄 인쇄 2017년 2월 21일
초판 1쇄 발행 2017년 2월 28일
엮은이 계명대학교 한국학연계전공
펴낸이 이대현
편 집 권분옥
디자인 최기윤
펴낸곳 도서출판 역락
서울시 서초구 동광로 46길 6-6 문창빌딩 2층
전화 02-3409-2058(영업부), 2060(편집부)
팩시밀리 02-3409-2059
이메일 youkrack@hanmail.net
역락 블로그 http://blog.naver.com/youkrack3888
등록 1999년 4월 19일 제303-2002-000014호
ISBN 979-11-5686-898-9 93150